이런 책이 이제야 나오다니!
미국 주식을 처음 시작했을 때, 다른 것보다 특히 영어로 된 주식 용어
들이 어려워 고생했던 기억이 난다. 기껏 번역을 찾아봐도 미국 주식 시
장에 특화된 용어들이라 명확히 이해가 되지 않아 정말 답답했다.
이 책은 미국 주식과 관련된 용어들을 기초적인 부분부터 상황 별로 친
절하게 정리해 주어, 용어부터 막막한 서학개미들의 갈증을 시원하게
해소해 줄 것이다.

미국 주식 대표 유튜버 '소수몽키'

독자의 1초를 아껴주는 정성!

세상이 아무리 바쁘게 돌아가더라도
책까지 아무렇게나 빨리 만들 수는 없습니다.
인스턴트 식품 같은 책보다는
오래 익힌 술이나 장맛이 밴 책을 만들고 싶습니다.

길벗이지톡은 독자여러분이
우리를 믿는다고 할 때 가장 행복합니다.
나를 아껴주는 어학도서,
길벗이지톡의 책을 만나보십시오.

독자의 1초를 아껴주는
정성을 만나보십시오.

미리 책을 읽고 따라해본 2만 베타테스터 여러분과
무따기 체험단, 길벗스쿨 엄마 2% 기획단,
시나공 평가단, 토익 배틀, 대학생 기자단까지!
믿을 수 있는 책을 함께 만들어주신 독자 여러분께 감사드립니다.

홈페이지의 '독자마당'에 오시면
책을 함께 만들 수 있습니다.

(주)도서출판 길벗 www.gilbut.co.kr
길벗 이지톡 www.eztok.co.kr
길벗 스쿨 www.gilbutschool.co.kr

영알못 서학개미를 위한

미국 주식 용어 설명서

미국 주식 용어 500개로 투자에 자신감이 생긴다!

구경서 지음

길벗
이지:톡

영알못 서학개미를 위한 **미국 주식 용어 설명서**
Dictionary for US Stock

초판 발행 · 2021년 10월 18일

지은이 · 구경서
발행인 · 이종원
발행처 · (주)도서출판 길벗
브랜드 · 길벗이지톡
출판사 등록일 · 1990년 12월 24일
주소 · 서울시 마포구 월드컵로 10길 56(서교동)
대표 전화 · 02)332-0931 | **팩스** · 02)323-0586
홈페이지 · www.gilbut.co.kr | **이메일** · eztok@gilbut.co.kr

기획 및 책임 편집 · 김지영(jiy7409@gilbut.co.kr) | **디자인** · 신세진
제작 · 이준호, 손일순, 이진혁 | **마케팅** · 이수미, 장봉석, 최소영
영업관리 · 심선숙 | **독자지원** · 송혜란, 윤정아

교정교열 · 김혜영 | **전산편집** · 기본기획 | **CTP 출력 및 인쇄** · 예림인쇄 | **제본** · 예림바인딩

ISBN 979-11-6521-684-9 03740 (길벗 도서번호 301095)
© 구경서, 2021

정가 16,000원

독자의 1초까지 아껴주는 정성 길벗출판사
길벗 | IT실용, IT/일반 수험서, IT전문서, 경제경영서, 취미실용서, 건강실용서, 자녀교육서
더퀘스트 | 인문교양서, 비즈니스서
길벗이지톡 | 어학단행본, 어학수험서
길벗스쿨 | 국어학습서, 수학학습서, 유아학습서, 어학학습서, 어린이교양서, 교과서

페이스북 · www.facebook.com/gilbuteztok
네이버 포스트 · http://post.naver.com/gilbuteztok
유튜브 · https://www.youtube.com/gilbuteztok

미국 주식 용어 500개의 개념을 알기 쉽게 설명합니다.
모르는 용어가 나올 때마다 인덱스에서 찾아봐도 좋습니다.

2020년부터 시작된 미국 주식 열풍과 함께 미국 주식 투자자들에게 인사이트를 주는 다양한 책과 유튜브 영상이 쏟아져 나오고 있습니다. 유튜브에 '미국 주식'이라고 치면 어마어마한 양의 영상이 쏟아지죠. 하지만 단순한 종목 추천 이상으로 미국 주식 용어의 개념을 정확히 이해하고, 투자 정보를 취득하는 분들은 그리 많지 않을 것입니다.

극소수의 콘텐츠가 나름 미국 주식과 경제 용어 개념을 수박 겉핥기 식으로 설명해 주긴 하지만 전문적이고 포괄적인 미국 주식 용어를 다루는 콘텐츠는 찾아볼 수 없었습니다. 필자는 이런 측면에 주목하여, 한 권으로 미국 주식 용어를 해결해 주는 책이 있다면 투자자들이 직접 종목 분석과 시장 상황 판단에 집중할 수 있을 것으로 확신하였습니다. 그렇게 1년가량을 집필에 매진한 결과 이 책이 탄생하게 되었습니다.

물론 국내 증권사의 우리말 플랫폼에서 우리말 거래 서비스를 제공하긴 합니다. 하지만 거래 플랫폼이나 우리말로 번역된 미국 증시 기사를 보면 미묘하게 억지로 번역한 듯한 뉘앙스의 표현들이 있는데, 정보의 정확한 의도와 본심의 미세한 온도 차이를 파악하려면 표현의 의미를 명확히 아는게 중요합니다. 예를 들어 Tracking Error를 '추적오차'라고 해석하면서 '추적오차'의 본연의 의미를 이해해야만 그 정보를 투자에 유의미하게 활용할 수 있습니다. 그런 점에서 이 책은 스스로 정보를 찾고 판단하는데 많은 도움을 줄 수 있습니다.

이 책은 주제별로 24개의 장으로 구성되어 있으며, 용어의 성격으로 분류하면 크게 4가지 표현으로 나누어집니다.

첫 번째는 실무적인 표현들입니다. 예를 들면 YoY전년 대비 증감나, SEC 증권거래위원회에 상장기업들이 반드시 신고해야 하는 정기 보고서인 Form 10-K연례 보고서와 Form 10-Q분기 보고서 등이 그 예입니다.

두 번째는 평소 일반적으로 쓰이는 의미와 주식 시장에서 전문적으로 쓰이는 의미가 다른 표현들입니다.
학창시절 배운 영단어로 Commodity는 상품이지만, 주식 시장에서는 인간의 노력이 들어간 원자재를 의미합니다. 예를 들면 농산물, 휘발유 등 원유 가공품 같은 것들을 가리키죠. 주식 용어로 Duration을 처음 접하면 정말 난감할 겁니다. Tesla를 Long Duration Stock듀레이션이 긴 주식이라고 부르는데 '기간'이라는 사전적인 뜻만으로는 이해가 되지 않습니다. 정확히는 원금 회수 기간이므로 원금 회수 기간이 긴 고평가 성장주를 뜻합니다. Beta와 Alpha는 시장평균수익률과 시장초과수익률을 의미하며, Alpha와 Beta의 중간급 수익률인 Smart Beta라는 용어도 있습니다.

세 번째는 비유적으로 쓰이는 경제 표현입니다. Widow-and-Orphan Stocks과부와 고아용 주식를 예시로 들 수 있는데요. 죽은 남편에게서 받은 유산이나 기부자가 고아들에게 써달라고 지정 기탁한 자금에 적합한 투자 상품으로, 안정적인 배당주를 가리킵니다. Selling-in-May-and-Go-Away Tactic 5월엔 주식을 팔고 떠나라이란 투자 기법도 마찬가지입니다. 5~11월까지의 수익률이 1~4월까지 수익률보다 못하다는 지난 100년간 주식 시장 수익률 분석에서 나온 특별한 표현입니다.

네 번째는 시장의 큰 흐름과 관련된 거시경제와 금융정책 관련 용어입니다. 미디어에서는 FED연방준비제도, Tapering양적 완화의 단계적 축소, Inflation화폐가치가 하락하고 상품의 물가가 오르는 경제 현상 등의 거시경제 용어가 하루가 멀다 하고 언급됩니다. 영단어 자체의 뜻도 알아야 하지만 본질적 개념과 탄생한 과정 또한 정밀하게 알아야 합니다. Quantitative Easing양적 완화과 Qualitative Easing질적 완화이 어떻게 다른지, Yield Curve수익률곡선가 무엇이며 그것을 통제하는 이유가 무엇인지를 제대로 이해해야 경제의 큰 흐름을 거스르지 않으며 투자할 수 있습니다.

좀 과장하면 이 책에 나온 각종 용어들만 제대로 숙지해도 지금 당장 미국 주식 용어 관련 온라인 크리에이터로 전업해도 무리가 없을 정도입니다. 그만큼 용어 선정에 신중을 기했습니다. 이 책의 용어를 잘 숙지해서 미국 증시 기사, 기업 레포트, FOMC 의사록 등을 직접 찾아보고 본인만의 인사이트로 투자 판단을 내려 성투하길 바랍니다.

2021년 9월 구경서

이 책의 특징

1 미국 주식, 경제 관련 일반 상식

1장 미국 주린이라면 꼭 알아야 할 기초 용어

미국 주식 거래, 아직 초보라서 막막하다고요? 미국 주식도 우리나라 증권사 **MTS**Mobile Trading System, 줄여서 엠츠 또는 엠티에스나 **HTS**Home Trading System, 줄여 에이치 티에스를 통해 어렵지 않게 거래할 수 있어요. **Robinhood**로빈후드 같은 미국 주식 거래 증권사 앱을 스마트폰에 깔아 직접 투자할 수 있는지 궁금해하는 사람들이 많은데, 미국 증권법에 위배되기 때문에 직접 할 수는 없고 국내 증권사를 통해 매매해야 합니다.

그렇다면 국내 증권사 앱을 이용해 거래하더라도 기본적인 미국 주식 용어는 어느 정도 알아야겠죠? **Turnover Ratio** 거래량 회전율, **Free Float** 유통주식수, **EPS** 주당순이익, **Limit Order** 지정가주문, **Book Viewer** 실시간매매동향의 뜻을 정확히 알고 있나요? 아무리 영어를 잘해도, 혹은 아무리 국내 주식을 거래한 경험이 많아도, 이렇게 영어로 된 주식 용어들의 정확한 뜻과 내용은 잘 모를 수 있습니다.

앞으로 배울 미국 주식 관련 용어는 정식 용어와 축약형이 혼재되어 있습니다. 마치 의료계에 정식 학습 용어가 있고, 이를 줄이거나 변형하여 업계

14

각 장의 주제에 해당하는 상식을 알기 쉽고 간단하게 설명하였습니다. 본격적으로 전문 용어를 살펴보기 전 가볍게 읽으면서 워밍업해 보세요.

2 미국 주식 용어 사전

용어 사전

시장과 지수 관련 용어

001 Stock Exchange 증권거래소

Stock이 주식이므로 Stock Exchange를 주식거래소라고 번역하는 경이 정확하지만, 각종 Derivatives 파생상품, 회사채전환사채 포함, Non-US Companies외국 기업 비롯한 기업이 발행한 회사채도 일부 거래되므로 증권거래소라는 번역도 허용됩니다. 그러나 엄밀한 기준으로는 Stock이 주식이고, Securities 모기지증권복수로 표기가 주식을 포함하여 권리를 증명할 수 있고 거래가 가능한 각종 금융증서라는 사실을 알아 두어야 합니다.

002 NYSE New York Stock Exchange, 뉴욕증권거래소
NASDAQ The National Association of Securities Dealers Automated Quotations, 나스닥

둘 다 증권거래소라는 공통점이 있지만 세 가지 큰 차이점이 있습니다. 첫째는 상장기업 수의 차이입니다. NYSE와 NASDAQ의 상장사 수는 각각 2,400개 이상과 8,100개 이상이고, NASDAQ 상장은 NYSE의 75~80%입니다(2021년 기준). 시총은 더 큰 대 등록기업 수는 더 적은 NYSE가 질적으로 더 우수하다고 평가할 수 있습니다. 상장 요건 역시 NYSE가 더 까다롭습니다.

둘째, NYSE에는 Physical Market 상설 거래, 즉 거래소 건물이 있어서 그 안에서도 일부 거래되지만 대부분은 온라인으로 거래, NASDAQ 거래는 100% 온라인으로 이루어집니다. 또한, NYSE 거래는 일반인들에게는 익숙한 Buyer와 Seller 간에 이루어지는 직접거래이고, 경매 방식으로 이루어집니다. 그래서 Auction Market 경매 경매 방식이라고 부르고, 반면에 NASDAQ 거래는 등록된 증권사의 Dealer들이 초기자본을 적극적인 역할을 하는 간접거래 방식입니다. 이것을 Dealer Market 딜러 시장 방식

16

각 장의 주제와 연관된 미국 주식 용어를 자세히 설명하였습니다. 이 용어를 학습하면 미국 주식과 경제의 전반적인 흐름도 파악하게 되고, 미국 경제 뉴스나 기업 보고서 등을 직접 찾아볼 수 있는 영어 단어 실력을 갖추게 됩니다.

3 인덱스

책에서 다룬 미국 주식 용어를 찾기 쉽게 알파벳 순으로 정리하였습니다.

차례

My wealth has come from a combination of living in America, some lucky genes, and compound interest.
　　　　　　　　　　　　　　　　　　　　　　- Warren Buffett

나의 부는 다음 3가지 조합에서 왔다. 미국에서 산 것, 약간의 운 그리고 복리이자다.

Warren Buffett워런 버핏이 미국 주식 투자 그리고 강력한 부를 창출하는 복리이자의 효과를 강조하려고 한 말입니다. 문장의 구조는 단순하여 쉽게 해석할 수 있지만 Compound Interest라는 단어의 의미를 정확히 모르면 엉뚱하게 해석할 수도 있죠. Compound는 '복리'라는 명사로도 쓰이고, '복리로 증가하다'라는 동사로도 쓰입니다. 원래 Compound는 복합체, 혼합물이라는 의미로 쓰이는데 그 경제 용어로는 조금 의미가 다른 것이죠. 이처럼 평소 아는 단어라도 경제 전문 용어로 쓰일 때 그 의미를 정확히 알고 있어야 미국 경제 시장의 정확한 정보를 얻을 수 있습니다.

다음 장부터는 미국 주식과 경제의 전문 용어를 알기 쉽게 설명합니다. 용어 학습용으로 처음부터 쭉 읽어보아도 좋고, 미국 뉴스 기사나 기업 레포트 원문에서 모르는 단어가 나오면 Index를 통해 그때그때 의미를 찾아보아도 좋습니다. 용어 설명을 이해하는 과정에서 미국 주식 시장과 경제에 관한 상식이 쌓이는 것은 덤입니다. 그럼 이제 본격적으로 미국 주식 용어 학습을 시작해 보겠습니다.

1장

미국 주린이라면 꼭 알아야 할 기초 용어

미국 주식 거래, 아직 초보라서 막막하다고요? 미국 주식도 우리나라 증권 사 MTSMobile Trading System, 증권사 앱을 통한 거래나 HTSHome Trading System, PC를 통한 거래를 통해 어렵지 않게 거래할 수 있어요. Robinhood로빈후드 같은 미국 주식 거래 증권사 앱을 스마트폰에 깔아 직접 투자할 수 있는지 궁금해하는 사람들 이 많은데, 미국 증권법에 위배되기 때문에 직접 할 수는 없고 국내 증권사를 통해 매매해야 합니다.

그렇다면 국내 증권사 앱을 이용해 거래하더라도 기본적인 미국 주식 용어 는 어느 정도 알아야겠죠? Turnover Ratio거래량 회전율, Free Float유통주식수, EPS주당순이익, Limit Order지정가주문, Book Viewer실시간호가창의 뜻을 정확히 알고 있나요? 아무리 영어를 잘해도, 혹은 아무리 국내 주식을 거래한 경험이 많아도 이렇게 영어로 된 주식 용어들의 정확한 뜻과 내용은 잘 모를 수 있습 니다.

앞으로 배울 미국 주식 관련 용어는 정식 용어와 축약형이 혼재되어 있습 니다. 마치 의료계에 정식 학술 용어가 있고, 이를 줄이거나 변형하여 업계

사람들만 알아들을 수 있게 한 은어 성격의 축약어가 있듯이 말이죠. 후자를 **Jargon** 전문분야 특수 용어이라고 부릅니다.

주식 시장에서도 **Jargon** 처럼 처음에는 격식 있고 고상한 표현을 썼겠지만, 시간이 지나면서 **Clipped Word** 단축어와 **Acronym** 두문자어(앞 글자를 따 쓰는 말)이 생겼습니다. **Clipped Word** 는 말 그대로 가위 등으로 잘라낸(clip) 단어입니다. **Market Capitalization** 시가총액을 **Market Cap** 으로 줄여 쓰는 것이 대표적인 예이고, **YoY** 전년 대비 증감는 **Year On Year** 를 줄여 쓴 것이죠.

국내에서 주식을 처음 경험해도 표현이 낯설어 부담스러운데 영어라는 장벽이 있는 미국의 주식 시장 문을 두드리려고 하니 쉽게 짐작되는 표현도 맞는지 의심스럽고, 미국식 주문 방식과 차트 분석 용어에 익숙하지 않아 막막할 겁니다. 그도 그럴 것이 평소 잘 아는 단어인 **Book, Margin, Spread** 등도 주식 시장에서는 다른 의미로 쓰이니까요.

이 챕터는 여러분이 자신감을 갖고 미국 주식 거래 화면과 주문창을 마주하도록 돕기 위한 것입니다. 평소 지닌 영단어 실력에 이 챕터의 설명이 합쳐진다면, 생소한 미국 주식 용어에 대한 불안감은 상당 부분 사라질 것입니다.

시장과 지수 관련 용어

001 Stock Exchange 증권거래소

Stock이 주식이므로 Stock Exchange를 주식거래소라고 번역하는 것이 정확하지만, 각종 Derivatives 파생상품, 회사채(전환사채 포함), Non-US Companies 미국 기업 이외의 기업가 발행한 회사채도 일부 거래되므로 증권거래소라는 번역도 허용됩니다. 그러나 엄격한 기준으로는 Stock이 주식이고, Securities 유가증권(복수로 표기)가 주식을 포함하여 권리를 증명할 수 있고 거래가 가능한 각종 금융증서라는 사실을 알아 두어야 합니다.

---

002 NYSE New York Stock Exchange, 뉴욕증권거래소
NASDAQ The National Association of Securities Dealers
Automated Quotations, 나스닥

둘 다 증권거래소라는 공통점이 있지만 세 가지 큰 차이점이 있습니다. 첫째는 상장기업 수의 차이입니다. NYSE와 NASDAQ의 상장사 수는 각각 2,400개 이상과 8,100개 이상이고, NASDAQ 시총은 NYSE의 75~80%입니다(2021년 기준). 시총은 더 큰데 등록기업 수는 더 적은 NYSE가 질적으로 더 우수하다고 평가할 수 있습니다. 상장요건 역시 NYSE가 더 까다롭습니다.

둘째, NYSE에는 Physical Market 실물 거래, 즉 거래소 건물이 있어서 그 안에서도 일부 거래되지만(물론 대부분은 온라인으로 거래), NASDAQ 거래는 100% 온라인으로 이루어집니다. 또한, NYSE 거래는 일반인들에게도 익숙한 Buyer와 Seller 간에 이루어지는 직접거래이고 경매 방식으로 이루어집니다. 그래서 Auction Market 경매 시장 방식이라고 부르죠. 반면에 NASDAQ 거래는 등록된 증권사의 Dealer들이 호가처리에 적극적인 역할을 하는 간접거래 방식입니다. 이것을 Dealer Market 딜러 시장 방식이라고 합니다. NASDAQ을 풀어 쓰면 The National Association of Securities Dealers Automated Quotations인데, 전국 증권딜러들의 연합체가 자동으로 매수 매도 호가를 처리해주는 시스템이란 의미입니다.

셋째, NASDAQ에는 기술주와 생명과학 등 Growth Company 성장성 기업가 월등히 많습니다. NYSE와 NASDAQ은 소유주가 다른 별개의 기업이고 경쟁 관계입니다. 추격자인 NASDAQ 입장에서는 NYSE를 상대하기 위해 특별한 무기가 필요했는데, 그것은 바로 기술 기업 유치와 상대적으로 저렴한 상장 비용이었죠(NYSE 비용의 1/3 수준). 반면에 NYSE는 안정성과 업력이 오래된 Orthodox 정통 스타일의 기업이어야 성장할 수 있다는 '고품격' 이미지가 강점입니다.

---

003 AMEX American Stock Exchange, 아메리카 증권거래소

2008년에 NYSE 뉴욕증권거래소가 인수하여 지금은 NYSE American으로 사명을 바꿨습니다. Small Cap 스몰캡(시가총액 20억 달러 미만), 파생상품, 옵션, ETF Exchange Traded Fund, 상장지수 펀드 등이 상장되어 있는 소규모 시장입니다. 거래액은 NYSE의 10%에 불과합니다.

---

004 DJIA Dow Jones Industrial Average, 다우존스산업평균지수

Dow-Jones & Company가 NYSE 뉴욕증권거래소와 NASDAQ 나스닥 상장사 중 초우량 기업 30개의 주가를 평균하여 발표하는 주가지수입니다. 2021년 기준으로 Visa, P&G, Walmart, Coca-Cola 등 NYSE 소속 기업은 25개이고 Apple, Intel, Microsoft, Cisco, Wallgreens Boots Alliance(제약·약품 유통 지주회사)의 5개사만 NASDAQ 기업입니다. 이 지수의 결정적인 단점은 적은 기업 수와 시가총액방식이 아니라, 주가의 평균에 기반한 지수계산방식이라는 점입니다. 초창기에는 주가의 산술평균을 쓰다가 비율평균으로 바꿔서 단점을 보완했다고는 하지만, 여전히 시가총액방식의 장점에는 미치지 못하는 부족함이 있습니다.

005 **S&P 500 Index** Standard & Poor's 500 Index, S&P 500 지수

신용평가기관인 미국의 S&P Standard and Poor's가 작성하고 관리하는 주가 지수로,
NYSE 뉴욕증권거래소와 NASDAQ 나스닥 소속 기업 중 일정 요건을 충족하는 500대 기
업을 시가총액방식으로 계산한 지수입니다. NYSE와 NASDAQ 상장사를 합치면
1만 개가 넘는데 그중 500개 기업이면 전체의 5%도 안 되지만, 이들 500개 기업의
시총은 두 시장의 시총 합계에서 87%를 차지할 만큼 막대합니다. 그러므로 미국 주식
시장 전체를 대표한다고 해석해도 무리가 아닙니다. 지수 편입의 4대 기준은 1) US-
Incorporated Company 미국에 본사가 있는 기업일 것, 2) NYSE, NASDAQ, CBOE 시카
고옵션거래소 소속 기업일 것, 3) 최소 시총이 82억 달러일 것, 4) 지난 4분기 연속 흑자일
것입니다. 이 기준에 부합한다고 해서 무조건 지수에 편입되는 것은 아니고, 지수위원
회의 임의적인 기준도 충족해야 합니다(그 기준은 비공개).

---

006 **NASDAQ Composite Index** 나스닥 종합주가지수
NASDAQ 100 Index 나스닥 100 지수

NASDAQ *Composite Index는 나스닥 전체 시황을 나타내는 지수로서 1971년 2월
5일의 시총 평균을 100p로 잡아서 산출합니다. S&P 500 Index S&P 500 지수와
는 달리 외국기업의 주식인 DR Depository Receipt, 주식예탁증서도 지수에 포함됩니다.
NASDAQ 100 Index는 NASDAQ Composite Index의 시총랭킹에서 금융주를
제외하고 기술주와 바이오 & 헬스케어주 100개 종목을 대상으로 하는 지수입니다. 반
드시 그런 것은 아니지만 2021년 기준으로 NASDAQ 100 Index에 포함되면 S&P
500 Index에도 포함됩니다.

*composite: 종합, 복합

007 Common Stock(= Ordinary Shares) 보통주

우선주(보통주보다 재산적 내용에서 우선적 지위가 인정된 주식), 후배주(보통주보다 이익 배당 또는 잔여 재산 분배 등에서 후위에 있는 주식) 등과 같은 특별 주식에 대립되는 일반적인 주식을 말합니다. 보통 주주는 주주총회에서 임원의 선임과 같은 사항에 대해 주식의 소유비율만큼 의결권을 행사할 수 있고, 이익 배당을 받을 권리가 있습니다. 일반적으로 주식이라고 하면 보통주를 말하며, 회사가 단일 종류의 주식만을 발행하는 경우에는 모든 주식이 보통주가 되므로 특별히 이 명칭을 붙일 필요는 없습니다.

008 Preference Shares(= Preferred Stock) 우선주

의결권이 없는 대신 보통주보다 먼저 배당 받을 수 있는 권리가 부여된 주식을 말합니다. 삼성전자가 있고 삼성전자(우)가 있는 것처럼요. 우선주는 기업이 배당을 하거나 기업이 해산할 경우 잔여 재산 배분에서 다른 주식보다 우선적 지위를 가집니다. 따라서 보통주보다 높은 배당금을 받을 수 있죠. 일반적으로 보통주보다 가격이 낮게 형성되지만 수급요인으로 인해 보통주보다 비싼 경우도 있습니다.

009 Treasury Stock 자사주

자사주(자기주식)란 회사가 발행한 주식을 회사가 자기 재산으로 취득해 보유하는 것을 말합니다. 쉽게 말해 자기 돈으로 자기 회사 주식을 사두는 것이죠. 의결권이 없지만 제3자에게 매각하면 의결권이 되살아납니다. 자본시장법은 상장사가 주가 안정 등을 목적으로 자사주를 매입할 수 있도록 하고 있습니다.

010 Outstanding Shares(= Shares Outstanding) 발행주식수

기업이 발행하여 Shareholder 주주가 보유 중인 주식의 총수량입니다. 단, 기업이 보유한 Treasury Stock 자사주은 의결권도 배당 권리도 없기 때문에 제외됩니다. Common Stock Outstanding 보통주 발행수이라고 보통주를 따로 명시하지 않으면 우선주 수량도 발행주식수에 포함되는 것으로 이해하면 됩니다. 증시 용어 Outstanding 은 in Circulation 유통되는을 의미합니다. 여기서 Outstanding Shares와 Issued Shares 총발행주식수를 혼동하면 안 되는데요. Issued Shares는 Outstanding Shares와 Treasury Shares를 합친 주식수입니다.

----

011 Free Float 유통주식수

Outstanding Shares 발행주식수에서 Restricted Shares 양도제한주식를 뺀 수량입니다. 직역하면 '자유롭게 떠다닌다'는 뜻의 Free Float는 유통시장에서 제약없이 언제든지 자유롭게 사고팔 수 있다는 의미입니다. Public Float, Floating Shares, Float 모두 같은 뜻입니다. Outstanding Shares와 Free Float의 격차가 크면 Restricted Shares가 '자유의 몸'이 될 때 시장에 대량으로 나와 매물 과잉 압박의 요인이 될 수 있습니다.

----

012 Restricted Shares 양도제한주식

Outstanding Shares 중에서 SEC Securities and Exchange Commission, 증권거래위원회 규정과 기타 법률에 의해 일정 기간 양도할 수 없는 주식입니다. 대표적인 Restricted Shares는 Vesting Period 의무예탁기간가 있는 ESOP Employee Stock Ownership Program, 우리사주와 기업공개 후 매도에 Lock-Up Period 매각기간제한(최장 6개월까지 매도 금지)가 있는 대주주나 기관투자자 등의 지분입니다. Vesting Period는 완전한 권리를 행사할 때까지 걸리는 기간이란 뜻입니다. Stock Option 스톡옵션은 아직 주식이 아니므로 해당사항이 없습니다.

013 Stock Option 스톡옵션(주식매수선택권)

기업이 임직원에게 자기 회사 주식을 일정한 가격에 일정 수량 매수할 수 있는 권리를 부여하는 제도입니다. 주로 기업에서 자금이 부족할 때 유능한 인재를 확보하기 위한 수단으로 이 제도를 도입하면서 널리 알려졌습니다. 이 제도는 자사의 주식을 일정 한도 내에서 액면가 또는 시세보다 훨씬 낮은 가격으로 매입할 수 있는 권리를 해당 상대에게 부여한 뒤, 일정 기간이 지나면 임의대로 처분할 수 있는 권한까지 부여합니다. 신생 기업이 성장하기 위해 임직원들에게 동기를 부여할 때 좋은 수단으로 알려져 있습니다.

---

014 Closely-Held Shares 대주주와 특수관계인 지분

소수의 대주주가 보유한 지분을 말합니다. Closely-Held Shares는 Restricted Shares양도제한주식가 아닌 한 언제든지 시장에서 유통될 수 있습니다. 하지만 이들 대주주는 기업 지배력이 제1 관심사이기 때문에 주가 변동과 상관없이 Closely-Held Shares를 거의 항상 보유할 가능성이 높습니다. 다만, 주가가 지나치게 고평가되었다고 판단되면 일시적으로 지분을 매도했다가 떨어지면 다시 매수하는 경우도 간혹 있습니다.

---

015 Ticker(=Symbol) 종목코드

066570(LG전자)과 005930(삼성전자) 같은 한국 주식의 종목코드에 해당하는 것이 미국 주식의 Ticker입니다. 미국에선 숫자 대신 줄인 알파벳 형태를 사용합니다. 시총 1위인 Apple의 Ticker는 AAPL이고, Microsoft와 Tesla의 Ticker는 각각 MSFT와 TSLA입니다. 이처럼 주식에 관심 없는 사람이 봐도 쉽게 짐작할 수 있죠. 구글 검색창에 해당 기업명을 치면 Ticker를 쉽게 찾을 수 있습니다.

Ticker의 알파벳 자릿수를 보고 상장된 거래소를 추측할 수도 있는데요. NYSE뉴욕증권거래소는 최대 3개까지, NASDAQ나스닥은 최대 4개까지 알파벳을 허용합니다. 그래서 NYSE에 상장된 Johnson & Johnson의 Ticker는 JNJ이고, NASDAQ에 상장된

Apple은 AAPL로 표기합니다. 알파벳 개수가 4개라면 100% NASDAQ에 상장된 종목이라고 추측할 수 있겠네요.

016 Number of Holdings 보유종목수

말 그대로 보유한 종목의 개수입니다. 같은 기업의 보통주와 우선주를 동시에 보유하고 있다면 Number of Holdings는 2개입니다. 보유종목을 모두 합쳐서 Portfolio Holdings라고 부르기도 합니다.

017 Ticker Tape 시세 안내용 종이 테이프

1970년대 초반까지도 롤 화장지 형태의 종이 테이프(폭 약 2cm)를 기계에 넣으면 시세변동이 있을 때마다 가격과 거래량 등 기본 정보가 찍혀 나왔습니다. 기술발달로 이제는 LED Ticker Display LED 티커 디스플레이가 대신하지만, 과거의 언어습관 때문에 이 전자식 LED Ticker Display를 아직도 Ticker Tape로 부르기도 합니다. LED Ticker Display에는 순서대로 Ticker, Volume 거래량, Price 최근 거래가격, 즉 현재가, Change Direction 전일 종가 대비 상승 또는 하락(전일 종가 대비 상승이면 ▲나 ↑표시, 하락이면 ▼나 ↓표시), Change Amount 전일 종가 대비 가격변화폭가 표시됩니다. 전일 종가보다 현재가가 높으면 Display의 텍스트 색깔은 초록색이고, 그 반대이면 빨간색입니다. 전일 종가와 현재가가 같으면 텍스트 색은 파란색 또는 하얀색입니다.

018 Pre-Market 프리마켓 / Regular Market 정규장 After-Hours Market 애프터마켓

Pre-Market은 ET Eastern Time, 동부시간 기준으로 오전 4시~9시 30분까지 5시간 30분 동안, Regular Market(or Hours)은 9시 30분부터 오후 4시까지 6시간 30분 동안, After-Hours Market은 오후 4시~8시까지 4시간 동안 열립니다. 그런데 왜 이렇게 긴 시간(16시간) 동안 운영될까요? 우리나라에는 +30%의 상한가, -30%의 하한가 제도가 존재하는 데 반해 미국장에는 상한가와 하한가 제도가 없습니다. 따라서 충분한 거래 시간을 보장함으로써 일시적인 가격 급등과 급락을 시장 본래의 재량으로 완화한다고 볼 수 있죠. Pre-Market과 After-Hours Market은 정규장이 아니므로 거래 참가자 수가 적어서 평균거래량이 적고, 그에 따라 가격 변동성도 상대적으로 심한 편입니다.

019 Market Cap 시가총액

Market Capitalization의 줄임말로 현재 주가에 Outstanding Shares 발행주식수를 곱한 금액입니다. 규모에 따라 관행적으로 Large Cap 라지캡(시가총액 100억 달러 이상), Mid Cap 미드캡(20억~100억 달러 미만), Small Cap 스몰캡(20억 달러 미만)으로 나누며, Large Cap보다 더 큰 Mega Cap 메가캡(2,000억 달러 이상)과 Small Cap보다 적은 Micro Cap 마이크로캡과 Nano Cap 나노캡도 있습니다. 단, 구분하는 금액은 금융회사나 개인마다 다를 수 있습니다.

020 Volume 거래량 / Average Volume 평균 거래량

Volume은 Trading Volume 총거래량을 줄여 쓴 것으로 당일 거래량을 의미하니다. Average Volume은 보통 기간을 나타내는 괄호를 뒤에 붙여서 Average Volume(3m)3개월 거래량이나 Average Volume(52w)52주 거래량으로 사용합니다. 가끔 괄호가 없는 Average Volume도 있는데, 이때는 20일 평균 거래량으로 이해하면 됩니다. 거래량을 표현할 때 1,000단위는 K로, 100만 단위는 M으로 표기하기도 합니다. 예를 들어 50K는 5만 주, 1M은 100만 주입니다.

021 Previous Close 전일 종가 / Open 오늘 시초가

Previous Close는 Previous Day's Closing Price전일 종가를 줄인 표현으로, 전일 동부시간 오후 4시에 마감된 Regular Hours정규장에서 마지막으로 거래된 가격입니다. Open은 Opening Price오늘 시초가를 줄인 표현입니다. 동시호가 방식으로 시초가가 결정되는 국내 시장과 달리 미국 시장에서는 정규장이 열리는 오전 9시 30분 이후 최초로 거래된 가격이 Open입니다.

022 High 최고가 / Low 최저가 / Day's Range 당일 주가 변동폭

High와 Low는 Day's High당일 최고가와 Day's Low당일 최저가를 줄여 쓴 용어입니다. 합쳐서 *Intraday High and Low라고 표현하기도 합니다. 기간을 1년으로 늘린 52w High52주 최고가와 52w Low52주 최저가도 있습니다(w는 week를 의미). Day's *Range는 당일 최고가와 최저가의 차이로, 만약 High와 Low가 각각 100달러와 95달러라면 Day's Range는 5달러입니다.

*intraday: 하루 동안의 | range: 범위

023 All-Time High 신고가

특정 종목의 주가가 상장 이후 최고가를 기록했을 때 그 가격을 All-Time High라고 합니다. 유사표현으로 특정 기간을 명시한 52 Week High최근 52주 최고가, YTD HighYear

to Date High, 연중 최고가, Multi-Year High최근 몇 년 기준 최고가가 있습니다. 3-Year High
는 3년 기준 최고가를 말합니다.

024 Turnover Ratio 거래량 회전율

일정 기간 누적된 거래량을 Shares Outstanding발행주식수으로 나눈 비율로, 상장주
식수가 일정 기간에 몇 번이나 회전하는가를 나타낸 것입니다. 이 비율로 Changing
Hands손바뀜(명의자 변경)의 빈도를 알 수 있고 그에 따라 장기보유 종목인지 단타 종목인
지를 판단하게 됩니다. 이 비율이 높을수록 매매가 활발하다는 뜻이고, 장기보유 종목
이라면 당연히 이 비율이 낮겠죠.

025 Tick Size 틱 크기 / Uptick 업틱 / Downtick 다운틱

Tick Size는 주가 변동의 최소 가격 단위입니다. 주가가 1달러 이상인 종목은 0.01달러
(1센트) 단위로 가격이 오르고 내립니다. Uptick은 직전 체결가격보다 높은 호가를 부
르는 것을 의미하고 Downtick은 그 반대입니다.

026 Bid Price 매수호가 / Ask Price 매도호가

주식 거래는 매수자와 매도자 간에 가격 합의가 이루어질 때 성사됩니다. Bid는 경매
의 입찰같이 사겠다는 뜻이고, Ask는 팔아달라는 요청입니다. Bid Price 10달러는 10
달러나 그 이하에 사겠다는 의사표시인 매수호가이고, Ask Price(=Offer Price) 11달
러는 11달러 이상으로 팔겠다는 매도호가입니다. 만약 Bid Price가 10달러이고 Ask
Price가 11달러라면 실제 거래는 성사되지 않겠죠. 이러한 매수호가와 매도호가의 격차
를 Bid-Ask Spread라고 합니다. Spread차이가 0이 되면 거래가 이루어집니다.

027 Market Order 시장가 주문

내가 원하는 가격이 아닌 현재 가격, 더 정확히는 상대가 제시한 Bid Price 매수호가나 Ask Price 매도호가에 동의하여 바로 매매하겠다는 의사표시입니다. 부르는 대로 사고팔다 보니 비싸게 사고 싸게 팔아야 하는 불리한 조건의 주문이죠. 급등락 장세에서 가격보다 속도가 더 중요할 때 사용하는 주문 방식입니다.

028 Limit Order 지정가 주문

여기서 Limit 지정가은 사거나 팔고 싶은 가격의 한계치를 의미합니다. 100달러를 Limit으로 10주 매수주문한다는 것은 주가가 100달러나 그 이하일 때만 사겠다는 의사표시입니다. 반대로 100달러를 Limit으로 매도주문한다는 것은 100달러나 그 이상일 때만 팔겠다고 증권사에 지시하는 것이죠. 여러 가지 주문 방식 중 투자자들이 가장 선호하는 방식이지만, 내가 팔겠다는 가격에 산다는 사람이 나타날 때까지 기다려야 하므로 매도까지 시간이 좀 걸릴 수 있고, 매매가 이루어지지 않을 때도 있습니다.

029 Stop Order 역지정가 주문

정확한 명칭은 Stop Market Order입니다. 여기서 Stop은 신호탄 또는 알람 역할을 하는 가격을 뜻합니다. 현재 주가가 100달러인 상황에서 매수 주문창의 Stop 가격란에 98달러를 입력하면, 가격이 98달러에 도달하는 순간 Market Order 시장가 주문로 자동 매수됩니다. 매도할 때도 Stop 가격을 입력하면 그 가격에 Market Order로 매도주문이 자동 실행됩니다.

030 Stop Limit Order 손실지정가 주문

이 주문방식에는 입력하는 가격이 두 개입니다. 매수주문의 경우, 현재 주가가 100달러인 상황에서 Stop 가격란에 98달러를, Limit 가격란에 97달러를 입력하면, 가격이 98

달러에 도달하는 순간 97달러로 Limit Order 지정가 주문가 자동 설정됩니다. 매도 시에는 현재 주가가 100달러일 때 Stop에 103달러를, Limit에 105달러를 입력하면, 103달러에 도달하자마자 105달러로 Limit Order가 자동 설정됩니다.

031 Stock Quotes 매수호가와 매도호가 목록

Quote는 사전에 '사거나 팔고 싶은 가격을 부르다'라고 나옵니다. 한마디로 호가입니다. Quotes라고 복수로 표기했으니 거래체결을 기다리는 다양한 Bid Prices 매수호가와 Ask Prices 매도호가 전체 목록을 가리킵니다.

032 Book Viewer 실시간 호가창

Real-Time Quotes로 부르기도 합니다. Book 대장의 정식 명칭은 Order Book 주문 대장으로, 전자결제가 없던 19세 후반에서 20세기 초중반까지 시시각각 변하는 Quotes 호가를 수기로 기록했던 장부입니다. 이제는 디지털화되어 화면 속의 작은 창으로 Quotes를 볼 수 있죠. Book Viewer에서는 다양한 가격대의 매수호가와 매도호가를 수량과 함께 시간대별로 확인하면서 매수와 매도 강도를 어느 정도 파악할 수 있습니다. 물론 이 중에는 상대를 속이려는 허위 매수호가와 매도호가도 있을 수 있으니 유의해야 합니다.

033 T + 2 Settlement 이틀 후 결제완료 시스템

T + 또는 T plus는 Trade Day plus Two Days 거래일 + 2일를 뜻합니다. 즉, 거래일 기준 2 Business Days 2영업일 후에 매도 금액이 나의 계좌로 들어오고 주주명부에 오른다는 의미입니다. 따라서 당일 매도한 금액은 인출이 불가능하고 2일 뒤에나 찾을 수 있다는 것을 기억해 두세요. 이 과정을 담당하는 거래소 관련 기관을 Clearing House 청산소 또는 정산소라고 부릅니다.

034 Margin Trading 신용거래

주식거래에서 Margin마진은 보유현금이나 보유주식을 담보로 그 금액의 두 배에서 네 배까지 거래할 수 있도록 Broker-Dealer증권사가 빌려주는 돈입니다. 내 돈과 Margin 을 합쳐서 주식을 사고파는 것이 Margin Trading입니다.

---

035 Margin Call 마진콜

Margin Trading 신용거래으로 주식을 샀는데 주가가 떨어져서 그 평가액이 Maintenance Margin최소 증거금에 못 미치면, "You are in a margin call."이라는 팝업 경고문과 함께 증권사로부터 Margin Call 압박이 들어옵니다. 마진계좌에 지정일까지 추가증거금을 납부하라는 요구입니다. 만약 지정일까지 Cover마진계좌에 입금하지 못하면 증권사는 내 보유주식을 강제로 팔아서 Margin을 회수합니다. 이런 마진 회수매매를 반대매매라고 하며, Forced Sale강제매각 또는 Liquidation청산이라고 부릅니다. 주가가 폭락하면 반대매매를 해도 Margin을 다 갚지 못하는 불상사가 가끔 생깁니다.

거래 기간 관련 용어

036 YTD 연초부터 지금까지 / MTD 월초부터 지금까지

각각 Year to Date와 Month to Date의 약자입니다. to date는 사전적으로 '지금까지(오늘까지)'라는 의미입니다. 시작점인 Y(연초를 의미)와 M(월초를 의미)을 to date 앞에 붙인 것이죠. 그렇다면 QTD는? Quarter to Date분기 초부터 지금까지의 줄임 표현입니다.

YoY 전년 대비 증감 / MoM 전월 대비 증감

Year on Year와 Month on Month의 약자입니다(on 대신 over도 사용). Quarter on Quarter도 있는데 전분기 대비 증감입니다. 특히 YoY는 Seasonal Variation계절 변동요인 없이 두 기간의 수치를 비교할 수 있는 장점이 있습니다.

---

038 Trailing 지난 과거의 / Forward 향후 미래의

Trailing과 Forward는 사전에 '지나온 흔적이 남은'과 '앞으로의, 미래의'로 나옵니다. EPS Earnings Per Share, 주당순이익를 예로 들면, Trailing EPS=EPS(TTM)는 지난 12개월로 계산한 EPS이고, Forward EPS=EPS(FTM)는 향후 12개월간의 EPS 추정치입니다. TTM은 Trailing Twelve Months 지난 12개월의 약자인데 같은 뜻인 LTM(Last Twelve Months)도 가끔 쓰입니다. FTM은 Forward Twelve Months 향후 12개월를 줄인 표현입니다.

주가흐름 관련 용어

039 Moving Average 이동평균

주로 MA로 줄여서 씁니다. 일정 기간의 주가를 산술평균한 것으로, 어느 시점에서 시장의 전반적인 주가 흐름을 판단하고 향후 주가 추이를 전망하는 데 사용되는 주식 시장의 기술지표 중 하나입니다. MA 5는 5일 이동평균, MA 20은 20일 이동평균입니다. 5일 이동평균이란 당일 포함 지난 5일간의 평균값입니다. 이것을 매일 계산해서 연결하면 이동평균선이 만들어지죠. 일반적으로 단기분석에는 MA 20 20일 이동평균이 가장 많이 쓰입니다.

Support Level 지지선 / Resistance Level 저항선

주가가 특정 가격대로 내려갈 때마다 강한 매수세가 유입되어 주가의 추가하락이 거의 없는 현상을 가리켜 Support Level이 형성되었다고 말합니다. 반대로 가격이 오를 때 상당한 매도물량이 빈번하게 출현하여 추가상승이 저지될 때 이 가격 인근에 Resistance Level이 있다고 표현합니다. Level 대신 Line이나 Zone을 쓰기도 합니다.

---

041 **CAGR Compound Annual Growth Rate, 연평균 성장률**

더 정확한 번역은 연평균 복합 성장률입니다. CAGR은 보통 '카거'로 발음하는데, 여기서 Compound Rate는 복리를 뜻합니다. 예를 들어, 지난 5년간 CAGR 3%로 성장했다면 매년 3%씩 복리로 성장했다는 뜻이죠. GDP Gross Domestic Product, 국내총생산 성장률이나 기업의 연평균 매출성장률을 빠르게 이해하는 용도로 사용됩니다.

---

042 **Rectangle Pattern 박스권 장세**

차트에서 Support Line 지지선과 Resistance Line 저항선이 수평으로 평행하게 옆으로 누운 Long Rectangle 기다란 직사각형 모양일 때(국내에서는 박스 형태라고 부름) Rectangle Pattern이라고 부릅니다. 투자자들에게 주가의 방향성에 대한 확신이 없을 때 출현하는 패턴입니다.

---

043 **Sideways Drift 주가의 횡보**

지지선과 저항선의 차이가 작아서 사실상 주가가 오르지도 내리지도 않는 Drift 표류하듯 횡보하는 상태가 Sideways Drift입니다. 주가가 우상향으로 상승하다가 어느 시점에서 상승을 멈추고 횡보하는 경우도 있는데, 이런 고지대에서의 횡보 구간을 Plateau 고점 안정기, 직역: 해발고도가 높은 평원지대라고 부릅니다.

044 Breakout 박스권 상향 돌파 / Breakdown 박스권 하향 돌파

주가가 지루한 Rectangle Pattern박스권 장세을 깨고 위로 돌파하면 Breakout이고,
아래로 돌파하며 하락하면 Breakdown입니다. 돌파했다가 다시 Rectangle직사각형
안으로 들어오는 경우도 있는데, 이렇게 실패한 탈옥(?)을 Failed Break라고 부릅니다.

045 Rectangle Trading 박스권 매매 기법
     Breakout Trading 박스권 돌파 기법

차트의 기술적 분석을 주요 매매도구로 이용하는 투자자를 Technical Trader라고 부
릅니다. 이들이 Rectangle 안에서 샀다 팔았다를 반복하면 Rectangle Trading 기법
을 쓴다고 하고, Rectangle의 상향 돌파를 이용하면 Breakout Trading 기법을 쓴다
고 합니다.

046 Pullback 일시적 하락 / Reversal 추세전환

우상향하며 쉬지 않고 일직선으로 상승하는 주가흐름은 어디에도 없습니다. 오르
다 살짝 떨어지는 숨 고르기를 몇 번씩 반복하죠. 이런 Moderate Drop적당한 하락을
Pullback이라고 부릅니다. Pullback은 해당 주식에 평소 관심 있던 투자자들에게 진
입 타이밍이 되기도 합니다. 반면에 Reversal은 중장기의 상승이나 하락 흐름이 반대
로 바뀌는 것이죠. 물론 현재 하락하는 것이 단순한 Pullback인지 Reversal의 신호탄
인지 판단하기는 결코 쉽지 않습니다.

047 Upside Gap 갭상승 / Downside Gap 갭하락

특정 종목의 금일 시초가가 전일 최고가보다 높을 때 Upside Gap갭상승이 발생했다고
말하고, 반대로 금일 시작가가 전일 최저가보다 낮을 때 Downside Gap갭하락이 발생
했다고 합니다. 시작가는 대부분 전일 최저가와 최고가 사이에서 형성되므로 이 대역을

벗어날 경우, 가격 상승이나 하락을 가속하는 새롭고 강력한 요인이 발생했다고 해석하는 것이 합리적입니다. 따라서 보유종목에서 Gap 갭이 출현하면 일단 경계 모드로 전환하여 그 원인을 파악하고 적절히 대응해야 합니다.

048 Rally 랠리, 전반적인 주가 상승세

시장이 일정 기간 동안 상승세를 유지하는 것이 Rally입니다. 뚜렷한 호재가 있는 Rally도 있지만, 막연한 기대심리에 의한 Rally도 적지 않습니다.

049 Bull Market 강세장

증시에서 Bull 황소은 주식을 사는 쪽 혹은 상승장을 의미합니다. 따라서 Bull Market 이란 보통 장기간에 걸친 주가 상승이나 강세장을 뜻합니다.

050 Bear Market 약세장

주가를 비롯한 자산 가격이 현재 하락하거나 향후 하락할 것으로 예상되는 약세장을 Bear 곰에 비유한 말입니다. 증시를 황소와 곰에 비유하는 것은 황소와 곰이 서로 싸우는 모습에서 유래했다고 하는데요. 황소는 뿔을 밑에서 위로 치받으며 상대를 제압하는 모습이 마치 주가가 밑에서 위로 올라가는 강세장을 연상시키고, 반대로 곰은 공격할 때 앞발을 위에서 아래로 내리치는 모습이 마치 주가가 위에서 아래로 곤두박질치는 약세장을 떠올리게 하는 데서 나왔다고 합니다.

051 Market Correction 시장조정

DJIADow Jones industrial average, 다우존스산업평균지수와 S&P 500 IndexStandard & Poor's 500 index, S&P 500 지수 등의 Recent High최근 고점 대비 5~7% 하락은 Pullback일 시적 하락, 10~15% 하락은 Market Correction이라고 부릅니다. 20% 이상 하락하면 Bear Market약세장 진입으로 판단합니다. 물론 이러한 수치가 절대적인 것은 아닙니다. Pullback, Market Correction, Bear Market 진입 여부는 차트를 보고 in hindsight사후적으로 알게 되며 그 당시에는 판단하기 쉽지 않습니다.

052 Volatility 주가 변동성

주가 상승이나 하락의 변동폭을 말합니다. 주식 시장에서는 유가증권의 공정한 가격형성과 급격한 시세변동에 따른 시장질서의 혼란을 방지하기 위해 당일 중 증권가격의 상하 변동폭을 제한하기도 합니다. 국내에서는 전일 종가 기준으로 상하 각각 30%로 변동폭을 제한하는 반면, 미국 주식 시장에서는 제한이 없어서 주가가 하루에 100% 이상 오르고 떨어지는 일도 있습니다.

053 Basis Point 0.01% 증감이나 차이

1%의 100분의 1인 0.01%를 1Basis Point 또는 1bp라고 하며 복수형은 bps입니다. 주로 금융계에서 금리 또는 수익률의 증감이나 차이에 사용하는 미세단위입니다. 드물게 ‰라는 기호를 쓰기도 합니다. '증감이나 차이'를 표현할 때 쓰기 때문에 금리가 5%일 때 이것을 500bps라고 하지는 않지만, 금리(또는 수익률)가 4%에서 9%로 올랐을 때는 500bps 올랐다고 표현합니다. 금리나 수익률에서는 0.01%라는 미세한 변화도 임팩트가 있기 때문에 이런 단위를 사용하는 것이죠. 물론 금융이 아닌 일반 통계자료에서는 그냥 5%p(5% 포인트) 올랐다고 하면 됩니다.

투자 방식 관련 용어

054 Dollar Cost Averaging 매입원가평균법

목표로 하는 주식을 일정 기간 나누어 꾸준하게 매입함으로써 매입 평균 단가를 낮추는 투자 방법입니다. 더 정확히는 주가의 등락에 상관없이 매회 동일한 금액을 정기적으로 (예를 들어 매월 초에) 투자하는 적금불입식 투자 방식을 말합니다. 쉽게 말해서 적립식 투자를 가리키죠. 예를 들어, 1만 달러의 투자금으로 Tesla 주식을 1회 거래로 매입하는 것은 Lump-Sum Buying일괄매입이고, 매달 1,000달러씩 10회로 나누어 매입하는 것은 Dollar Cost Averaging입니다. 분산투자는 보통 투자금을 여러 종목에 나누어 배분하는 것을 말하지만, 넓은 의미에서 Dollar Cost Averaging도 분산투자라고 할 수 있습니다. 종목의 분산이 아니라 시간의 분산인 거죠. Constant Dollar Plan정액투자법도 같은 뜻입니다.

---

055 Averaging Down 물타기

Dollar Cost Averaging매입원가평균법과는 조금 다릅니다. Averaging Down은 주가가 떨어지면 추가로 매입하여 평균매입단가를 낮추는 투자 방법입니다. 하지만 자칫 잘못하면 중장기적으로 하락추세인 종목에 묶이는 실수를 할 수 있으므로, 거시 경제적인 분위기를 먼저 파악하고 신중히 접근해야 합니다.

---

056 Buy the Dips 저점 매수

주가가 빠지면 백화점 세일로 생각하고 더 사는, 나름 상식적인 매수 방식을 Buy the *Dips 또는 Dip Buying이라고 부릅니다. 하지만 눈앞에 관찰되는 Dip이 단순한 Pullback일시적 하락인지 Secular Downtrend장기적 하락추세인지 판단하는 것은 투자자의 실력과 관점에 따라 제각각이겠죠.

*dip: 일시적 하락

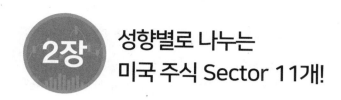

성향별로 나누는 미국 주식 Sector 11개!

MBTI는 사람의 성향을 비슷한 유형끼리 16가지로 나눈 것입니다. 미국 주식에도 비슷한 성향끼리 분류한 **Sector**업종라는 분류 지표가 있는데, 총 11개로 나뉩니다. **Sector** 분류는 증시지수 산출 및 관리회사인 **MSCI**Morgan Stanley Capital International와 **S&P**Standard & Poor's가 1999년에 공동으로 개발한 **GICS**Global Industry Classification Standard, 글로벌산업분류기준라는 **Industry Taxonomy**산업분류체계에 따른 것입니다.

현재 120개 이상의 국가가 **GICS**를 사용하고 있습니다. **GICS**는 **Level 1**에서 **Level 4**까지 4등급으로 나뉘며, **Level 1**은 앞에서 언급한 11개 **Sector**로 나뉩니다. **Level 2**는 더 세부적으로 24개의 **Industry**산업 그룹으로 나뉘고, **Level 3**과 4는 여기에서 더 세분화되어 68개와 157개로 나뉩니다. **Industry** 구조가 달라지면 **GICS**도 변할 수밖에 없는데, **Level 1**은 2016년과 2018년에 일부 개정되었습니다. **Level 2** 이하는 더 자주 바뀝니다.

굳이 **Sector**를 알아야 할까 싶겠지만, 투자하고자 하는 기업이 어느 **Sector**에 속하는지 알면 투자 판단에 많은 도움이 됩니다. 기업의 성격을 판단하거나 포트폴리오를 구성할 때 유용하기 때문이죠. 그런데 어떤 기업이 왜 이 Sector에 속하는지 이해가 안 가는 경우도 종종 있습니다. 여러 업종을 넘나들며 다양한 사업을 펼치고 있는 Amazon이 Consumer Discretionary임의소비재 업종에 속하는 것이 대표적입니다. 그러므로 투자하려는 기업의 Sector를 어림잡아 짐작하지 말고 한 번쯤은 직접 찾아보길 권합니다.

Sector별로 가장 쉽게 파악할 수 있는 것은 미국 은퇴자들의 제1 관심사인 배당입니다. 배당수익률 상위 1~3위는 Energy에너지, Real Estate부동산(리츠), Utilities유틸리티이고, 하위 1~3위는 Health Care헬스케어, Consumer Discretionary임의소비재, IT Information Technology, 정보기술입니다. 11개 Sector 시총 규모는 격차가 큽니다. 2020년 기준 시총 상위 1~3위는 IT, Financials금융, Health Care이고(합쳐서 45.3% 구성비), 하위 1~3위는 Real Estate, Utilities, Materials소재입니다(합쳐서 9.6% 구성비). 미국 경제의 Main Player주전 선수가 누구인지 한눈에 파악할 수 있는 기초자료라고 할 수 있습니다.

이 챕터에서는 11개 Sector를 시가총액 순위로 나열하고 업종별 특징, 대표 기업, 시총 규모와 주식 시장의 비중 등을 개관해 보겠습니다.

11개 Sector 관련 용어

057 Sector 업종 / Industry 산업

이 두 용어는 서로 바꿔 쓰면 안 됩니다. Sector 밑에 여러 개의 Industry가 있기 때문입니다. 예를 들어 Financials 금융 Sector에는 Insurance Industry 보험 산업, Commercial Banking Industry 상업은행 산업, Investment Banking Industry 투자은행 산업 등 7~8개의 Industry가 있습니다. Sector와 Industry는 GICS Global Industry Classification Standard, 국제산업분류기준를 참고하여 각 나라의 실정에 맞게 구성됩니다. Sector는 종류와 개수가 거의 고정이지만 Industry는 필요에 따라 변동이 있는 편입니다. 앞에서도 언급했듯 미국 증시는 11개 Sector로 분류합니다.

11개 Sector(2020년 기준 시총순 배열)

IT(Information Technology) 정보기술
Financials 금융
Health Care 헬스케어
Consumer Discretionary 임의소비재
Communication Services 커뮤니케이션 서비스
Industrials 산업재
Consumer Staples 필수소비재
Energy 에너지
Materials 소재
Utilities 유틸리티
Real Estate 부동산(리츠)

058 IT(Information Technology) Sector 정보기술 업종

IT Sector는 주가 변동성이 커서 하루 5%대의 급등락도 적지 않으며, 기술 트렌드의 변화에 따라 매출액 기준 기업순위도 자주 바뀝니다. 또한, 계속되는 R&D 연구개발 투자로 현금여력이 크지 않아 배당이 낮거나 무배당인 기업이 많은 대신, 주가 상승으로 배당이 부실한 약점을 보완하려는 측면이 있습니다.

IT Sector에서 주식 초보자의 눈에 가장 특이한 기업은 Visa와 Mastercard입니다. 이 둘은 얼핏 보면 금융회사처럼 보이지만 IT Sector로 분류됩니다. 시장이 이 두 기업을 볼 때 신용카드사로서 측면보다 이들이 지닌 글로벌 결제 네트워크라는 플랫폼에 더 주목하기 때문입니다. 대표적인 기업은 Apple, Microsoft, NVIDIA(그래픽 처리장치 제조), Salesforce(클라우드 기반 고객관계 솔루션 제공), Visa, Mastercard 등입니다. 시총은 약 9.6조 달러, 비중은 약 18.6%입니다(2020년 기준, 이하 동일).

---

059 Financials Sector 금융 업종

IT와 Financials는 미국이 가장 잘 알고 잘하는 Sector입니다. 대형 금융위기 때만 아니라면 금융은 주가상승과 배당금을 동시에 챙길 수 있는 만족스러운 Sector인데요. 특이한 점은 다른 Sector에서 문제가 생기면 해당 Sector의 실적과 주가만 저조한 반면, Financials Sector에 위기가 오면 11개 Sector 모두가 피해를 입는다는 점입니다. 즉, Financials Sector의 위험은 Systematic Risk 체계적 위험(모든 Sector에 고르게 미치는 위험)인 것이죠.

여러 Investment Bank 투자은행와 Commercial Bank 상업은행뿐만 아니라 금융의 실핏줄을 담당하는 Thrifts & Mortgage Finance 저축은행과 모기지 금융와 Credit Unions 신용협동조합도 금융 Sector에 속합니다. Warren Buffett 워런 버핏이 이끄는 것으로 유명한 Berkshire Hathaway는 편의상 금융업에 속하지만 보험, 금융 서비스, 부동산, 미디어, 에너지 등 다양한 Sector에 걸쳐 80여 개의 자회사를 거느린 Conglomerate 복합기업 또는 다각화 그룹의 Holding Company 지주회사입니다. 시총은 약 7조 달러, 비중은 약 14.6%입니다.

060 Health Care Sector 헬스케어 업종

R&D의 중요성이 큰 고유한 특성 때문에 11개 Sector 중 평균 배당률이 가장 낮은 것이 특징입니다. 또한, 경기가 좋든 나쁘든 아프거나 건강을 챙기려는 사람은 항상 있으므로 경기에 민감하지 않습니다. 다만 생명을 다루는 Sector라 정부규제의 영향을 크게 받고, 보수적이고 느린 입법과정이 매출신장의 걸림돌입니다.

가장 특이한 분야는 Weed Business 대마초 사업입니다. 미국 시장 규모만 연간 약 170억 달러에 달하며, 2020~2027년 CAGR Compound Annual Growth Rate, 연평균성장률가 17.8%로 빠르게 성장하고 있습니다. Life Science Tools & Service 노화방지와 생명연장이 목표인 생명공학에 특화된 기업들의 미래 성장성도 주목할 만합니다. 대표적인 기업으로 Johnson & Johnson, Abbott Lab(제약/진단장비), Regeneron(생명공학), Intuitive Surgical(로봇수술장비), Tilray(제약/대마초) 등이 있습니다. 시총은 약 6.3조 달러, 비중은 약 12.1%입니다.

061 Consumer Discretionary Sector 임의소비재 업종

Discretionary 해도 되고 안 해도 되는의 뜻만 봐도 필수품 영역이 아님을 알 수 있습니다. 필수품이 아니다 보니 불황에 가장 먼저 타격을 받지만 경기회복 시에는 1등으로 질주하는 롤러코스터 같은 Sector로, 대표적인 Cyclicals 경기순환주입니다.

자동차, 호텔, 고급 외식업체, 명품 브랜드 기업은 기본이고, Household Durables 가정용 내구재, Multiline Retail 백화점 또는 백화점 스타일의 고급매장, Specialty Retail 전문용품 소매점도 이 Sector에 포함됩니다. 강력한 Brand Loyalty 브랜드 충성도가 없으면 살아남기 힘든 Sector입니다. 대표적인 기업으로 Tesla, Amazon, Starbucks, Best Buy(가전제품 전문점), Nike, McDonald's, Ralph Lauren 등이 있습니다. 이 중에서 Amazon과 McDonald's가 이 Sector에 속하는 것에 대해 계속 논란이 일고 있습니다. 시총은 약 5.9조 달러, 비중은 약 11.3%입니다.

062 Communication Services Sector 커뮤니케이션 서비스 업종

Telecommunications Service 무선전화, Fixed-Line Service 유선전화와 인터넷, Interactive Media and Services 대화형 미디어 및 서비스, Entertainment 엔터테인먼트 등이 주요 Industry입니다. 2018년에 통신 Sector를 없애고 유무선 통신과 SNS 기업이 여기에 속하도록 Sector Reshuffle 업종 개편을 단행하여 Facebook, Twitter, Google(=Alphabet)이 이 Sector로 옮겨왔습니다. 임의소비재 Sector에 있던 Industry인 Media와 Entertainment도 여기로 이사 왔습니다.

IT Sector 다음으로 변동성이 크며, 특히 Media와 Entertainment는 투자 난도가 높습니다. 돈을 많이 들인다고 해서 영화와 드라마의 흥행이 100% 보장되지는 않기 때문이죠. Make or Break 모 아니면 도의 성격을 지녔다고 볼 수 있습니다. 주요 기업은 Wireless Carrrier 무선통신사인 AT&T, CBS(방송사), Comcast(케이블과 위성 TV)입니다. FAANG(Facebook, Amazon, Apple, Netflix, Google을 통칭)에서 Apple과 Amazon을 제외한 Facebook, Netflix, Google도 이 Sector에 속합니다. 시총은 약 5.5조 달러, 비중은 약 10.7%입니다.

---

063 Industrials Sector 산업재 업종

11개 Sector 중 가장 많은 종류의 Industry를 포함하고 있습니다. 비중이 가장 큰 Industry는 Aerospace & Defense 항공우주와 국방와 Construction 건설 엔지니어링이고, 그 밖에 Capital Goods 자본재(산업용 기계와 장비 등)를 생산하는 제조업, 운수업, 물류, 도로, 철도 사업 등도 여기에 속합니다. Process Industry 장치산업(제품을 생산하기 위해 거대한 설비와 각종 장치를 필요로 하는 산업)가 대부분이고, 그런 만큼 신규 기업의 진입장벽도 높은 편입니다. 기업과 정부가 주요 고객이며 고정비 지출이 많은 것이 단점입니다. Boeing, Lockheed Martin(군수 중심 방산), 3M, FedEx, Delta Air Lines 등이 친숙한 대표 기업입니다. 시총은 약 4.9조 달러, 비중은 약 8.9%입니다.

Consumer Staples Sector 필수소비재 업종

Staple필수 소비용 식품과 상품이라는 단어의 뜻에서 알 수 있듯이 식음료, 가정용품, 개인 용품, 담배와 중저가의 술 등 소비자의 재정상태에 덜 민감한 상품이 필수소비재입니다. 주요 특징은 Non-Cyclicals경기에 따른 매출의 등락이 적은 경기방어주, Low Volatility낮은 변동성, Consistent Growth느리지만 꾸준한 매출성장, Solid Dividend실속 있는 배당금 지급입니다. 유사기업 간 경쟁은 심하지만 점유율 변동은 거의 없는 점도 특징입니다. 흥미로운 것은 Coca-Cola와 PepsiCo는 필수소비재인 데 반해 McDonald's는 임의소비재로 분류된다는 것입니다. 대표적인 기업으로 Procter & Gamble, Kellogg, Kimberly-Clark, Walmart, Costco가 있습니다. 시총은 약 4조 달러, 비중은 약 7.9%입니다.

---

065 **Energy Sector** 에너지 업종

원유와 가스를 Explore탐사, Drill시추, Extract채굴하는 Upstream Industry와 Refine정제, Distribute유통하는 Downstream Industry로 양분됩니다. 비중은 크지 않지만 중간에 Ship운송과 Reserve비축 기능을 담당하는 Midstream Industry도 일부 있습니다. 대표적인 기업 중에서는 최초 창업자가 John Rockefeller존 록펠러인 ExxonMobil과 Chevron이 양대 강자이고, 그 뒤로 만년 3등인 Occidental Petroleum이 있습니다. 에너지 기업의 주가는 국제유가에 민감하게 반응합니다. 그런데 저유가 상황이 와도 미국 정부가 에너지 기업들을 살리는 데 별 관심이 없어서 기업들이 각자 도생해야 하는 특이한 Sector입니다. 시총은 약 3.25조 달러, 비중은 약 6.3%입니다.

---

066 **Materials Sector** 소재 업종

Materials는 Basic Materials를 줄여 쓴 것입니다. 원자재보다는 소재라고 하는 것이 더 적절합니다. 이 Sector의 제품에 Naturally Occurring Resources자연발생적

자원인 천연자원뿐만 아니라 화학공정으로 개발된 기초소재도 포함되기 때문이죠. 경기에 따라 원자재의 가격변동이 심해서 대부분의 종목은 Cyclicals 경기순환주로 분류됩니다. 대표적인 기업으로는 DowDuPont(화학소재), Rio Tinto(금속 및 석탄 광산업), International Paper(펄프, 종이, 포장박스 제조)가 있습니다. 광산과 제지업 등 천연자원 관련 기업은 원가절감만이 유일한 생존방법이지만, 화학소재 기업은 진입장벽이 높아서 안정적인 매출이 가능합니다. 시총은 약 2조 달러, 비중은 약 3.9%입니다.

---

067 Utilities Sector 유틸리티 업종

Running Water 상수도, Sewage 하수도, Electricity 전기, Dam 댐, Natural Gas Service 천연가스공급 등 시민을 위한 Basic Amenities 기본편의시설를 담당하는 Sector입니다. 시민생활과 밀접한 관련이 있어서 정부 규제를 가장 많이 받습니다. 소속 기업 대부분이 전형적인 Defensives 경기방어주(경기변동과 상관없이 일정한 가격 수준을 유지하는 주식)지만 Sector별 배당 수익률에서는 평균 3위를 꾸준히 유지하는 Income Stock 배당주의 포괄적 표현으로 분류됩니다. 하지만 주가상승 모멘텀이 약해서 시중 금리가 오르면 투자자의 관심권에서 멀어지는 Sector입니다. 대표적인 기업으로 NextEra Energy(전기생산 및 공급), American Water Works(수자원 관리 및 공급), Duke Energy(전력 지주회사)가 있습니다. 시총은 약 1.6조 달러, 비중은 약 3%입니다.

---

068 Real Estate Sector 부동산 업종(리츠)

부동산 하면 Lodging 숙박이나 사무실 임대를 많이 떠올리지만, 의외로 데이터 센터, 통신용 타워, 에너지 파이프라인 등의 임대를 담당하는 Industrial *REITs 물류창고 리츠의 비중과 중요성이 점점 더 커지고 있습니다. 인구 고령화에 따라 노인요양시설과 병원시설 등 Health Care REITs 헬스케어 리츠도 유망한 분야로 분류됩니다. 대표적인 기업으로 American Tower(통신용 타워 임대업), Boston Properties(리츠), Equinix(인터넷 연결 및 데이터센터 공급업체) 등이 있습니다. 2016년 금융 Sector에서 독립한 신생 Sector입니다. 전반적으로 중위험 · 중수익 Sector로 분류됩니다. 시총은 약 1.4조 달러, 비중은 약 2.8%입니다.

*REITs: 부동산 신탁(모집한 투자금으로 부동산을 구입하여 자본이득과 임대수익을 분배하는 투자 방식)

069 Evolved Sector Classifications 발전된 산업 분류

BlackRock은 8.5조 달러 이상의 AUM Asset Under Management, 운용자산을 자랑하는 세계 최대의 자산운용사입니다. 이 회사는 글로벌산업분류기준인 GICS Global Industry Classification Standard의 단점을 보완하기 위해 2018년 직접 Evolved Sector Classifications를 만들어 소개했습니다. 주요내용은 Materials Sector 소재 업종를 없애고, Health Care Sector 헬스케어 업종를 Health Care Staples 헬스케어 필수재와 Innovative Health Care 획기적인 헬스케어로 나누고, Consumer Discretionary 임의소비재를 Discretionary Spending 재량 지출과 Media and Entertainment로 재편했습니다. 또한, 정해진 기준에 따라 특정 기업을 복수의 Sector에 동시에 편입시켰습니다. 이 새로운 분류기준으로 운영되는 ETF의 이름에는 Evolved 발전된라는 표현이 들어갑니다(예 iShares Evolved Innovative Healthcare). AI를 펀드운용에 이용하기 위한 사전 포석으로 보는 시각이 많습니다.

070 Sensitive Super Sector 경기민감도 중간급 업종

Morningstar라는 세계 1위 펀드 평가회사가 있습니다. 이 회사가 전 세계 자산관리회사의 각종 펀드에 매기는 평점은 마치 음식에 매기는 Micheline Stars 미슐랭 별점와 비슷하다고 보면 됩니다. Morningstar는 11개 Sector를 경기민감도가 강한 정도에 따라 Cyclical 순환하는, Sensitive 민감한, Defensive 방어적인의 3개 Super Sector로 그룹화합니다. 원래 Cyclical이 경기순환주를 뜻하고 Defensive(=Non-Cyclical)는 경기방어주를 뜻하니까 Sensitive는 중간 정도로 경기에 민감하다는 뜻이 됩니다. 증권 당국이 만든 분류는 아니지만 영향력 있는 평가회사의 분류여서 인용하거나 활용하는 미디어와 금융회사가 적지 않습니다. 특히 Sensitive라는 '중간적' 개념도 Sector와 종목선택에 도움이 됩니다.

3장 상장과 IPO, 나아가 DPO와 SPAC까지!

주식에 조금이라도 관심이 있다면 **IPO**와 공모주라는 말을 자주 들어봤을 것입니다. 주식 시장은 발행 시장인 **Primary Market** 1차 시장과 유통 시장인 **Secondary Market** 2차 시장으로 구분됩니다. 강으로 비유하면 전자는 상류에, 후자는 중·하류에 해당하며 서로 분리되기 힘든 상호 보완적인 관계입니다. **Primary Market**에 상장하여 **General Public** 불특정 다수의 일반인에게 주식을 판매하는 행위가 **IPO** Initial Public Offering, 기업공개이고, 이렇게 판매되는 주식이 바로 **IPO Stock** 공모주입니다.

IPO의 주요 **Player**는 **Issuer** 발행기업와 발행주식에 청약하는 **Retail Investor** 일반투자자인데, 중간에서 이 둘이 원활하게 연결되도록 판촉활동을 하며 **Issuer**로부터 대가를 받는 **Underwriter** 인수기관도 중요한 **Player**입니다. 미국에서는 **Underwriting** 인수을 주로 **Investment Bank** 투자은행가 담당하고, 투자은행 제도가 없는 국내에서는 **Securities Company** 증권사가 담당합니다.

Start-up 입장에서 **IPO**는 창업자의 노력과 초기 투자자(예 **Venture**

Capitalist벤처투자가, **Angel Investor**신생기업이나 벤처기업에 자금을 지원하고 경영을 지도해 주는 개인투자자)의 인내심이 결실을 맺는 최초의 과정이기도 합니다. 미래가 불확실하기에 아무도 눈길을 주지 않는 상황에서 용기 내어 창업하고 투자한 것에 대한 보상과도 같죠. 그래서 **IPO**는 **Exit Strategy**출구전략로 불리기도 합니다. 여기서 **Exit**는 이익을 붙인 투자금의 회수를 의미합니다.

일반 투자자와 시장 전체의 관점으로 볼 때 **IPO**는 투자처를 찾아 표류하는 일반인들의 예비 투자금이 기업에 투입되게 하는 '효율적인 자본 집중'의 기능을 갖고 있습니다. 또한, **IPO**는 신규발행증권의 판매로 인해 기업에서 최초로 소유분산이 일어나는 과정이므로 경영권이 분산되기도 합니다. **IPO**를 통해 기업 주인의 수가 많아지는 것을, 어쩌면 **Corporate Governance**기업지배구조의 정립과 기업 민주화로 가는 길을 최초로 닦는 것으로 볼 수도 있을 것입니다.

국내 기업의 경우 청약금을 갖고 증권사에 온/오프라인으로 신청하면 비교적 간단하게 **IPO** 공모에 참가할 수 있습니다. 반면 국내에서 미국 기업 **IPO**에 참가하는 것은 불가능합니다. 미국 기업 **IPO**에 청약하려면 미국 증권 계좌를 개설해야 하는데, 9.11 테러 이후 보안이 강화되어 미국에 거주하지 않으면 미국 내 은행에서 계좌를 개설할 수 없기 때문입니다. 그래도 꼭 미국의 **IPO**에 참여하고 싶다면 간접으로 투자하는 방법을 써야 합니다. 바로 미국 증시에 상장된 **SPAC**Special Purpose Acquisition Company, 기업 인수만을 목적으로 하는 상장기업 주식을 사서 미래 성장이 유망한 비상장기업에 투자하는 것이죠. 단, **SPAC**의 특성상 어떤 기업을 인수할지는 미리 알 수 없습니다. **SPAC**의 개념은 다음에 나올 용어 설명에서 자세히 살펴보겠습니다.

IPO 간접 투자 방법이 또 한 가지 있는데, 바로 **IPO** 기업을 선별하여 투자하는 **ETF**를 사는 것입니다. 훗날 **Tesla** 같은 기업이 포함되길 기대하며 **IPO** **ETF**를 몇 주 사보는 것도 **IPO** 투자에 참여하는 한 가지 방법이 되겠네요.

상장 관련 용어

071 Private Company 비공개기업 / Public Company 공개기업

기업의 소유권인 주식을 경영진, 특수 관계인, 초기 투자자 등 소수만 보유하면 Private Company이고, 기업공개를 통해 General Public 불특정 다수의 일반인에게도 주식의 소유권을 허용하여 주식을 유통시장에서 자유롭게 매매할 수 있으면 Public Company입니다. Private Company에서 Public Company로 바뀌는 것을 Going Public(=Listing) 주식공개, 상장이라고 하고, 그 반대를 Going Private 주식비공개라고 합니다. Going Private은 Delisting 상장폐지과는 다릅니다. Delisting은 증시에 상장된 주식이 매매대상으로서 자격을 상실해 상장이 취소되는 것을 말합니다.

072 IPO 기업공개

IPO Initial Public Offering는 비상장(비공개)기업이 법적인 요건을 충족한 후 불특정 다수에게 새로 주식을 발행/판매하여 상장(공개)기업으로 전환하는 절차입니다. Primary Offering이라고 부르기도 합니다. 자세히 들여다보면 기업이 일반 대중에게 직접 주식을 파는 것이 아니라, 일단 Underwriter 인수기관인 투자은행이나 증권사가 주식을 전량 사들여서 IPO로 대중에게 다시 파는 형식입니다.

073 Underwriting (발행증권의) 인수

이 용어의 원조는 보험업입니다. 보험계약 대상(사람, 건물, 행사 등)의 위험도(사망과 사고 확률)를 정밀 분석 후 그 계약을 인수, 즉 받아들인다는 의미로 계약서 하단에 하는 서명이 Underwriting이고 그 서명자가 Underwriter인수기관입니다. 증권의 인수란 발행증권 전량의 판매를 책임진다는 보증입니다. 하지만 '완판'하지 못할 수도 있겠죠. 안 팔린 물량은 Underwriter가 떠안더라도 끝까지 인수를 책임지는 것이 일반적입니다.

---

074 Underwriting Syndicate 인수단

발행증권의 인수를 위해 구성된 관계 기업으로, 쉽게 말해 주식·채권 등 유가증권 인수를 책임진 회사들의 집합체입니다. Underwriting Syndicate는 발행유가증권의 인수업무에 공동으로 참여하며 공모 후 청약미달분이 있을 경우 이를 인수할 책임을 집니다. 주로 IB Investment Bank, 투자은행가 Lead Manager인수 주관사가 되고 다른 IB와 Broker-Dealer증권사가 Co-Manager공동 주간사가 되는 Syndicate연합 인수단를 구성하여 채권과 주식의 판매력을 확장하고 위험을 분산시킵니다.

---

075 Firm *Commitment Underwriting 전액인수 방식 IPO

신규 발행된 주식 전체를 Underwriter인수기관가 직매입하여(즉, 인수하여) 자기 책임으로 판매하는 방식입니다. 미청약된(미판매된) 재고물량은 당연히 Underwriter가 떠맡습니다.

*commitment: 약속, 다짐

---

076 Stand-By Contract Underwriting 잔액인수 방식 IPO

Underwriter인수기관가 신규 발행된 주식을 직접 인수하지 않고 일단 위탁판매한 후, 미청약 물량이 생기면 그것만 떠맡는 방식입니다.

077 Best Effort Underwriting 모집주선 방식 IPO

Underwriter인수기관가 '완판'을 위해 최선을 다해 위탁판매한 후, 미판매된 재고물량을 책임지지 않고 발행회사에 돌려주는 방식입니다. Underwriter가 Underwriting인수 기능을 하지 않기 때문에 요즘은 거의 사용되지 않습니다.

078 DPO 직상장

Direct Public Offering(DPO) 또는 Direct Listing은 기업이 Underwriter인수기관를 쓰지 않고 자력으로 진행하는 기업공개를 말합니다. Market Hype떠들썩한 홍보는 없지만 IPO기업공개와 비교할 때 두 가지 장점이 있습니다. 첫째는 Underwriting인수 비용이 없다는 점이고, 둘째는 IPO로 인한 Underpricing가격인하이 없어서 높은 주가로 상장이 가능하므로 Exit투자금의 안전한 회수에 유리하다는 점입니다. '개나 소나 하는' 뻔한 IPO는 하지 않겠다며 차별화를 중시하는 기업들이 이용하는 방식이기도 합니다. 창업자를 포함한 Company Insider회사 내부자 입장에서는 Lock-Up Period매각기간제한가 없는 것이죠.

079 Reverse Merger 우회상장

직역은 역합병인데 국내에서는 우회상장으로 의역해서 사용합니다. Reverse Merger은 비용과 시간이 많이 드는 IPO기업공개 상장을 선호하지 않는 기업이 영업활동이 약한 중소규모 상장사와 합병하여(사실상 인수에 가까움) 비교적 쉽게 Public Company상장기업가 되는 방식입니다. 그런데 아무 기업이나 이 방법을 쓸 수 있는 것은 아닙니다. 합병기업의 매출과 영업이익이 좋거나 시장에서 성장성을 인정받는 기업이어야 증권당국이 합병을 최종 승인합니다.

080 Private Offering(=Private Placement) 주식의 사모 발행

주식 시장이라는 공개된 시장에서 불특정 다수를 상대로 주식을 파는 Public Offering주식공모이 아닌 모든 형태의 주식발행과 판매를 Private Offering 또는 Private Placement라고 부릅니다. 우리사주 배정, 사적인 친분에 의한 판매, 기관투자가에 대한 전략적 판매 등이 모두 Private Offering(=Placement)입니다. 앞서 설명한 Pre-IPO도 여기에 해당합니다. Regulator규제당국의 간섭을 거의 받지 않아서 발행수량과 가격도 당사자들 사이의 흥정으로 결정됩니다. 기업공개 이후에 하는 Rights Offering기존 주주 대상 유상증자도 넓은 의미에서는 Private Offering입니다.

IPO 전 활동 관련 용어

081 Pre-IPO IPO 전 투자유치 활동

Pre-IPO Initial Public Offering는 Pre-IPO Placement를 줄인 표현입니다. SEC Securities and Exchange Commission, 증권거래위원회의 IPO기업공개 심사항목에는 주주 구성도 포함됩니다. 그러니 IPO 가능성이 높은 기업은 신뢰도와 인지도가 높은 투자자(주로 대기업과 기관투자가)를 주주로 맞이하고 싶어 하겠죠. 또한, 기업은 추정 공모가보다 싼 가격을 무기로 IPO 전에 '큰손' 투자자들로부터 운영자금을 조기에 지원받기를 원합니다. 이런 목적으로 진행되는 투자유치 활동이 Pre IPO입니다. 보통 IPO 1~2년 전에 이루어지며, IB Investment Bank, 투자은행들은 IPO에서 Underwriter인수기관, 즉 주관사가 되려는 전략적인 목적으로 Pre IPO에 참여하는 경우가 많습니다.

---

082 IPO Org Meeting IPO를 위한 전략회의

SEC 증권거래위원회와 접촉하기 전에 다양한 전문가들과 갖는 예비모임으로 Org는 Organization구성, 조직을 줄여 쓴 것입니다. 참여자는 기업 Board Of Directors이사회,

Auditor외부의 회계감사인를 포함한 회계팀, Underwriter인수기관, *IR 전문팀입니다. 이들은 수시로 모여서 SEC FilingsSEC에 제출하는 각종 신고서와 보고서를 준비하고 SEC 담당자와의 면담 시 대응 방법도 협의합니다. 이 과정은 약 두 달간 진행됩니다.

*IR: Investor Relations의 약자, 투자자를 대상으로 하는 기업 홍보를 뜻함

083 *Confidential *Submission to SEC 비공개 자료제출

IPO Org MeetingIPO를 위한 전략회의으로 각종 예상 문제점을 해결한 기업은 Underwriter인수기관의 도움으로 SEC증권거래위원회와 처음으로 접촉하게 됩니다. SEC가 요구하는 각종 자료를 제출한 뒤, 기업의 IPO기업공개 책임자는 SEC와 까다로운 인터뷰도 해야 합니다. 이 과정은 보안을 유지하며 비공개로 진행됩니다. 그렇게 하는 게 당연한 것이, 기업은 SEC를 믿고 다수의 민감한 정보를 넘겨주는데 이런 정보가 외부로 유출되면 경영에 큰 타격을 입을 수도 있기 때문이죠. SEC가 결격사유가 없다고 판단하면 추가로 *Draft Registration Statement증권신고서 초안의 제출을 요구합니다. 여기까지 오면 IPO로 가기 위한 8부 또는 9부 능선에 도달했다고 이해하면 됩니다. 이 과정도 두 달 이상 걸립니다.

*confidential: 비밀의 | submission: 제출 | draft: 초안

084 Roadshow 로드쇼

성공적인 IPO기업공개를 위해 주요 금융거점도시를 순회하며 벌이는 쇼케이스 성격의 홍보활동입니다. IPO 거래가 시작되기 약 2주 전부터 시작됩니다. 회사의 경영진과 IPO를 주관하는 Underwriter인수기관는 Roadshow에서 기관투자가, 애널리스트, 펀드 매니저, 헤지 펀드 관계자 등 굵직한 잠재 고객과 기타 관련자(기자 포함)를 상대로 프레젠테이션을 하고 질의응답 시간을 가지면서 IPO 분위기를 띄웁니다. 일종의 '금융 Gala Show갈라쇼'라고 할 수 있습니다.

085 Bookrunner 북러너

Bookrunner는 IPO기업공개의 핵심업무인 Book Building북빌딩(공모 주식 수요를 조사하여 공모 가격을 결정하는 제도), Prospectus투자자용 기업 안내서의 작성과 배포, SEC 등록업무, 발행물량의 판매를 담당합니다. Lead Manager증권 주간사라고 부르기도 합니다. 발행물량이 크면 Bookrunner가 복수일 수도 있습니다. 다른 업무는 안 하고 판매의 일부만 책임지는 투자은행이나 증권회사는 Co-Manager공동 주간사라고 부릅니다.

086 Book Building 북빌딩

Bookrunner(Main Underwriter주요 인수기관가 담당)가 공모주 가격을 결정하기 위해 대형 투자자별 희망매입수량과 희망가격을 파악하는 일종의 시장조사입니다. 이 정보를 취합하여 가중평균 방식으로 공모가를 결정합니다. 여기서 Book북은 잠재고객(투자자)별 예상주문내역을 적어 놓은 장부입니다.

087 Due Diligence 기업실사

IPO기업공개나 M&AMergers and Acquisitions, 기업인수합병 전 해당 기업에 대한 충분한 재무적 분석과 방문을 통한 실사를 말합니다. 사전적 의미를 알아보면 Due는 '마땅히 해야 하는'이고, Diligence는 Negligence주의태만의 반대말인 '신중하고 진지한 주의력'입니다(근면과는 다른 뜻). 부모가 자녀를 돌보고 직장 상사가 부하 직원을 관리하는 것도 Due Diligence입니다. 국내의 국민연금도 대규모 자금을 여러 기업과 펀드에 투자하면서 외국계 컨설팅업체를 시켜서 투자기업에 대해 Due Diligence를 실시합니다. IPO 대상 기업에 대한 Due Diligence는 Prospectus투자자용 기업 안내서 검토로 시작됩니다.

IPO 관련 증권법 용어

088 IPO Quiet Period IPO 침묵기간

SEC Securities and Exchange Commission, 증권거래위원회에 IPO Initial Public Offering, 기업 공개를 신청한 날부터 시작하여 IPO 신청 당일 + 25일(영업일 아닌 달력일 기준)까지를 IPO Quiet Period라고 부릅니다. 이 기간 동안에 경영진과 Underwriter 인수기관는 SEC에 제출한 내용 이외의 새로운 정보를 공개할 수 없습니다. SEC는 IPO 신청 시 제출된 서류를 잠재적 투자자들이 검토할 수 있도록 25일간 시간을 줍니다. SEC가 이런 기간을 두는 것은 추가 정보가 특정 집단에게만 흘러가서 주식 시장이 *Unlevel Playing Field 기울어진 운동장가 되는 것을 막기 위해서입니다.

*unlevel: 평평하지 않은

089 Lock-Up Period IPO 이후 매도금지기간

IPO 기업공개 이전에 Private Placement 주식의 사모 발행로 주주가 된 투자자의 지분에는 대부분 IPO 이후 3~6개월간 매도가 금지되는 Lock-Up Period 조건이 붙어 있습니다. IPO 직후의 주가 안정이 이 조치의 목적입니다. SEC 증권거래위원회가 요구하는 의무사항은 아니지만, 구체적인 기간을 확인하려면 IPO 첫 등록서류인 SEC Form S-1 SEC 제출용 등록 신고서을 확인하면 됩니다.

090 IPO Underpricing 낮은 공모가 책정

IPO 기업공개의 Offering Price 공모가가 Fair Value 공정가치보다 10~15% 싸게 책정되는 것이 미국 증시의 관행입니다(국내 할인률은 훨씬 더 높음). 그 주된 이유는 경영진이 IPO 이후에도 지배권을 충분히 유지하기 위해 Blockholder 경영권 개입 가능성 있는 지분 소유자의 출현을 견제하기 때문입니다. Underpricing 가격인하으로 인해 Oversubscription 공모주 과잉청약이 발생하면 다수의 소액주주들에게 지분이 최대한 분산됩니다. 그러면 Blockholder의 잠재적 최대 지분률이 떨어져서 기업에 미치는 영향력이 줄어들겠죠. 또 다른 이유는 소액주주가 많아야, 즉 팬층이 두터워야 향후 유상증자의 흥행 가능성이 높기 때문입니다.

091 IPO Pop 공모가 급등 / IPO Flipping IPO 이용 이익실현

IPO 기업공개 첫날부터 가격이 급등하는 소위 '대박'이 IPO Pop이고, 이를 이용하여 Lock-Up IPO 이후 매도금지 의무가 없는 기관투자가들이 보유물량을 던지며(flip) 이익실현을 하는 매도행위가 IPO Flipping입니다. 일반적으로 Flipping이 있는 주식의 주가는 중장기적으로 상승 모멘텀이 약합니다.

092 SPAC 기업 인수만을 목적으로 하는 상장기업

SPAC Special Purpose Acquisition Company에서 Special Purpose 특수목적와 Acquisition 기업인수은 동격으로, 풀이하면 '기업인수라는 특수한 목적을 가진 기업'입니다. SPAC은 타 기업과의 합병만을 목적으로 설립되어 SEC 증권거래위원회의 승인을 받아 상장되는 Shell Company 서류상의 기업(일명 '페이퍼 컴퍼니)이기 때문에 실제로 사업을 하지는 않습니다. SPAC은 투자자들의 자금을 모아 상장하여 3년 이내에 비상장 우량 기업을 인수해야 합니다. 만약 3년 안에 인수할 회사를 찾지 못하면 예치해 두었던 투자금을 공모 시초가로 주주에게 반환하고 해체됩니다. SPAC이 그럴싸해 보일 수도 있지만 증시 활황기에만 반짝하는 일종의 '떴다방'에 불과한 경우가 많습니다. 자산운용사인 Renaissance Technologies가 2015년 이후 상장한 모든 SPAC을 추적 관찰한 결과, 상장 후 피인수 기업을 찾은 확률이 약 30%였고 합병한 기업이 시장평균 수익률 이상을 낸 확률도 약 30%였다고 합니다. 결국 SPAC으로 재미볼 확률은 약 9%에 불과하단 얘기죠.

---

093 Blank Check Company 백지수표 기업

SPAC 기업인수만을 목적으로 상장하는 기업의 별명입니다. 아직 어느 기업과 합병할지 정해지지 않아서 백지수표와 비슷하다는 의미입니다. 물론 SPAC을 주도하는 스폰서가 SPAC 설립을 준비하면서 합병기업을 이미 염두에 두고 있는 경우도 있습니다. 하지만 합병 협상에 걸림돌이 될까 봐 그리고 공개할 경우 SEC 증권거래위원회에 보고해야 하는 의무가 생기기 때문에 합병기업을 미리 공개하지는 않습니다.

4장 미국증시 Fund 3총사 ETF, Mutual Fund, Hedge Fund

미국 주식에 투자한다면 누구나 **ETF** 투자를 고려해 보았을 텐데요. 일단 **ETF**의 개념부터 살펴보겠습니다. 일명 '몰빵'이라는 신념으로 가진 재산을 한 종목에 투자하는 사람들이 종종 있습니다. 이 경우 대박이 날 수도 있지만 반대로 쪽박도 날 수 있죠. 반면 여러 종목에 분산하여 투자한다면 어떻게 될까요? 대박은 장담할 수 없지만 쪽박은 피할 가능성이 높습니다. **ETF**는 바로 이런 원리에서 탄생했습니다. 한 바구니에 여러 종목을 담은 모둠형 투자상품이 바로 **ETF**입니다. **ETF**라는 바구니에 여러 기업을 담아 리스크를 분산시키는 것이죠.

ETF는 '상장지수 펀드'로 번역하는데, 풀어 쓰면 **Exchange-Traded Fund**(원래는 **hyphen** 하이픈이 있음)이고 직역은 '거래소(**Exchange**)에서 사고파는(**Traded**) 펀드'입니다. '상장지수 펀드'에서 '상장'은 주식 시장에 **Enlist** 상장되다된다는 뜻이고, 지수는 **S&P 500 Index** Standard & Poor's 500 index, S&P 500 지수 나 **KOSPI** Korea Composite Stock Price Index, 한국종합주가지수 등 기준이 되는 **Benchmark Index** 벤치마크 지수를 추종하여 근접하게 수익을 내는 것이 목표라는 의미입니다.

미국의 대표적인 ETF 중에는 S&P 500 Index를 그대로 추종하도록 만든 SPY가 있는데요. SPY ETF를 사면 미국 상위 500개 기업의 주식에 분산 투자하는 효과를 누릴 수 있습니다. S&P 500 Index 이외에도 특정 Sector를 추종하는 ETF도 있어서 본인이 생각하기에 성장 가능성이 있어 보이는 Sector에만 투자할 수도 있습니다. 대표적인 예로 SOXX는 반도체 Sector ETF로 추후 반도체 시장의 성장성에 투자할 수 있죠. ETF는 주당 가격이 저렴한 편이라 구매가 용이하고, 펀드에 비해 가입과 해지가 간편하다는 장점이 있습니다. 주식처럼 사면 가입이고, 팔면 해지인 거죠.

요즘 ETF가 워낙 인기를 끌고 있지만 정작 미국 증시의 실세는 Mutual Fund뮤추얼 펀드입니다. NYSENew York Stock Exchange, 뉴욕증권거래소와 NASDAQThe National Association of Securities Dealers Automated Quotations, 나스닥 시총 합계의 약 47%를 Mutual Fund가 소유(정확히는 운용)하고 있거든요. 또한 Mutual Fund, ETF, Hedge Fund헤지 펀드의 AUMAsset Under Management, 운용 자산 구성비율은 각각 74%, 16%, 10%입니다. Mutual Fund야말로 단연 미국 증시의 꽃임을 알 수 있습니다.

Mutual Fund란 유가증권 투자를 목적으로 설립된 법인회사로 주식발행을 통해 투자자를 모집하고, 모집한 투자금을 운용회사에 맡겨 그 수익을 투자자에게 배당금의 형태로 되돌려주는 회사입니다. Pooled Capital다수 투자자로부터 모집한 자금을 운용하여 수익을 내는 점은 ETF와 같습니다. 하지만 Mutual Fund는 ETF와 달리 펀드 매니저가 독립적으로 운영하며, 특정지수를 추종하는 상품도 일부 있지만 펀드 매니저의 재량권과 투자능력을 이용하는 상품이 더 많습니다(**ETF**는 **S&P 500 Index** 등 지수를 추종하기 때문에 펀드 매니저의 개입이 최소화됨). 미국 직장인들이 월급의 일부를 떼어서 납입하는 퇴직연금의 투자대상은 대부분 **Mutual Fund**입니다. 장세가 좋건 나쁘건 퇴직연금 월불입액은 꾸준히 증시, 정확히는 **Mutual Fund**로 유입되어 미국 증시의 자금 공급에 중추적인 역할을 담당하고 있습니다.

Hedge Fund는 주식, 채권, 파생상품 등 다양한 상품에 투자해 목표 수익을 달성하는 것을 목적으로 하는 펀드입니다. 불특정 다수로부터 자금을 유치하는 **Mutual Fund**보다는 100명 미만의 투자자로부터 대규모 자금을 모아 파트너십을 결성하여 활동합니다. 운용자산 규모는 적지만 **Expense Ratio**운용보수는 **ETF**의 열 배가 넘는 고액자산가용 펀드입니다. 가입금액은 최소 10만 달러에서 200만 달러까지 다양하고, 목표수익률이 높아서 투자대상도 **High Yield Bond**신용등급이 낮은 기업이 발행하는 고위험·고수익 채권(일명 정크 본드), 금, 부동산, 고가 미술품 등 다양한 것이 특징입니다. 한마디로 일반 대중을 위한 펀드는 아닙니다.

여기서는 펀드 거래 시 초기화면에 보이는 **NAV** Net Asset Value, 순자산가치, **Price Deviation**가격괴리율, **Tracking Error**추적오차 등 다소 낯선 계량적 표현과 각종 펀드의 종류를 소개합니다.

자산 배분 관련 용어

094 Asset Allocation 자산 배분

분산투자를 위한 다양한 Asset Class자산 종류의 선택과 그 구성비율의 조절을 의미합니다. Asset Diversification자산의 분산투자도 같은 뜻입니다.

095 Diversified Investment 분산투자

투자 시 위험을 줄이기 위해 여러 종목의 증권에 분산해 투자함으로써 개개의 위험을 서로 상쇄·완화하는 투자 방법입니다. "달걀을 한 바구니에 담지 말라."라는 투자 격언은 분산투자의 유효성을 잘 알려줍니다.

096 Portfolio 포트폴리오

원래는 '서류가방' 또는 '자료수집철'을 뜻하지만, 주식 투자에서는 여러 종목에 분산투자함으로써 한 곳에 투자할 경우 생길지 모를 위험을 피하고 투자수익을 극대화는 방법입니다. 투자자 등이 가지고 있는 유가증권 목록 또는 투자 자산의 집합을 뜻하기도 합니다.

097 Asset Class 자산 종류

펀드 투자의 주요 대상인 Stock주식, Bond채권, Derivatives파생상품, Commodities금, 원유, 농산물 등 미가공 1차 상품, Real Estate부동산 등 Volatility변동성와 원금 보장성이 다른 다양한 자산을 Asset Class가 다르다고 합니다.

098 Alternatives 대안투자대상

Alternative Investments 또는 Alternative Assets의 줄임말인데 주식, 채권, 원자재, 부동산 등 일반적인 Asset Class자산 종류가 아닌 Unconventional 비전통적인한 투자대상을 의미합니다. 미술품, 골동품, 귀금속, Private Equity 비상장기업 주식, Cryptocurrency 암호화폐, Carbon Credits 탄소배출권, Winery 와인 양조장 등이 여기에속합니다.

099 Hedge 헤지, 위험회피

원래는 '위험을 막는 울타리'란 의미로, 투자 시에는 금전 손실을 막기 위한 대비책의 의미로 쓰입니다. 현물 가격변동의 위험을 선물 가격변동으로 제거하는 것으로 '위험회피' 또는 '위험분산'이라고도 합니다. Hedge Fund는 초창기에 Hedged Fund로 불렸습니다. 시간이 지나며 자연스럽게 hedged가 hedge로 바뀌었죠. 이 상품을 판매하는 회사에서는 고액자산가들에게 "이 펀드는 위험회피를 위해 시장과 반대로 움직이는 포지션을 취하며 헤지를 한다."라고 설명하며 상품을 판매했습니다. 그러나 역설적이게도 초고수익을 추구하다 보니 요즘 제대로 된 헤지를 하는 상품은 그리 많지 않습니다.

100 Fund Overlap 펀드 복수가입으로 인한 동일 종목 중복 보유

성격이 다른 두 ETF를 매입했는데, 자세히 들여다보니 양쪽 ETF가 모두 Tesla를 포함하고 있을 때 Fund Overlap이 있다고 합니다. 피할 수 없는 측면도 있지만, 그래도 이런 Overlap 중복을 최대한 방지하려면 각 펀드의 Sector Weighting 업종별 구성비, Large Cap 라지캡(시가총액 100억 달러 이상) 비율, 기업 이름을 귀찮아도 일일이 확인하는 것이 좋습니다.

Fund의 종류

101 Fund 펀드

은행이나 증권사, 자산운용사 등 금융회사가 고객으로부터 돈을 모아 다양한 자산에 투자하여 위험을 분산하면서 수익을 올려 그 결과를 투자자에게 배분하는 금융상품입니다. 전문 펀드 매니저들이 자금을 굴리므로 안정적으로 수익을 추구할 수 있으며, 소액의 자금으로도 위험을 최소화할 수 있는 Diversified Investment분산투자 효과를 거둘 수 있는 것이 장점입니다.

102 Passive Fund 패시브 펀드 / Active Fund 액티브 펀드

더 정확한 표현은 Passively Managed Fund와 Actively Managed Fund입니다. 전자의 경우 펀드 매니저가 종목을 선택하지 않고 Benchmark벤치마크로 정한 Index지수의 종목들을 구성비율대로 매입하여 운용됩니다. 그러므로 목표수익률은 Benchmark Return시장평균 수익률입니다. 그래서 Passive Fund를 Index-Tracking Fund나 Benchmark-Linked Fund로 부르기도 합니다. 반면에 Active Fund는 'Benchmark Return + α', 즉 시장초과 수익률을 추구합니다. 따라서 펀드 매니저의 능력이 중요합니다.

103 Alpha-Seeking Fund 시장초과 수익 추구형 펀드

시장평균 수익률을 Beta Return, 시장초과 수익률을 Alpha Return 또는 Excess Return이라고 합니다. 그러므로 Alpha-Seeking이란 시장초과 수익률을 추구한다는 의미입니다. Alpha는 쉽게 얻을 수 있는 수익률이 아니어서 '*Holy Grail of Investing투자의 성배'이라는 별칭을 갖고 있습니다.

*Holy Grail: 예수가 최후의 만찬에 썼다는 성스러운 잔

104 PEF 비상장기업 투자 펀드

Private Equity Fund를 줄인 것으로, Private Equity의 직역은 '기업공개를 하지 않은 기업의 주식'입니다. PEF 구성의 주연과 조연은 각각 Private Equity Firm사모 펀드과 모집된 투자자입니다. 이 펀드는 보통 10년 기한의 Limited Partnership합자조합 또는 투자조합 회사 형태로 운영됩니다(기한연장 가능). Firm이 GP General Partner, 무한책임사원이고 투자자는 LP Limited Partner, 유한책임사원입니다. 모집한 투자금과 차입금으로 Portfolio Company 투자대상기업(PEF 업계 용어임)의 경영권을 인수하여 3~5년 후에 되팔아 이익을 남기는 것을 목표로 합니다. 국내에서는 '경영참여형 사모 펀드'로 번역합니다.

105 Hedge Fund 헤지 펀드

Hedge Fund라고 해서 회사명에 'Hedge'를 넣지는 않으며 이들도 분류상으로는 자산운용사입니다. Hedge Fund의 개별상품은 100명 미만의 투자자로 구성하는 것이 원칙입니다. 그래야 SEC Securities and Exchange Commission, 증권거래위원회의 규제를 덜 받기 때문입니다. 규제가 약해서 Shortselling 공매도과 Leverage 차입도 적극적으로 활용하며 파생상품, 원자재, 미술품 등에도 제한 없이 '잡식'으로 투자합니다. 광고와 마케팅은 공개적으로 할 수 없으며, 이들의 AUM Asset Under Management, 운용자산은 1,000억 달러 내외입니다. 비중으로 따지면 Big 3에 속하는 자산운용사 AUM의 10%도 안 되지만, 챙겨 가는 수수료는 수십 배입니다.

106 Open End Fund 개방형 펀드

가입과 Redemption 환매이 자유로운 펀드입니다. ETF 상장지수 펀드와 Hedge Fund 헤지 펀드는 사실상 100% 개방형이고, Mutual Fund 뮤추얼 펀드도 대부분 Open End Fund입니다. 개방형 펀드의 구성자산은 환금성이 높아서 Redemption에 신속히 대응할 수 있습니다.

107 Closed End Fund 폐쇄형 펀드

한 번 가입하면 만기 전에는 Redeem환매할 수 없는 펀드입니다. Mutual Fund뮤추얼 펀드에도 일부 있지만 주로 부동산이나 인프라에 투자하는 펀드와 비상장기업의 경영권 을 인수하는 Private Equity Fund경영참여형 사모 펀드에 많습니다. Open End Fund개 방형 펀드처럼 가입과 환매가 자유로우면 안정적으로 운영할 수 없어서 폐쇄형으로 운영 합니다.

Closed End Fund는 투자자의 사망, 이민 등의 특별한 사유를 제외하고는 환매가 불 가능하기 때문에 환금성이 매우 낮습니다. 그래서 환금성을 보완하기 위해 주식 시장에 상장해 일반 주식처럼 거래합니다. 누군가가 지분을 팔면 누군가는 사기 때문에 운용자 산 규모에는 거의 변화가 없습니다. 단점은 거래량이 충분치 않아 만족스러운 가격에 팔 수 없는 경우가 많다는 것입니다.

---

108 No Load Fund 판매수수료 없는 펀드

Mutual Fund뮤추얼 펀드사에서 직접 펀드에 가입할 경우에는 Load판매수수료를 내지 않 아도 됩니다. 이것이 No Load Fund입니다. 하지만 증권사와 은행 등에서 가입할 경 우에는 Load를 부담해야 합니다. Load는 더 많은 고객을 확보하기 위해 다른 금융회 사의 판매망을 이용하는 데서 발생하는 비용입니다. 인터넷과 스마트폰의 발달로 요즘 은 No Load Fund가 대부분입니다. 이렇게 펀드 운용사가 온라인으로 직접 고객을 확 보하여 중간단계를 없애는 것을 Dis-*Intermediation중개 소멸이라고 합니다.

*intermediation: 매개, 중재

---

109 Fund of Funds(FOF) 재간접펀드

A펀드에 가입했는데 편입종목 중에 B펀드가 있을 때, A펀드를 FOF라고 합니다. 펀드 안에 '새끼' 펀드가 들어있는 펀드 상품입니다. 투자자 입장에서 편입 종목의 선택지가 많아지는 것은 장점이지만, 재가입한 펀드에 대한 운용수수료가 추가로 발생하는 것은

단점이라고 할 수 있습니다.

ETF의 종류

110 ETF Exchange Traded Fund, 상장지수 펀드

말 그대로 Index Fund인덱스 펀드를 거래소에 상장해 투자자들이 주식처럼 편리하게 거래할 수 있도록 만든 상품입니다. 최근에는 시장 지수를 추종하는 ETF 외에도 배당주만 담은 ETF, 특정 Sector 추종 ETF, 채권 추종 ETF, 금 또는 원유 관련 ETF 등 다양한 스타일의 ETF들이 상장되어 인기를 얻고 있습니다.

111 Leveraged ETF 레버리지 ETF

선물과 옵션 등의 투자에 파생상품과 차입을 이용하는 ETF를 말합니다. ETF가 추종하는 지수의 등락에 따라 1의 수익이나 손실을 입는다고 할 때, 레버리지 ETF는 파생상품과 차입을 통해 추종지수의 변동폭보다 몇 배의 수익이나 손실이 나도록 설계됩니다. 즉, 고수익·고위험 상품입니다.

기초자산인 Index보다 3배로 등락하는 Triple Leveraged ETF의 개념과 단점을 동시에 알아보겠습니다. Triple 대신 3x로 표기하기도 합니다(발음: three times). 기초자산의 최초 가격을 100으로 가정할 때 20% 오르면 기초자산은 120이 되지만 3배 ETF에서는 60% 오른 160이 됩니다(60의 차익 발생). 반대로 20% 내리면 기초자산은 80이 되지만 Triple Leveraged ETF에서는 60% 떨어진 40이 됩니다(60의 손실 발생). 그런데 20% 내렸다가 다시 20% 오르면 원래대로 100이 되지 않고 64밖에 안 된다는 것이 치명적인 단점입니다. 최초 가격 100에서 20%×3배인 60%가 내리면 40이 되지만, 40에서 20%×3배인 60%가 올라 봤자 64에 불과하기 때문이죠.

기초자산이 등락하는 경우의 수는 크게 다음 세 가지입니다. 가격이 ① 꾸준히 오르는 상황, ② 꾸준히 내리는 상황, ③ 등락을 교대로 하며 조금씩 오르거나 조금씩 내리는 상황. Leveraged ETF는 ①번을 제외하면 무조건 손해 또는 미미한 이익이 나는 구조 이므로, 오른다고 확신할 때 잠깐 이용해야 하는 상품입니다.

---

112 Inverse ETF 인버스 ETF

Inverse 역방향의라는 단어에서 짐작할 수 있듯이, 기초자산인 Index가 떨어지면 수익이 나고 오르면 손해가 나도록 설계된 상품입니다. 여기에도 2x(두 배)와 3x(세 배)로 레버리지가 걸린 상품이 있습니다. 역시 시장의 하락에 큰마음 먹고 베팅할 때 잠깐 이용하는 Hedge 헤지 수단으로 인식해야 합니다.

Fund나 ETF의 계량적 정보

113 NAV Net Asset Value, 순자산가치

NAV는 ETF 상장지수 펀드가 보유하고 있는 주식, 채권, 현금 등 자산총액에서 ETF 운용 중 발생하는 운용보수 등 각종 비용을 뺀 금액입니다. 보통 이 금액을 발행주식수로 나눈 1주당 NAV를 관행적으로 NAV라고 부릅니다. 투자자가 제값으로 ETF를 사고파는지의 기준이 되는 가격으로 이해하면 됩니다. 정규장이 끝나는 오후 4시 직후에 자동으로 계산되어 나옵니다.

---

114 Price Deviation 가격괴리율

NAV 순자산가치는 ETF에 편입된 여러 종목의 가격에 따라 변동하는 반면에 ETF 자체의 거래가격, 즉 주가는 수요와 공급에 의해 결정됩니다. 일시적으로 수요가 급증하면 ETF의 가격도 빠르게 오르겠죠. 그러면 NAV와 거래가격의 가격 격차가 커집니다. 이것을 괴리율이라고 부릅니다. 예를 들어 NAV가 100달러인데, 현재 가격이 99달러라면 괴리율은 1%이고, 현재 가격이 102달러라면 괴리율은 2%입니다. −괴리율로 사면 아주 미세하게 싸게 산 것이지만 실전에서는 큰 의미는 없습니다.

115 Tracking Error 추적오차

해당 ETF가 Benchmark Index벤치마크 지수를 얼마나 충실하게 추종하는지를 평가하는 기준입니다. 추적오차가 0.5%라면 Benchmark Index의 변동성과 99.5% 일치한다는 의미입니다. 가령 펀드 매니저가 오늘 오후 1시 기준으로 종목을 사고팔아서 Benchmark Index와 동일하게 포트폴리오 구성비율을 맞췄다고 해도, 불과 1~2분만 지나도 각 종목의 가격이 변하면서 그에 따라 구성비율도 변합니다. 그러므로 Benchmark Index와 완벽하게 똑같은 포트폴리오를 구성하는 것은 불가능하고, 약간 오차가 날 수밖에 없습니다. 그럼에도 추적오차가 적다는 것은 펀드가 수시로 관리되고 있다는 긍정적인 신호로 해석할 수 있습니다.

116 Net Flows 순유입액

자유롭게 사고파는 ETF에는 매일 자금이 들어오고 나갑니다. 이것을 Inflows유입와 Outflows유출라고 합니다. Inflows에서 Outfows를 뺀 것, 즉 이 둘의 차액이 Net Flows입니다. 이 금액의 크기가 펀드의 운용성과를 직접적으로 대변하는 것은 아니지만 펀드 인기도의 참고사항은 됩니다. Net Flows가 크다는 것은 들어오는 돈이 나가는 돈보다 크다는 것이니 당연히 인기가 많다는 뜻이겠죠. 시시각각 달라지는 Net Flows 는 초기 안내화면에서 확인할 수 있습니다.

117 Sharpe Ratio 샤프 지수

특정 펀드가 1단위의 위험자산에 투자해서 얻은 초과수익의 정도를 나타내는 지표입니다. 주로 여러 펀드의 수익률 비교에 사용하는 기준인데 값이 높을수록 좋습니다. 고스톱 게임에서 3점 이상 득점 후 '고' 또는 '스톱'을 판단하는 기준이 Sharpe Ratio와 비슷합니다. 우리는 '고'를 했을 때의 위험과 딸 수 있는 추가금액을 비교하여 '고'냐 '스톱'이냐를 결정합니다.

Sharpe Ratio도 마찬가지로 감수하는 추가위험 1단위와 그로 인해 얻을 수 있는 추가 이익을 비교합니다. '기대 수익률-안전자산 수익률'을 초과수익률의 표준편차로 나누는 것이 공식입니다. 하지만 이런 어려운 공식은 잊고 고스톱 비유만 기억하면 됩니다. 이론적으로는 Sharpe Ratio가 1.0 이상이면 제대로 운영되는 펀드이지만, 여러 펀드의 성과를 비교하는 것이 목적이라면 비록 값이 1.0 이하여도 제일 높은 값이 나온 펀드가 운용을 제일 잘했다고 판단하면 됩니다.

118 Inception Date 펀드운용 개시일

펀드의 개시 날짜입니다. 펀드의 운용기간이 너무 짧으면 관리하는 펀드 매니저에 대한 평가를 내리기가 쉽지 않으므로, 적당한 운용 이력이 있는 펀드를 고르는 것이 현명합니다. 오래된 펀드의 *Inception Date는 1990년대 초반까지도 거슬러 올라갑니다.

*inception: 시작, 개시

119 Morningstar Ratings 모닝스타의 펀드 평가

Morningstar는 각종 펀드의 성과를 별점으로 측정하여 '펀드평가의 미쉐린 가이드'라는 별명까지 얻은 증권정보 전문 판매기업입니다. 이 기업은 각종 펀드(뮤추얼 펀드, ETF, 헤지 펀드)에 대해 Star Rating 별점 평가을 하는데 이를 Morningstar Ratings라고 합니다(별 5개가 만점). 별점 평가는 아니지만 Morningstar Analyst Rating 모닝스타의 애널리스트 평가도 함께 살펴보면 도움이 됩니다. 명칭에서 짐작할 수 있듯이 펀드의 향후 실적에 대한 애널리스트들의 예상을 집계하여 Gold 금, Silver 은, Bronze 동의 3등급으로 평가합니다.

120 2/20 Model Hedge Fund의 두 가지 수수료 부과방식

Hedge Fund 가입비용은 Management Fee운용수수료와 Incentive Fee인센티브 수수료의 두 가지로 구분됩니다. Management Fee는 1년에 최소 2%이고 Hurdle Rate인센티브를 받기 위한 커트라인 수익률 이상으로 이익이 나면 Hurdle Rate를 초과하여 발생한 이익의 20%를 Incentive로 챙겨갑니다. 2/20는 Management Fee 2%와 Incentive Fee 20%를 의미합니다. Incentive Fee의 정식 명칭은 Carried Interest성과 보수인데 줄여서 Carry라고 부릅니다. 예를 들어 Hurdle Rate가 5%인데 9%의 수익률이 나왔다면 가입 시의 운용자산×4%×20%가 Carry입니다.

5장 미국 주식은 배당 천사!

Dividend 배당는 기업의 영업활동을 통해 창출된 이익의 일부를 투자자인 주주에게 배분하는 것입니다. 주식 투자자 대부분이 일차적으로는 주가 상승을 기대하지만, Dividends 배당금로 들어오는 이익 또한 무시할 수 없습니다. 예를 들어, 연간 5%의 시가 배당을 하는 기업이 있다면 주가 상승분에 추가로 5%의 배당까지 챙길 수 있죠. 반대로 주가가 하락하더라도 배당금으로 주가하락분을 어느 정도 상쇄할 수 있습니다.

배당을 꾸준히 안정적으로 지급하는 기업의 주식을 Dividend Stock 배당주이라고 하는데요. 이런 배당의 묘미를 제대로 즐길 수 있는 곳이 바로 미국 주식 시장입니다. 미국 기업은 국내 기업보다 배당을 더 중시할 뿐만 아니라 금액도 후하거든요.

Payout Ratio 배당성향는 당기순이익 대비 배당금을 지급하는 비율을 나타냅니다. 국내 기업의 배당성향은 평균 25%입니다. 이익이 100원이면 25원만 주주에게 나눠 주는 거죠. 이는 미국, 일본 등 주요 7개국(소위 G7) 평균인 42%에 한참 못 미치고, 심지어 인도, 브라질, 러시아 등이 포함된 BRICsBrazil,

Russia, India, China의 35%보다도 낮은 수치입니다. 미국의 이동통신사인 **Verizon**과 **Coca-Cola**의 경우 각각 50%와 80%대의 배당성향을 보입니다.

국내 기업은 왜 이렇게 배당에 인색할까요? 상장해서 불특정 다수가 기업의 주인(주주)이 되어도 창업주와 그 일가가 여전히 이들을 객식구로 바라보기 때문입니다. 게다가 배당을 안 해서 사내에 적립된 돈인 **Retained Earnings**유보이익는 경영권을 장악한 오너 일가가 마음대로 주무를 수 있는 쌈짓돈이 되므로, 굳이 넉넉히 배당할 이유가 없죠.

이와는 대조적으로 미국 주식 시장의 제1 키워드는 '주주 친화성'입니다. 그 뿌리에는 기업의 주인은 경영진이 아니라, 소중한 자기자본을 공급해 주는 주주라는 투철한 자본주의적 사고방식이 있습니다. 그렇기 때문에 주주에게 기업 실적을 거짓과 왜곡 없이 솔직히 보고해야 하고, 또 그 보고에 따라 충실히 배당해야 한다는 일종의 강박의식까지 가진 경영진이 적지 않습니다. 심지어 경영성과가 기대 이하인데도 회사채 발행이나 금융권 대출을 통해서 전년도 수준의 배당금을 보장해 주는 기업도 있을 정도입니다. 25년 이상 또는 50년 이상 배당금을 지속적으로 늘리는 소위 **Dividend Aristocrats**배당귀족주와 **Dividend Kings**배당왕주도 적지 않습니다. **ExxonMobil, AT&T, 3M, Coca-Cola, Proctor & Gamble, Johnson & Johnson, Kimberly Clark** 등이 여기에 해당합니다.

따라서 미국 기업 중에 주가 대비 배당금 비율인 **Dividend Yield**배당수익률가 높고, 배당 지급액을 꾸준히 늘리고 있는 기업을 찾아 투자하면 배당금만으로도 안정적인 수익을 낼 수 있습니다. 특히 분기 배당을 하는 기업의 배당 스케줄에 맞게 종목을 구성하면 월세처럼 매월 배당금을 받을 수도 있습니다. 예를 들어, 1-4-7-10월에 배당하는 **AT&T**, 2-5-8-11월에 배당하는 **Duke Energy**, 3-6-9-12월에 배당하는 **Philip Morris**에 투자하면 매월 배당금을 받을 수 있죠.

배당주에 투자하려면 배당 자격에서 탈락하는 첫날인 **Ex-Dividend Date**배당락일가 언제인지 반드시 확인해야 합니다. 배당락일 전날까지는 매수해야 해당 분기의 배당금을 받을 자격이 되기 때문입니다. 예를 들어, A기업의 배당락일이 12월 20일이면 19일에 사서 20일에 팔아도 배당금을 받을 수 있습니다. 단 배당락일 직후에는 종목특성에 따라 주가가 하락하는 경향이 있으므로 지난 몇 년간 배당락일 직후의 주가 변화도 관찰할 필요가 있습니다.

배당 관련 용어

121 Dividend 배당 / Retained Earnings 유보이익(이익잉여금)

당기순이익의 일부를 현금으로 배당하고 남은 금액은 사내에 유보(retain)됩니다. 이렇게 유보된 이익이 Retained Earnings입니다. 대차대조표의 자본항목에는 두 종류의 잉여금, 즉 자본잉여금과 이익잉여금이 있는데, Bonus Issue 무상증자는 이 둘 중에 어느 것을 재원으로 써도 되지만 Dividend는 반드시 이익잉여금에서만 가능합니다.

122 Cash Dividend 현금배당 / Stock Dividend 주식배당

Dividends 배당금를 현금으로 주면 현금배당, 주식으로 주면 주식배당입니다. 물론 현금배당이 절대적으로 많습니다. 주주 입장에 따라 선호도는 다르겠지만, 상승장이거나 해당 종목이 성장주라면 주식배당을 반기지 않을 이유도 없습니다. 참고로 주식으로 5.31주를 배당할 경우 소수점 이하는 시가를 기준으로 하여 현금으로 지급합니다.

123 Dividend Record Date 배당기준일(배당주주확정일) Ex-Dividend Date 배당락일

Dividend Record Date(줄여서 Record Date)는 배당기준일, 즉 배당주주확정일입니다. 이날 주주명부에 올라 있어야만 배당을 받습니다. 얼핏 생각하면 Record Date 전날까지 주식을 사면 배당을 받을 것 같지만 그렇지 않습니다. 주식을 사면 2영업일이 지나야 주주명부에 오르기 때문입니다. 그러므로 Record Date 2영업일 전까지는 주식을 사야 배당 자격이 생깁니다. 1영업일 전은 배당지급 자격에서 탈락하는 첫날이라고 해서 이날을 배당락일이라고 하죠. 영어로는 Ex-Dividend Date 또는 줄여서 Ex-Date라고 하는데, Ex-Dividend는 Excluding Dividend 배당을 제외하는를 줄인 표현입니다. 투자 시에는 편하게 배당락일 전날까지 사면 배당금을 받는다고 알아두면 되겠습니다.

124 Dividend 0.82(0.65%) 배당금(배당수익률)

Yahoo Finance에서 Apple을 검색하면 Key Stats 핵심통계 코너에서 위와 같은 수치를 볼 수 있습니다. 당연히 배당 관련 정보겠죠. 0.82와 0.65%는 각각 Dividends 배당금 0.82달러, Dividend Yield 배당수익률 0.62%를 의미합니다. 거래 플랫폼마다 표기 방법은 조금씩 다릅니다.

125 Dividend Yield 배당수익률

Annualized Payout 연간 배당금을 주가로 나눈 값의 백분율인데, 다른 금융상품에 투자하거나 예금할 때의 수익률과 비교할 수 있는 기준이 됩니다. 예를 들어, Walt Disney의 주가 요약 코너에 'Yield(FWD): 1.22%'라는 수치가 있다면 무슨 의미일까요? 1.22%는 배당수익률이고, FWD는 Forward Twelve Months, 즉 향후 12개월을 뜻합니다. 따라서 오늘 주가로 주식을 사고 지난 1년간의 배당금이 내년에도 그대로 유지된다고 가정했을 때의 예상 배당수익률을 의미합니다. Coca-Cola의 경우 3%대 초반의 배당수익률을 보이는데, 보통 2.5% 이상이면 고배당주로 대접받습니다.

참고로 Dividend Yield(TTM) 0.65%로 표기된 사이트(예 www.webull.com)도 있는데요. TTM은 Trailing Twelve Months 지난 12개월의 약자로 지난 12개월 배당수익률을 나타냅니다.

126 Dividend Payout Ratio 배당성향

주로 Payout Ratio로 줄여서 사용합니다. Net Income당기순이익 대비 배당금으로 지급되는 금액의 비율입니다. 100억 원 중 배당금으로 30억 원이 지급됐다면 Dividend Payout Ratio는 30%입니다. 배당을 중시하는 미국에서는 15~30%가 대부분이며, 배당성향이 매년 30~50%라면 배당우량주로 인식됩니다. 단, 성장주의 배당성향은 0%에 가깝습니다. 투자할 곳이 많아서 배당금 지급은 생각도 못 하니까요. 배당 후 남은 당기순이익은 대차대조표에서 Retained Earnings유보이익라는 항목에 기록됩니다.

---

127 Dividend Growth Rate 배당성장률

절대 금액 기준으로 Dividend Growth배당금증가가 있다면, Dividend Growth Rate가 매년 몇 %씩 늘어나는지 계산해 확인할 수 있습니다. 지난 5년간 배당금이 1달러, 1.05달러, 1.07달러, 1.11달러, 1.15달러라고 가정하면, 2년 차부터 계산되는 Dividend Growth Ratio는 5%, 1.9%, 3.74%, 3.6%입니다. 이 네 개의 배당성장률을 더해서 4로 나누면 4년 평균 배당성장률인 3.56%가 나옵니다.

---

128 Dividend Cut 배당금 삭감
Dividend Suspension 배당금 지급정지

표현 그대로 배당금을 삭감하면 Dividend Cut이고, 해당 분기나 연도에 배당금을 지급하지 않으면 Dividend *Suspension입니다. 배당금은 보통주와 우선주에 따라 달리 지급되는데(우선주에 더 많이 지급), Fixed Coupon Preferred Stock고정배당 우선주이라고 하여 매년 최소한의 배당금 지급을 보장하는 특별한 우선주도 있습니다. 마치 예금이자처럼 말이죠. 만약 이 우선주에 Dividend Suspension이 적용되면 다음 해에 이자까지 계산하여 배당금을 두 배로 지급해야 합니다.

*suspension: 정지

129 Dividend Growth Stock 배당성장주

Dividend Growth배당성장는 전년도보다 0.01달러라도 절대금액으로 배당금을 꾸준히 늘리는 것이고, 그런 배당 스타일의 주식을 Dividend Growth Stock이라고 합니다. 특히 금융위기가 닥쳤던 2008년이나 코로나19로 힘들었던 2020년처럼 침체기에도 Dividend Growth를 유지한 주식이라면, 배당을 통한 주주이익을 굉장히 배려하는 기업이라고 판단해도 됩니다. IBM, Johnson & Johnson, American Water Works 등 21개 기업이 2020년에도 Dividend Growth를 유지했습니다.

130 Dividend Kings 배당왕주 / Dividend Aristocrats 배당귀족주

S&P 500 지수에 속한 기업 중 Dividend Growth배당성장 이력이 50년 이상인 15개 전후 기업을 Dividend Kings라고 부릅니다. 25년 이상 인상해 온 60여 개 기업은 Dividend Aristocrats라고 합니다. 누가 이런 것을 만들었을까요? 신용평가사인 S&PStandard & Poor's입니다. S&P는 이 족보를 매년 갱신하여 발표합니다.

131 Dividend Achievers 배당우등생주

Dividend Achievers라는 용어를 최초로 사용한 것은 신용평가사 Moody's였지만 2012년 NASDAQThe National Association of Securities Dealers Automated Quotations, 나스닥이 이 브랜드를 구입하여 NASDAQ Dividend Achievers라는 이름으로 Trademark상표 등록까지 했습니다. Dividend Growth배당성장 이력이 10년 이상이고 NASDAQ이 요구하는 최소 거래량을 충족해야 이 명단에 오를 수 있습니다. 해당 기업수는 290여 개입니다(참고로 NASDAQ 상장기업은 3,300여 개). 이 290여 개 기업을 하나로 묶은 Index지수가 있는데 NASDAQ Dividend Achievers Index이고,

Ticker 티커(=Symbol)는 DIVQ입니다. 배당주 ETF Exchange Traded Fund, 상장지수 펀드나 각종 배당주 펀드 운용사가 추종하기 좋게 포장해 놓은 '배당주 종합 세트'라고 할 수 있습니다.

132 Dividend Champions 배당챔피언주

Dividend Growth 배당성장 이력이 25년 이상인 130여 개 미국 기업을 가리킵니다. 2007년에 어느 개인이 만들었는데, S&P 500 기업에만 국한하지 않고 미국 시장에 상장된 모든 주식을 대상으로 한다는 데 의미가 있습니다.

133 Dividend ETF 배당 ETF

우수한 Dividend History 배당이력를 보여주는 종목을 한 바구니에 담은 ETF입니다. 시가총액이 크고 Blue-Chip 블루칩으로 인정받는 종목들로 이해하면 됩니다. Dividend ETF에 포함되는 인기 기업은 Johnson & Johnson, Procter & Gamble, JPMorgan Chase, Bank of America, IBM, 3M, Nike, Intel 등입니다. 대표적인 Dividend ETF는 Vanguard Dividend Appreciation ETF(VIG), ProShares S&P500 Aristocrats(NOBL), SPDR S&P Dividend ETF(SDY) 등입니다. 괄호 안은 Ticker입니다. 배당에 초점을 맞춰서 종목을 골랐지만 의외로 이들 ETF 주가의 상승이 S&P500보다 우수한 해가 더 많다고 합니다. Mutual Fund 뮤추얼 펀드에도 배당주 전문 펀드가 있지만 Expense Ratio 운용보수는 ETF가 더 저렴합니다.

134 AT&T Grandpa AT&T 할아버지

은퇴자들 중 미국 2위의 통신사인 AT&T의 주식 배당금이 주요 수입원인 노인을 가리킵니다. 배당금이 나오는 곳이 반드시 AT&T일 필요는 없고, 배당우량주에서 나오는 배당금을 받는 은퇴자라면 성별과 상관없이 모두 AT&T Grandpa라고 합니다. 이런 표현이 있다는 것 자체가 미국인들의 배당 중시 성향을 방증한다고 볼 수 있죠. 참고로 AT&T는 배당금을 1년에 4번(2, 5, 8, 11월) 지급하고 6~7%대의 Dividend Yield 배당수 익률를 꾸준히 유지하고 있습니다. 은행 이자보다 몇 배는 더 높은 수익률입니다.

---

135 Widow-and-Orphan Stocks 과부와 고아용 주식

AT&T Grandpa와 비슷한 개념의 주식입니다. 사망한 남편에게서 받은 유산이나 기부 자가 고아들을 위해 써달라고 기부한 소중한 돈을 거품이 끼어 있을지 모르는 성장주나 언제 주가가 오를지 모르는 저평가 가치주에 투자할 수는 없죠. 믿을 만한 주식은 분기 마다 '따박따박' 배당금이 나오는 연금 같은 주식일 것입니다. 주로 Noncyclicals 경기방 어주나 Consumer Staples 필수소비재 업종에 이렇게 배당 인심이 후하고 안정적인 주식 이 많습니다.

배당주 투자 관련 용어

136 Cum-Dividend 배당금 받을 자격이 있는

라틴어인 cum은 영어로 with입니다. 그러므로 Cum-Dividend는 '배당금이 붙 은'이라고 직역할 수 있습니다. 쉽게 말해서 Ex-Dividend 배당락의 반대말이 Cum-Dividend입니다. "The stock is cum-dividend until December 27."은 해당 주 식을 12월 27일까지 매입해야 이번 분기나 이번 연도에 배당금을 받을 자격이 있다는 뜻입니다. 다음 날인 28일은 Ex-Dividend Date 배당락일이겠죠.

---

137 DRIP Dividend Reinvestment Plan, 배당금 재투자 계획

DRIP으로 줄여 쓰는 이 프로그램은 현금배당을 받는 날 이를 다시 자동으로 기업에 주식으로 재투자하도록 미리 약정하는 것이 핵심입니다. 그래도 배당소득세는 내야 합니다. 모든 기업이 이런 제도를 운영하는 것은 아닙니다(약 700개 기업이 운영 중). 또한, *Fractional Share0.3주, 0.55주 등 1주 미만의 주식를 처리해 주는 증권사에서만 DRIP을 이용할 수 있습니다.

*fractional: 분수의

138 Dividend Capture Strategy 배당우량주 연쇄매매 전략

여러 배당우량기업의 Ex-Dividend Date배당락일를 사전에 모두 파악하여, Ex-Dividend Date 전날까지 주식을 사서 며칠 후에 팔고 또 다른 주식으로 옮겨 가서 똑같은 패턴으로 매매하는 전략입니다. 분기배당을 하는 기업을 상대로 1년에 최소 7~8회까지도 가능합니다. 1-4-7-10월 배당, 2-5-8-11월 배당, 3-6-9-12월 배당 등 분기배당 스케줄이 다양하기 때문입니다. 대형 인기 배당기업의 주가는 배당락 직후 살짝 떨어져도 며칠 내에 회복되거나 거의 떨어지지 않는 경향을 이용한 매매전략입니다. 배당에 인색한 국내에서는 실천하기 힘든 매매방식이죠.

139 Dividend Trap 배당금 함정

Dividend Yield배당수익률가 5% 이상이라면 은행 이자보다 몇 배나 더 높은 투자수익을 주는 톱클래스의 배당기업입니다. 하지만 아무리 현금흐름이 안정적이고 사업모델이 나쁘지 않아도 이런 고배당이 여러 해 동안 지속가능한지 따져봐야 하고, 기업 경영진의 사업능력도 의심해 봐야 합니다. 이익이 나면 지속적으로 투자해야 변화무쌍한 기업환경 속에서 생존하는 법인데, 배당만 꾸준히 한다는 것은 투자를 소홀히 할 수도 있다는 뜻이니까요. 이런 기업은 미래가치가 높을 수 없습니다. 지금 당장 주주의 계좌에 두둑한 배당금이 들어온다고 해도 주가는 이미 중장기적으로 내리막길을 걷고 있을 가능성도 배제할 수 없습니다. 이것이 바로 Dividend Trap입니다. Dividend Value Trap 또는 Income Trap이라고 부르기도 합니다.

140   Dividend Signaling Theory 배당 신호 이론

배당금을 올리면 투자자들이 기업의 다음 해 실적이 좋아질 것으로 해석한다는 가설입니다. Theory이론 대신 Hypothesis가설를 쓰기도 합니다. 일부 기업에서는 경영진이 이 이론에 빠져 불경기나 대형 경제위기가 와도 배당금을 줄이지 못하거나, 심지어 대출을 받아 넉넉하게 배당하는 상황이 종종 연출되기도 합니다.

6장 주식 시장의 호랑이 선생, SEC의 탄생!

1929년 10월 말 미국 증시는 단 며칠 만에 주가가 30% 이상 폭락하며 붕괴했습니다. 이후 10년간 미국 증시는 장기침체를 겪으며 고통스러운 체질개선과 개혁의 계기를 마련하게 됩니다. 이 시기를 대공황이라고 부릅니다.

사실 1933년 이전 미국에는 **Insider Trading** 내부자 거래을 금지하는 법이 없었습니다. 그래서 주식 시장에는 다양한 형태의 내부자 거래와 주가조작 등 부정과 반칙이 난무했습니다. 규제법이라고는 주마다 별도로 제정하는 솜방망이 규제법인 **Blue Sky Laws** 청공법(사기회사에 투자하는 일이 없도록 보호하기 위한 부정증권판매 금지법)가 전부였죠.

이렇게 혼란한 와중에 투자행위를 더 엄격하게 감독해야 한다는 여론이 힘을 얻기 시작했습니다. 이에 따라 미국 의회는 **The Securities Act of 1933** 1933년 증권법와 **The Securities Exchange Act of 1934** 1934년 증권거래법를 잇따라 제정했죠.

이 두 법의 제정과 동시에 1934년에는 **SEC** Securities and Exchange Commission,

증권거래위원회도 설립되었습니다. 당시 대공황을 극복하기 위한 **Roosevelt**루스벨트 대통령의 **New Deal**뉴딜 정책이 사회 각 분야에서 진행되었는데, 금융분야에서 진행된 **New Deal** 중 하나가 **SEC**의 설립입니다. 이후 **SEC**는 주식 시장에서 '호랑이 선생' 같은 **Regulator**규제당국 역할을 하게 되었습니다.

SEC 탄생의 법적 기반으로 볼 수 있는 **The Securities Act of 1933**를 좀 더 들여다보면 **SEC**의 이해에 도움이 됩니다. 이 법은 총 28조로 구성되어 있는데 근저에 깔려 있는 기본정신은 다음 두 가지입니다. 첫째, 투자자가 공모하는 주식과 관련한 재무정보 및 기타 의미 있는 정보에 충분히 접근할 수 있어야 함. 둘째, 제출하는 정보에 **Deceit**사기, **Misrepresentation**부실한 또는 왜곡된 정보, **Fraud**기만, 사기의 여지가 없고 진실해야 함. 그래서 이 법의 별명이 **Truth in Securities Law**증권법의 진리입니다.

초기 정신에서 이어진 **SEC**의 현재 핵심 임무는 증시에 대한 감독과 투자자 보호입니다. 불법 거래나 주가 조작 등을 적발하는 것이 기본 업무이고, 투자자 보호를 위해 상장기업에 요구하는 공시정보 의무는 과하다 싶을 정도로 종류가 다양합니다. 상장기업은 **SEC**에 정기적으로 각종 보고서와 신고서를 제출해야 하는데요. **SEC**는 이것을 평가한 후 투명하게 공개하여 투자자의 판단과 결정에 도움을 주려고 노력합니다.

SEC에 제출하는 각종 보고서와 신고서를 **SEC Filings**라고 하는데, 이 **SEC Filings** 자료 열람을 가능하게 하는 온라인 데이터베이스 시스템을 **EDGAR**Electronic Data Gathering, Analysis and Retrieval라고 부릅니다. 대표적인

SEC Filings로는 Form S-1 등록 신고서, Form 3, 4, 5 내부자 주식보유 현황/변동 보고서, Form 10-K 연례 보고서, Form 10-Q 분기 보고서, Form 8-K 수시 보고서, Form S-3 유상증자 신고서, Form 13F 투자사 보유종목 신고서 등이 있습니다.

여러분도 투자하고자 하는 기업의 **SEC Fillings**를 찾아볼 수 있습니다. **SEC** 홈페이지(www.sec.gov)에 가서 상단 검색창에 정보를 원하는 기업의 이름을 검색하면 각종 **SEC Filing**들이 나오니, 투자 시 참고하면 도움이 될 것입니다.

SEC 신고서와 보고서 관련 용어

141 SEC 증권거래위원회

The U.S. Securities and Exchange Commission을 줄여서 쓴 것으로, 대공황 발생(1929년) 이후인 1934년에 자본시장의 질서확립을 위해 설립된 증권시장의 최상위 Regulator 규제당국입니다. SEC의 홈페이지인 SEC.gov에 명시된 세 가지 Mission 미션은 ① Protecting Investors 투자자 보호, ② Maintaining Fair, Orderly, and Efficient Markets 공정하고 질서 있고 효율적인 시장의 유지관리, ③ Facilitating Capital Formation 자본형성의 지원과 촉진입니다.

---

142 EDGAR SEC의 전자식 신고/공시/검색 시스템

Electronic Data Gathering, Analysis and *Retrieval의 약자입니다. 기업과 투자자는 이 시스템을 통해서 각종 *Filings 신고서류와 Disclosure 공시를 신고하고 확인할 수 있습니다. 예를 들어, Apple에 관한 정보를 원하면 검색창에 Apple(회사명), AAPL(Apple의 Ticker 티커), 0000320193(Apple의 CIK) 중 하나를 입력하면 됩니다. Central Index Key의 약자인 CIK는 EDGAR에서 쓰이는 일종의 Ticker로 10자리 숫자입니다. CIK Lookup이라는 검색창에 기업 이름을 입력하거나 구글링을 하면 원하는 CIK를 쉽게 찾을 수 있습니다.

*retrieval: 저장정보의 검색 | filing: 서류제출 또는 제출서류

143 SEC Filings SEC에 제출하는 각종 신고서와 보고서

모든 Public Company공개기업, 즉 상장기업와 공개 신청을 한 기업, SEC가 지정한 Corporate Insider기업 이사회 구성원과 주요 임원 등, 주요 Broker-Dealer증권사는 정해진 양식과 조건의 각종 신고서와 보고서를 SEC에 정기적으로 그리고 의무적으로 제출해야 합니다.

---

144 SEC Form S-1 SEC 제출용 등록 신고서

Form S-1은 신고양식 코드이고 정식명칭은 Registration Statement등록 신고서입니다. SEC가 요구하는 상장기준을 충족하는 상장예정기업은 S-1을 이용하여 기업의 사업모델, 재무제표, Capital Proceeds공모금액의 사용계획, 경영진 보상, 공개될 주식 수, Underwriter인수기관와의 기본적 계약내용 등 투자자가 반드시 알아야 할 Material Information중요 정보을 신고해야 합니다. 변경사항이 있을 경우 Form S-1/A 양식으로 보고해야 합니다(A는 Amendment, 즉 수정사항을 의미).

---

145 SEC Form 10-K SEC 제출용 연례 보고서

상장기업이 1년에 한 번씩 SEC에 제출해야 하는 연례 보고서입니다. 여기에는 주주와 잠재적 주주의 판단에 도움이 되는 지난 회계연도의 각종 재무정보, 당면한 위험요인, 잠재적 위험요인이 포함되어 있습니다. 분량이 방대하기 때문에 기업 홈페이지의 *IR 코너에 올라온 10-K 요약본 성격인 Annual Report연례 보고서를 먼저 검토하는 것이 좋습니다. hyphen하이픈 없이 SEC 10K 또는 10K Report로 표기하기도 합니다. 회계연도 이후 90일이 지나야 10-K를 확인할 수 있습니다. 끝부분에는 CEOChief Executive Officer, 최고경영자와 CFOChief Financial Officer, 재무담당 최고책임자가 투자자에게 보내는 편지가 있는데, 이 보고서에 있는 모든 내용에 거짓이 없으며 만에 하나 거짓정보가 있다면 법적인 책임을 지겠다는 일종의 서약서입니다.

*IR: Investor Relations의 약자, 투자자를 대상으로 하는 기업 홍보를 뜻함

146 SEC Form 10-Q SEC 제출용 분기 보고서

분기별로 제출하는 보고서이지만 실제로는 첫 세 분기에 대하여 세 차례만 제출됩니다. 마지막 분기의 정보는 지난 4개 분기의 기업활동을 담고 있는 10K Report에 자연스럽게 합쳐지기 때문입니다. 또한 10-K의 재무제표는 Audited회계감사된이지만 10-Q는 Unaudited감사되지 않은인 점도 알고 있어야 합니다. 각 분기가 끝나고 약 45일 후에 10-Q를 확인할 수 있습니다.

147 SEC Form 8-K SEC 제출용 수시 보고서

기업이 주가에 영향을 줄 만하다고 스스로 판단한 Material Event중요한 기업행위나 사건사고가 생기면 이 보고서 형식을 통해 수시로 보고해야 합니다. 10-K는 1년에 한 번, 10-Q는 3개월에 한 번 발표되므로 속보성이 약합니다. 이를 보완하기 위해 고안된 것이 수시로 제출되는 8-K입니다. 대표이사의 변경, 이사회 신규 구성원의 지명, 기업 신용등급의 변경 등 SEC가 수시로 보고하라고 지정한 8-K 항목은 50가지가 넘습니다. 관심 기업의 8K Report만 읽어도 웬만한 경제신문에서 해당 기업에 관한 정보를 얻는 것보다 시간이 절약될 정도입니다. 보고 마감은 사건발생일 기준 4영업일 이내입니다. 속보성이 특징이라서 SEC에서도 Current Report실시간 보고서라는 별칭으로 안내하고 있습니다.

148 SEC Form S-3 유상증자 신고서

IPO 이후 추가로 자금을 모집하기 위해 Secondary Offering유상증자을 하려면 S-3 양식으로 신고해야 합니다. S-3의 내용을 더 자세하게 알 수 있는 보고서가 Form 424B인데, 여기에는 신규 발행주식의 가격, 발행주식수, 투자자가 알아야 할 위험이 자세히 설명되어 있습니다.

149 SEC Form 13F 투자사 보유종목 신고서

운용자산이 1억 달러 이상인 자산관리회사는 SEC에 분기별로 13F라는 양식으로 Holdings보유종목의 상당부분을 의무적으로 공개해야 합니다. 투명성을 높여 투자자를 보호하는 것이 목적입니다. 그런데 재미있게도 이 공개자료가 자산관리회사의 동향과 투자 방식을 모방하려는 일반인 투자자들에게 인기를 끌고 있습니다. 투자사는 SEC 요구에 의해 마지못해 공개하지만, 나름대로 꼼수를 써서 그들의 속살을 다 드러내지 않으려고 애씁니다. 매 분기가 끝나고 45일 안에 보고하는 것이 규정이라서 최대한 늦춰 45일 차에 보고하는데, 45일이나 지나 '김빠진 콜라' 같은 정보를 공개함으로써 자신들의 투자전략과 전술의 노출을 최대한 막는 것이죠.

150 Prospectus 투자자용 기업 안내서

SEC Form S-1 SEC 제출용 등록 신고서에 포함되는 투자자용 기업 안내서입니다. 사업목적과 재무제표가 포함되는 것은 기본이고, Executive Compensation 경영진에 대한 보상내역, Use of Capital Proceeds 기업공개로 들어오는 자금의 사용계획, Info on Underwriters IPO를 책임지고 진행하는 인수기관 정보 등의 정보가 담겨 있습니다. 투자자 보호를 위해 SEC가 기업에 요구하는 중요한 문서 중 하나입니다.

151 Red Herring Prospectus 예비 Prospectus

Prospectus 투자자용 기업 안내서의 분량이 너무 많아서 사전에 Preliminary Prospectus 예비 Prospectus를 몇 차례 공개하는데, 예비라는 의미로 표지에 빨간 레이블이 인쇄되어 있어서 Red *Herring Prospectus라는 별칭으로 불리기도 합니다.

*herring: 청어

152 Cap Table 지분 현황 보고서

보통주와 우선주의 보유자별 지분율을 보여주는 표로서 Ownership Capitalization Table의 줄임말입니다. Prospectus투자자용 기업 안내서의 목차를 통해 Cap Table을 찾을 수 있으며, Start-Up은 IPO기업공개 전의 지분율을 기준으로 작성한 Cap Table과 IPO 이후의 지분율 변화를 추정하여 만든 *Pro Forma Cap Table을 함께 보고해야 합니다.

*pro forma: 임시의, 견적의

153 Exhibit 별첨서류

SEC에 제출되는 자료 중에는 일련번호가 붙은 여러 종류의 Exhibit(발음: 이그지빗)이 있습니다. 사전적으로는 '제시물, 제출물'이라는 뜻으로 일종의 별첨서류입니다. 일련번호가 뒤에 붙어 있는데, 예를 들어 EX-1은 Underwriting Agreement투자은행과의 인수계약서이고 EX-14는 Code of Ethics기업 윤리규정입니다. SEC에서는 Exhibit을 쓰지만 일반적으로 계약서의 부속서류에는 Annex나 Appendix라는 용어를 씁니다.

154 Proxy Statement 주주총회 관련 공시정보

정기 주주총회 전에 Form DEF-14A라는 양식을 통해 SEC에 제출해야 하는 공시정보입니다. 여기에는 Corporate Governance기업지배구조, Proposals주주총회 안건, 경영진에 대한 프로필과 각종 형태의 보수내역, 주총에서 투표를 기다리는 신규 이사회 후보의 프로필 등이 포함됩니다. SEC가 굳이 고유한 양식서까지 만들어서 Proxy Statement를 주주총회 직전에 보고하도록 의무화하는 것은 그만큼 투자자, 즉 주주의 가치를 보호하는 것의 중요성을 기업들에게 강조하기 위해서입니다.

155 Annual Report 연차(연례) 보고서

1년에 한 번씩 SEC에 보고하는 10K Report와 Annual Report를 혼동하여 바꿔 쓰거나 동일한 것으로 잘못 알고 있는 경우가 있어서 소개합니다. Annual Report는 SEC 제출용이 아닌 일반 투자자를 위한 것으로 다분히 홍보적이며 마케팅적인 요소를 갖고 있습니다. 각종 재무정보는 10-K와 일치하지만, 미래 비전을 제시하는 경우 화려한 사진과 다이내믹한 홍보영상을 이용한 연출기법이 동원되기도 하는 등 쇼맨십이 강합니다.

---

156 Beneficial Owner 실제 소유자

Company Insider경영진과 이사회 멤버와 Major Shareholder주요 대주주의 지분율을 신고하는 양식인 Form 3를 확인하다 보면 옆 동네(?)인 Form 4에서 *Beneficial Owner라는 알 듯 말 듯하지만 분명히 와닿지는 않는 표현을 만나게 됩니다. 우리말로 '수익적 소유자'라고 많이 번역하는 것 같은데, 가장 쉬운 번역은 '실질적 또는 실제 소유자'입니다. 우리가 Mutual Fund뮤추얼 펀드나 ETF로 Apple 주식을 사면 형식상의 주주는 펀드회사입니다. 하지만 그 회사를 Apple의 주주로 만든 것은 다수의 펀드가입자입니다. 따라서 펀드가입자가 실제 소유주인 거죠. 명의신탁 등 다른 복잡한 예시도 있지만 여기서는 가장 쉬운 예인 펀드가입자로 Beneficial Owner를 설명합니다.

*beneficial: 이익이 되는, 수익자의

7장 주가의 건강검진 항목, Multiples!

혈압, 체온, 분당 맥박수를 합친 **Vital Sign**활력 징후이라는 기초의학용어가 있습니다. 종합검진을 안 해도 일단 **Vital Sign**이 기준치를 벗어나면 건강에 이상이 있을 가능성이 높습니다. 여기에 공복혈당 수치, 콜레스테롤 수치, 간 효소 수치, 기초혈액검사만 추가해도 최소한의 건강검진이 가능합니다.

사람의 건강을 측정하는 것처럼 기업의 건강도 측정할 수 있으면 좋겠죠? 기업의 건강검진, 즉 가치 측정에 적용되는 기초 항목이 바로 **Multiple**주가배수입니다. **Yahoo Finance**에 관심 있는 기업의 이름을 한번 입력해 보세요. 기업 정보에 **PER, PBR, EV/EBITDA, ROE** 등이 나오는데 이 모든 것이 바로 **Multiples**입니다. 투자 적합성을 판단하는 요소들이니, 투자 시 꼭 체크해 보세요.

PER주가이익비율(**= PE Ratio**)은 이익관점에서, **PBR**주가순자산비율(**= PB Ratio**)은 자산과 부채 관점에서 주가의 적정성을 평가하는 항목입니다. 매출 관점으로 보는 **PSR**주가매출액비율(**=PS Ratio**)도 있습니다. 하지만 기업회계가 현금 출납을 기준으로 이루어지지 않다 보니, 이들 세 가지 **Multiples**를 이용해도 기업의 현금 보유량과 현금 매출 파악이 제대로 되지 않습니다. 현금은 기업의 혈액이기 때문에 최대한 정확히 파악할 필요가 있죠. 그래서 현금흐름 관점에서 기업을 바라보는 **EV/EBITDA**기업가치/세전영업이익라는 **Multiple**의 도움을 받을 필요가 있습니다. 무슨 의미인지 잘 모르겠다고요? 다음에 나오는 용어를 잘 읽어보면 차이점을 명확히 알 수 있을 것입니다.

경제 뉴스에서 자주 등장하는 용어 중에 **Consensus**컨센서스라는 것이 있습니다. 원래 단어 의미는 의견일치, 합의라는 뜻으로, 증권가에서는 신뢰성 높은 애널리스트들이 제시하는 기업 실적, 목표 주가, 각종 **Multiples**에 관한 추정치의 평균값을 나타냅니다. 주로 '실적이 **Consensus**를 초과했다(하회했다)'라는 표현으로 자주 쓰입니다.

이 챕터에서는 각종 **Multiple**의 개념을 자세히 알아보고 '과대/과소/적정'으로 요약되는 기업가치와 그에 따른 애널리스트의 '사라/팔아라/보유해라'라는 권유를 영어로 어떻게 표현하는지 알아보겠습니다.

주가배수 관련 용어

157 Multiple 주가배수

기본적으로 수학용어인 Multiple은 '배수'입니다. '무엇의 몇 배'라는 뜻이죠. 주식에서는 B/S대차대조표와 P/L손익계산서의 의미 있는 항목과 주가를 분자와 분모(또는 반대로 분모와 분자)에 놓고 비교하며 가치평가를 하는 기준입니다.

주가의 고평가나 저평가 여부가 투자자의 제 1관심사이기 때문에 주가는 분자나 분모에 거의 항상 등장합니다. 가격이 포함된 Multiple을 Price Multiple이라고 부르기도 합니다. 배수에 100을 곱한 백분율도 Multiple에 포함됩니다. 거의 모든 주식거래 플랫폼의 첫 화면에 빠지지 않고 소개되는 대표 Multiple은 PER주가이익비율(=PE Ratio)과 PBR주가순자산비율(=PB Ratio)입니다. 관심종목의 과거 Multiple의 변화추이나 경쟁기업 Multiple과 비교하는 것은 의미 있지만, 사업구조가 다른 기업과의 Multiple 비교는 삼가야 합니다. 가끔 Multiple을 표기할 때 5가 아니라 5x로 표기하는 경우가 있는데, 둘 다 같은 의미입니다. x는 times(배)로 읽습니다.

158 PE Ratio 주가이익비율 / PB Ratio 주가순자산비율

풀어 쓰면 Price to Earnings Ratio이고 PER, PE, P/E로도 씁니다. 주가가 그 회사 1주당 수익의 몇 배가 되는지를 나타내는 지표로, 주가를 EPS주당순이익로 나눠서 구합니다. 원론적으로는 PER이 높으면 과대평가주이고 낮으면 저평가주인 것은 맞습니다. 하지만 관찰 기업이 미래 성장성이 낮은 업종에 속하거나 경영진의 혁신의지가 약하다면 PER이 낮아도 저평가주로 인정받지 못합니다.

PB Ratio는 풀어 쓰면 Price to Book Value Ratio입니다. PBR, PB, P/B로도 씁

니다. 주가를 주당 Book Value 순자산가치(자본금과 자본잉여금, 이익잉여금의 합계)로 나누어 구한 것으로, PE Ratio와 함께 주가의 고평가 여부를 알아보는 Multiple 주가배수입니다. 가치투자에 방점을 둘수록 PER보다 PBR을 더 중시합니다.

159 Book Value 장부가치

Book Value의 또 다른 명칭은 Tangible Net Asset 직역: 유형자산인 동시에 순자산입니다. B/S 대차대조표상의 Assets 자산에서 Intangible Assets 무형자산와 Liabilities 부채를 뺀 금액입니다. 즉, 자산에서 채무를 공제한 잔여 금액으로 청산가치라고 볼 수 있죠. 청산 시 현금과 요구불 예금 등 1년 만기 이내의 금융자산은 장부가치가 100% 인정되지만, 회수 여부가 불확실한 외상매출금과 얼마에 팔릴지 알 수 없는 공장시설, 기계, 집기류는 장부가치를 간혹 50% 이하로 인정받거나 아예 인정받지 못할 때도 있습니다. Book Value는 기업 양도 시 큰 역할을 하는데, 이것을 기준으로 합병조건이나 양도가격이 결정됩니다. 청산 시 무형자산의 가치는 사실상 인정되지 않습니다.

160 EV/EBITDA 기업가치/세전영업이익

기업의 시장가치(EV)를 세전영업이익(EBITDA)으로 나눈 값입니다. EV/EBITDA는 요즘 각종 주식거래 플랫폼이나 유튜브의 미국 주식 관련 콘텐츠에 자주 등장하는 항목입니다. Enterprise Value 기업가치의 약자인 EV는 원래 M&A Mergers and Acquisitions, 기업인수합병에서 피인수 기업의 가치를 계산할 때 쓰는 개념입니다. EBITDA는 이자비용, 세금, 감가상각비용 등을 빼기 전 순이익을 뜻합니다. 예를 들어, 어느 기업의 EV/EBITDA가 5라면 이 기업을 인수한 뒤 5년이 지나면 지불한 기업가치의 비용을 회수할 수 있다는 의미입니다. 주식투자 관점에서는 이 값이 적을수록 해당 기업이 영업활동을 통해 매년 현금을 잘 확보하고 있다는 의미로 해석하면 됩니다. 여기서 EV와 Market Cap 시가총액이 같다고 오해하면 안 됩니다. EV는 기업매수자가 매수 시 지급해야 하는 금액으로, 시가총액에 순부채를 더하여 산출합니다.

161 Diluted EPS vs. Adjusted EPS 희석 EPS vs. 조정 EPS

Earnings Per Share의 약자인 EPS 주당순이익는 Net Income 당기순이익을 Outstanding Shares 발행주식수로 나누면 나옵니다. 이와 달리 CB 전환사채와 Stock Option 스톡옵션 등 언젠가는 반드시 정식으로 주식이 되어 발행주식수를 증가시킬 잠재적인 주식까지 미리 고려하여 계산한 EPS가 *Diluted EPS입니다. 가끔 EPS를 Basic EPS 기본 주당순이익로 표기하여 Diluted EPS와 구분하는 주식거래 플랫폼도 있습니다. 반면에 Adjusted EPS는 Non-GAAP 비일반적 회계원칙 회계처리 방식으로 계산한 EPS입니다. Non-GAAP 방식은 불규칙적으로 발생하는 비용을 제외하기 때문에 당기순이익이 과대하게 나오고, 그에 따라 Basic EPS보다 높은 값으로 나오는 점에 유의해야 합니다. Adjusted 조정된는 EPS뿐만 아니라 이익과 관련된 거의 모든 회계용어 앞에 붙일 수 있습니다(예 Adjusted EBIT 영업이익).

*diluted 희석된

---

162 ROE vs. ROA 자기자본 이익률 vs. 총자산 이익률

Net Income 당기순이익을 Shareholder Equity 자기자본로 나눈 백분율이 ROE Return On Equity입니다. 기업에 투자된 자본이 어느 정도 이익을 올리고 있는지를 나타내는 지표입니다. 주주는 ROE를 시중금리나 국채 수익률과 비교하여 투자수익률의 적절성을 판단합니다.

반면에 ROA Return On Asset는 Net Income을 자산(부채+자본)으로 나누어 계산한 백분율입니다. ROE가 주주의 투자수익률을 본다면, ROA는 경영진의 기업경영능력을 판단하는 기준입니다. 자기 돈뿐만 아니라 남의 돈인 부채까지 합친 금액을 얼마나 효율적으로 활용했는지를 알 수 있는 지표이기 때문입니다. 다만, 주식투자자의 기업분석 관점에서 ROE와 ROA는 영업이익률과 부채비율의 보조수단 정도로 이해하는 것이 적절합니다. 영업이익률이 높으면 ROE는 당연히 높게 나옵니다. 또한 부채비율이 낮을수록 ROE와 ROA 비율은 비슷해지고, 부채비율이 높을수록 ROE와 ROA의 격차는 커집니다. 결국 영업이익(률)과 부채비율을 확인했다면 굳이 ROE와 ROA를 더 살펴볼 필요는 없습니다.

163 PEG Ratio 주가이익성장비율

PEG를 풀어 쓰면 Price Earnings to Growth로, PER주가이익비율을 EPS주당순이 익 성장률로 나눈 값입니다. 가령 PER이 10이고 EPS 성장률이 연 15%로 예상된다면 10/15인 0.67이 PEG Ratio입니다. 당장에 이익이 많이 나지 않는 첨단 기술주의 주가 수준을 판단하기 위해 PER을 개량한 것으로, 이익과 이익의 성장성을 동시에 판단하 는 지표입니다. EPS 성장률은 향후 3년 이상의 예상치를 연평균으로 환산한 값을 사용 하는 것이 좋습니다.

164 Price-to-Sales Ratio(= PS Ratio) 주가매출액비율

Tesla나 Coupang처럼 순이익이 적자인 기업에는 PE Ratio주가이익비율 수치 자체가 없습니다. 하지만 만성 적자 기업에는 더 이상 눈길을 줄 가치가 없다며 무시하는 태도 는 현명하지 않습니다. 주가는 미래를 먹고 사는 생명체니까요. 지금 당장은 적자여도 미래 성장성이 주가에 반영되어 있는 기업의 경우, 시총과 매출액의 관계를 꾸준히 관 찰하면 주가의 거품 여부를 판단하는 데 도움이 됩니다. Price-to-Sales Ratio는 시 가총액을 매출액으로 나눈 값입니다. 다만, 업종이 다르거나 같은 업종이어도 사업내용 이 크게 차이 난다면 PS Ratio를 통한 Peer Comparison동종기업 비교은 금물입니다. 그냥 한 기업의 PS Ratio의 변화를 매년 꾸준히 관찰하는 것으로도 충분합니다.

165 Fair Value 공정가치 / Market Value 시장가치

Market Value는 말 그대로 시장에서 거래되는 시세입니다. 희망 구매자와 희망 판매 자가 다수 존재하는 경쟁적 시장일수록 Market Value의 설득력과 신뢰도는 높아지겠 죠. 그런데 만약 오늘 발굴된 신라시대 황금 귀고리의 가치를 따져야 한다면? 이렇게 시장이 형성되지 않아서 특정 물건이나 자산의 가격을 매기기 힘들어도 그 가치를 추정 하거나 대차대조표에 기록해야 하는 상황이 있습니다. 이때의 합리적 추정가치를 회계 언어로 Fair Value라고 합니다.

Fair Value는 말이 '공정'이지 평가자의 주관이 어쩔 수 없이 들어가는 불공정한(?) 가치입니다. 이 가치의 공정성 판단은 관심 투자자들의 몫인데, 여기서 눈여겨봐야 할 요소는 추정가격을 산출한 근거와 가정입니다. 그 근거와 가정이 합리적이라고 판단되면 그제야 진정한 Fair Value로 간신히 인정받을 수 있죠. Fair Value 근처에서 몇 차례 거래가 이루어지면 이제 Market Value라고 불러도 무리가 없습니다. M&A기업인수합병에서 영업권이나 특허권 등 무형자산의 가치평가와 비상장기업의 주식가격 평가에서 Fair Value 개념이 자주 사용됩니다.

166 Valuation 가치평가

여기서 평가하는 가치는 Fair Value공정가치입니다. 공정가치 산출에서 가장 중요한 두 가지 요소는 기업의 Book Value장부가치와 미래 이익의 Present Value현재가치(줄여서 PV)입니다. PV는 기업이 매년 창출할 미래 이익을 현재 가치로 할인한 금액을 말합니다. 물론 이 두 가지 요소만으로 Valuation이 되는 것은 아니죠. 매출, 이익, 시장점유율, 핵심 경쟁력, 경영진의 능력, 업종 전망 등 고려할 요소는 여러 가지입니다. Public Company상장기업의 경우 Fair Value와 현재 주가를 비교하여 Overvalued과대평가, Fairly Valued적정평가, Undervalued과소평가의 세 가지로 등급을 매기며, Start-Up 같은 Private Company비상장기업의 경우 Valuation에 의해 IPO Price공모가가 달라집니다.

167 Analyst Ratings 애널리스트 투자의견

특정 종목에 대한 매수, 매도 관련 5가지 기본 의견인 Buy매수, Overweight비중확대, Hold보유, Underweight비중축소, Sell매도을 가리킵니다. Overweight 대신 Outperform, *Moderate Buy, *Accumulate, Add를 쓰기도 하고, Hold와 같은 의미로는 Neutral과 Market Perform이 있습니다. 또한, Underweight 대신 Underperform, Moderate Sell, Weak Hold, Reduce를 쓰는 애널리스트나 증권

사도 있습니다. 주의할 점은 동일한 주식에 대해 A사에서는 Overweight인데, B사에서는 Buy나 Hold일 수도 있다는 것입니다. 그 이유는 모든 증권사가 동일한 기준으로 투자의견을 제시하는 것이 아니기 때문입니다.

*moderate 견해가 중도인 | accumulate: 모으다, 축적하다

168 Consensus 실적, 주가, 멀티플에 관한 전문가 추정치의 평균값

증시에서 Consensus는 신뢰성 높은 애널리스트들이 제시하는 기업 실적, 목표 주가, 각종 멀티플에 관한 추정치의 평균값입니다. 핵심 어휘는 '평균'입니다. 실제 발표되는 실적 등이 Consensus를 밑돌거나 초과하는 경우도 적지 않은데, 이때 쓰는 표현이 Missed Consensus 컨센서스 하회 또는 Beat(=Exceeded) Consensus 컨센서스 상회 또는 초과입니다. 가끔 Consensus를 Street Consensus라고 부르기도 합니다. 여기서 Street는 당연히 Wall Street 월스트리트를 가리킵니다.

169 Comparables 유사기업군 비교용 각종 지표

Peer Comparison 동종기업 비교을 하려면 매출, 영업이익 등 기본자료뿐만 아니라 각종 Multiple 주가배수도 비교해야겠죠. 이 모든 비교 데이터를 Comparables 또는 줄여서 Comps라고 하며, 중요한 Comps를 모아 놓은 표가 Comps Table 비교표입니다.

8장 회계의 까막눈은 투자의 까막눈!

요즘 개미투자자들의 수익률 성과가 엄청나게 좋다고 합니다. 정보의 홍수 속에서 저마다 투자할 기업을 선별하는 기준이 있겠지만, 그렇다고 회계에 관한 기초 개념도 제대로 이해하지 못하고 주식 시장에 발을 들이는 것은 위험한 일입니다. 대표적인 재무제표인 대차대조표, 손익계산서, 현금흐름표의 의미를 최소한만 이해해도 각종 풍문, 허위정보, 감정에 휩쓸리지 않고 관심종목을 보다 더 입체적이고 객관적으로 바라볼 수 있을 것입니다.

Balance Sheet대차대조표란 특정시점에 기업이 보유하고 있는 자산(경제적 자원)과 부채(경제적 의무), 자본 잔액에 관한 정보를 보고하는 양식입니다. 전쟁과 군대로 비유하면, Balance Sheet의 왼쪽인 Debtor차변은 육·해·공군의 통합 무기고라고 할 수 있습니다. 제작 중인 반제품과 원재료도 포함하며 모두 합쳐서 자산이라고 부르죠. 오른쪽인 Creditor대변은 그 무기고를 갖추기 위한 자금출처로 보면 됩니다. 빌린 돈이면 부채이고 주주의 돈이면 자본입니다.

반면 Income Statement손익계산서는 지난 1년간 전투성과를 기록한 표입니다. 이 표에 담긴 핵심 결과가 매출, 영업이익, 당기순이익이죠. **Balance Sheet**와 **Income Statement**에는 공통적인 문제점이 있는데요. 바로 외상매출금 등 아직 현금화하지 못한 매출을 포함하고 있다는 것입니다. 약속 날짜에 진짜로 들어올지 알 수 없는 불확실한 허당매출일 수 있다는 거죠. 이게 다 **Accrual Basis Accounting**발생주의 회계원칙 때문입니다. 10억 원 외상매출도 매출로 잡는 게 이 회계원칙의 맹점입니다. 장부는 화려한데 흑자도산을 가능하게 할 만큼 빈틈이 있는 회계원칙입니다.

이런 문제를 해결하기 위해 오직 현금의 유·출입만을 기준으로 기업의 내실을 판단하는 것이 **Statement of Cash Flows**현금흐름표입니다. **SoftBank**의 손정의 회장은 이 표에서 간단하게 구할 수 있는 **Free Cash Flow**잉여현금흐름를 투자기업 선정의 핵심기준으로 여긴다고 하죠. **Statement of Cash Flows**의 작성원리는 일반 가정의 가계부 작성원리와 거의 같습니다. 현금이 들어오면 +로, 나가면 −로 기록합니다. 이런 회계원칙을 **Cash Basis Accounting**현금주의 회계원칙이라고 합니다. 다만, 가계부와 달리 1년 만기 이하의 예금 등 유동성이 높은 **Cash Equivalents**현금성 자산도 계산에 포함합니다.

지금부터 설명할 용어들은 회계용어 전체가 아니라 주식거래 플랫폼, 증시 리포트, 각종 미디어에 자주 등장하는 용어들과 **Goodwill**평판자산 또는 영업권이나 **Working Capital**운전자본처럼 직역하면 오해하기 쉬운 용어들입니다. 이런 용어들에 어서 익숙해져 다른 투자자들보다 더 빨리 더 정확하게 분석하는 능력을 갖추길 기대합니다.

회계 기본 용어

170 GAAP Generally Accepted Accounting Principles, 일반 회계원칙
Non-GAAP 비일반적 회계원칙

GAAP는 미국의 FASB Financial Accounting Standards Board, 재무회계 기준위원회가 정한 회계원칙으로, 고전적이며 원칙적인 회계처리 방식입니다. 반면에 Non-GAAP은 역사적으로 반복될 가능성이 적은 일회성 비용을 제외하는 회계원칙입니다. M&A Mergers and Acquisitions, 기업인수합병, 구조조정, 스톡옵션, 법적 합의와 관련된 비용 등이 대표적인 일회성 비용으로 Non-GAAP 대상입니다. SEC Securities and Exchange Commission, 증권거래위원회에 제출되는 10-K(연례 보고서)와 10-Q(분기 보고서)에 나오는 수치는 모두 GAAP 기준입니다. 반면에 기업이 자율적으로 발표하는 Earnings Release 실적발표에는 GAAP과 Non-GAAP 수치가 함께 소개됩니다. 이때 Non-GAAP 수치에는 Adjusted 조정된라는 수식어가 붙습니다(예 Adjusted EPS, Adjusted PE Ratio). Non-GAAP을 쓰면 비용이 축소되어 기록된다는 점을 반드시 알고 있어야 합니다.

---

171 FY Fiscal Year, 회계연도 / FYE Fiscal Year End, 회계결산 마감일

Fiscal Year은 회계의 기준이 되는 365일로서, 일상생활의 기준인 Calendar Year 달력와 구분됩니다. 미국 정부와 Apple의 FY는 10월 1일부터 다음 해 9월 30일까지이고, Microsoft의 FY는 7월 1일부터 6월 30일까지입니다. 관련된 표현으로 FYE Fiscal Year End, 회계결산 마감일가 있습니다. 당연히 Apple과 Microsoft의 FYE는 각각 9월 30일과 6월 30일이겠죠. 이 날짜가 중요한 이유는 이 날짜를 기준으로 재무제표에서 FY의 연도표시가 달라지기 때문입니다. 예를 들어, 2021년 6월 30일에 발생한 Microsoft의 매출은 FY 2020 재무제표에 기록되고, 다음 날인 7월 1일에 발생한 매출은 FY 2021

재무제표에 기록됩니다.

172 Financial Statements 재무제표

3대 Financial Statements는 Balance Sheet대차대조표, Income Statement손익계산서, Cash Flow Statement현금흐름표입니다. Balance Sheet는 Statement of Financial Position재무상태표으로 불리기도 하고, Income Statement는 P&L Statement로 부르기도 합니다(P&L은 Profit&Loss의 줄임말). Cash Flow Statement의 Flow흐름는 Cash현금의 Inflow입금와 Outflow출금를 의미합니다. 그 밖에도 두세 가지의 Financial Statements가 더 있지만 사용빈도가 낮아 생략합니다.

173 Consolidated Financial Statements 연결재무제표

Financial Statements재무제표 앞에 Consolidated통합된라는 수식어가 붙는 경우를 자주 보게 됩니다. 이 Financial Statements는 Parent Company모회사와 모든 Subsidiaries자회사의 자산, 부채, 자본, 각종 이익, 현금흐름 등 모든 회계항목을 합쳐서 새로 만든 장부입니다. 이렇게 각각은 개별법인이지만 하나로 묶어서 이해하는 개념을 Single Economic Entity경제 단일체라고 부릅니다(Entity 대신 Unit도 사용). 지분을 50% 이상 소유한 경우에는 Subsidiary자회사이지만, 그 이하여도 영업 영향력과 보이지 않는 경영능력으로 Control지배력이 있다고 판단되면 Consolidated Financial Statements에 포함합니다.

174 Going *Concern Assumption 계속기업가정

기업활동은 향후 10년이나 20년의 시한부가 아니라 사실상 무기한으로 계속된다는 가정 아래 이루어집니다. 또한, 각종 Financial Statements재무제표는 이 가정을 대전제로 작성됩니다.

*concern: 기업

175 Audit Report 회계감사보고서

Financial Statements 재무제표가 회계원칙을 얼마나 잘 지키며 작성되었는지를 기업과 무관한 독립 Auditor 회계 감사인가 평가한 감사보고서입니다. 보통 SEC 증권거래위원회에 제출되는 10-K(연례 보고서)에 Audit Report가 포함되며, 이 Report의 마지막 문장에 '적정 의견, 한정 의견, 부적정 의견, 의견 거절' 중 하나로 Auditor's Opinion 감사의견이 적혀 있습니다. 이 네 가지 의견은 학점에 비유하면 순서대로 A, B~C 사이, D, F입니다.

176 Unqualified Opinion 적정 의견 / Qualified Opinion 한정 의견

Qualified는 사전에 '자격 있는'과 '불완전한, 단서를 다는(incomplete), 한정된'의 두 가지 뜻으로 나옵니다. 회계에서는 두 번째 뜻을 사용합니다. 따라서 Unqualified는 완벽하다는 뜻이므로 Unqualified Opinion은 적정 의견(합격을 의미)을 의미합니다. 학교에서 배운 영단어 실력으로 Unqualified를 해석하면 '자격 없는'이 되니 주의하세요. 그렇다면 Qualified Opinion은 자연스럽게 한정 의견이 되겠죠? 어떤 회사가 '한정 의견' 이하의 감사의견을 받았다면 그 회사는 향후 부실이 늘어날 가능성이 크다고 볼 수 있습니다.

177 Adverse Opinion 부정적 의견 / Disclaimer of Opinion 의견 거절

Adverse의 동의어가 Negative 부정적인이니 Adverse Opinion은 부정적 의견입니다. 완전히 낙제인 의견 거절은 Disclaimer of Opinion이고요. 여기서 Disclaimer는 '의견 제시의 거절이나 포기'라는 뜻입니다. 회계장부가 너무나 엉터리로 작성된 나머지 의견 자체를 포기하겠다는 거죠.

대차대조표 항목 관련 용어

178 Balance Sheet 대차대조표

일정한 시점의 재무 상태를 나타내는 회계보고서로, 기업이 그 시점까지 자금을 어디서 얼마나 조달하여 어떻게 사용했는지를 보여줍니다. Balance Sheet를 통해 기업이 갚아야 할 부채는 얼마이며, 부채상환을 위해 현금으로 조달할 수 있는 자산은 충분한지, 회사를 설립하기 위하여 주주들은 얼마를 투자하였으며, 얼마의 이익을 냈는지 등의 정보를 알 수 있습니다.

179 Asset 자산 / Liabilities 부채 / Equity 자본

Asset 자산, Liabilities 부채, Equity 자본는 Balance Sheet 대차대조표(=B/S)의 3대 항목입니다. Asset은 Liabilities와 Equity를 합친 것과 같은 금액입니다.

180 Capital 자본금 / Equity 자본

Capital은 Equity의 부분집합입니다. Capital은 주식판매대금, 즉 유상증자 납입금이라는 뜻이고 정확성과 혼동방지를 위해 Share Capital 주식자본(=Equity Capital)이라고 표기합니다(국내 회계용어로는 자본금). 혼동방지란 표현을 쓴 이유는 토지, 건물, 기계설비 등의 설비투자 역시 Capital이라고 부르기 때문입니다. 설비투자에서 쓰이는 Capital은 정확성을 위해 주로 Capital Expenditures 설비투자비용로 표기합니다.

Equity에는 크게 Capital 자본금, Capital Surplus 자본잉여금, Retained Earnings 이익잉여금가 있습니다. Capital은 '발행주식수 x 액면가'인데 주식을 추가로 발행하지 않으면 변하지 않습니다. Capital Surplus는 자사주와 관련된 재무활동으로 생긴 이익이고, Retained Earnings는 영업과 투자활동으로 발생한 이익입니다. Capital Surplus의 대표적인 예는 주식발행초과금으로, 주식의 액면금액을 초과하여 주식을 발행했을 때 액면금액과 발행금액의 차액을 말합니다. 다만, 미국 주식의 경우 주권에 액면가가 명시되지 않은 무액면 주식이 대부분이기 때문에 주식 발행과 관련된 Capital Surplus는 없다고 보면 됩니다. Retained Earnings는 기업이 영업활동을 통해 벌어들인 순이익 중에서 배당금을 지급한 후 사내에 쌓아둔 유보금을 의미합니다.

181 Liabilities 부채

부채는 빌린 돈, 즉 타인자본을 말합니다. Debt차입금과 Liabilities의 차이는 뭘까요? Liabilities(보통 복수로 표현)가 더 포괄적이고 범위가 넓습니다. Liabilities는 경영상의 모든 의무입니다. Debt는 운영을 위해 빌린 자금으로 Liabilities에 포함됩니다. 상품권 발행액, 외상매입금, 퇴직급여 충당금 등이 대표적인 Liabilities입니다. 어느 호텔이 장기투숙객에게서 1년치 숙박료를 미리 받았다면 그것도 Advance from Customers선수금 항목의 Liabilities입니다.

182 Retained Earnings 유보이익(이익잉여금)

법인세까지 지불하고 남은 이익인 Net Income당기순이익은 어떻게 처리할까요? 일부는 주주에게 배당하겠죠(안 할 수도 있음). 배당 후 남은 금액은 Balance Sheet대차대조표의 Equity자본에 *Retained Earnings라는 소항목으로 기록됩니다. 이익잉여금도 유보이익과 같은 뜻입니다.

*retain: 보유하다, 간직하다

183 Paid-in Capital 납입자본금

IPO Initial Public Offering, 기업공개나 Secondary Offering유상증자을 통해 보통주와 우선주를 팔면 사내로 납입금이 들어옵니다. 이것이 Paid-in Capital입니다. Paid-in Capital은 Balance Sheet대차대조표상 Equity자본의 몇 가지 항목 중 하나이고,

Share Capital 주식자본(=Equity Capital, Capital Stock)과 같은 뜻입니다. 국내 Balance Sheet에서는 Paid-in Capital을 관행적으로 자본금으로 표기합니다.

184 Additional Paid-in Capital 주식발행초과금

주권에 70달러로 표기하여 100달러에 팔면, 70달러의 Paid-in Capital 납입자본금과 30 달러의 Additional Paid-in Capital로 구분하여 기록됩니다. 주권 얼굴(전면)에 표시 된 70달러를 Face Value 액면가(=Par Value)라고 부릅니다. Balance Sheet 대차대조표 에 Additional Paid-in Capital이란 항목이 있다면 액면가로 주식을 발행하여 더 비싼 가격으로 판매하는 기업입니다. 하지만 대부분의 미국 주식은 액면가 없이 발행되기 때문에 Paid-in Capital의 Equity 자본 항목에서 Additional Paid-in Capital을 찾을 수 없습니다.

185 Working Capital 운전자본

핵심요소만으로 단순화하여 설명하면, 현금화하지 못한 두 자산인 Accounts Receivable 매출채권, 즉 외상매출금과 Inventory 재고자산의 합계에서 Accounts Payable 외상매입금을 뺀 Net 순- 개념의 금액입니다. 드물지만 외상매입금이 더 크면 금액이 음수 일 수도 있어서 Working Capital을 Net Working Capital 순운전자본이라고 부르기도 합니다. 이 금액이 너무 적으면 영업력이 없어 파리 날리는 것을 의미하고, 너무 많으면 깔아 놓은 외상이 과도해 위험하다는 신호입니다. Working Capital을 현금화하기 위해 '일하고 있는' 자본으로 해석하거나, 아직 나비(현금)가 되지 못한 애벌레로 이해해도 괜찮습니다.

186 Goodwill 영업권 또는 평판자산

고객 충성도와 브랜드 평판같이 계량화하기 힘든 Intangible Asset 무형자산이

Goodwill입니다. 주로 Acquisition 기업인수에서 사용하는 개념이죠. Goodwill이 없었다면 또는 Goodwill이 경쟁기업 정도라면 이익이 얼마로 감소했을지를 주관적으로 추정하여, 기업인수가를 결정할 때 Goodwill의 가치를 참고합니다. 더 쉽게 설명하면 Financial Statements 재무제표 분석에 따른 기업가치는 100억 원이지만, 브랜드 가치 등 기업의 무형적 가치를 추가로 10% 더 평가하여 지불하는 10억 원이 Goodwill입니다.

손익계산서 항목 관련 용어

187 Income Statement 손익계산서

일정 기간에 기업이 올린 경영성과를 한눈에 나타내는 Financial Statements 재무제표 중 하나입니다. 기업활동을 통해 발생한 수익과 비용을 알기 쉽게 기록합니다.

---

188 Revenue(=Sales) 매출액 / COGS Cost of Goods Sold, 매출원가

Revenue와 Sales는 둘 다 매출액이라는 뜻이고, COGS는 매출액을 만들기 위해 들어간 직접 원가입니다. 여기서 '직접'이라는 표현에 주목해야 합니다. 같은 인건비인데 공장 인건비만 COGS에 들어가고, 영업사원 인건비는 *SG&A Cost 판매관리비로 계산합니다.

*SG&A: Selling, General & Administrative의 약자

---

189 Gross Profit 매출총이익 / Operating Income 영업이익
Net Income 당기순이익

셋 다 Profit 이익과 Income 수입 중 아무거나 써도 되지만, Gross Income 총수입은 직

장인의 세전 총급여에도 쓰이므로 손익계산서에서는 Gross Profit이 훨씬 더 많이 쓰입니다. Revenue 매출액에서 COGS 매출원가를 뺀 금액이 Gross Profit이고, 여기에서 영업비용(판매관리비, 감가상각비 등)을 차감하면 Operating Income이 나옵니다. Operating Income에서 이자 등 영업외비용(이자비용, 환차손 등)과 법인세를 빼면 Net Income이 나옵니다.

190 Depreciation 감가 / Amortization 상각

토지를 제외한 유형자산(건물, 장비, 차량 등)을 내용연수 n년 동안 매년 1/n씩 비용처리하여, n년 후에는 가치를 0원으로 만드는 회계처리 방식이 Depreciation입니다. 저작권 등 무형자산에 대한 Depreciation은 Amortization이라고 부릅니다. 방식은 Depreciation과 동일합니다. 다만, 외부에서 취득한 무형자산만 Amortization 처리 대상이고, 사내에서 창출한 무형자산은 극히 일부만 예외적으로 자산으로 인정되어 Amortization 처리됩니다. Depreciation과 Amortization은 비용이지만 현금지출이 없는 비용이어서 Cash Flow 현금흐름 계산에서 매우 중요한 역할을 합니다.

현금흐름표 항목 관련 용어

191 Statement of Cash Flows 현금흐름표

일정 기간 동안 기업의 현금흐름을 나타내는 표입니다. 일반 가정의 현금출납부에 해당합니다. 기업의 현금 유·출입은 영업활동, 투자활동, 재무활동의 세 영역에서 발생합니다. 그래서 영문으로 된 현금흐름표를 보면 Cash Flow from Operating Activities 영업활동에서 생기는 현금흐름, Cash Flow from Investing Activities 투자활동에서 생기는 현금흐름, Cash Flow from Financing Activities 재무활동에서 생기는 현금흐름의 세 가지 항목으로 나뉩니다. 첫째 항목인 Cash Flow from Operating Activities에서 나오는 현금이 손익계산서의 Operating Income 영업이익보다 현저히 적다면 외상매출이 과도하다는 적신호입니다. CFO나 OCF로 줄여 쓰는 첫째 항목은 말 그대로 영업활동으로 창출된 현금흐름입니다.

192 Capital Expenditures 자본적 지출

Capital Expenditures의 합성어인 Capex(종종 CapEx로 표기)는 토지, 건물, 장비 등 고정자산의 구입과 유지보수를 위한 투자성 지출입니다. 현금흐름표의 둘째 항목인 Cash Flow from Investing Activities투자활동에서 생기는 현금흐름에서 'Property토지, Plant건물, Equipment장비'로 표기된 소항목이 바로 Capex입니다. 이러한 시설의 구입비용은 대차대조표에서 고정자산 항목을 증가시킵니다.

193 Free Cash Flow(FCF) 잉여현금흐름

현금흐름표의 첫째 항목인 OCF에서 Capex를 빼면 FCF가 나옵니다. SoftBank의 손정의 회장이 투자기업 선정의 제1 기준으로 즐겨 쓴다는 FCF는 영업력과 여유현금 규모를 동시에 평가하는 기준입니다. 여유현금 규모가 크면 주주가치를 높이기 위해 배당과 자사주 매입 등 적극적으로 재무활동을 펼칠 가능성이 높다고 해석할 수 있습니다. 참고로 현금흐름표의 현금은 Cash뿐만 아니라 Cash *Equivalents현금성 자산도 포함합니다.

*equivalent: 등가의, 등가물

194 Cash Equivalents 현금성 자산

현금은 아니지만 High Liquidity높은 유동성와 Low Risk낮은 위험성를 동시에 갖고 있는 자산을 가리킵니다. 은행예금과 Marketable Securities시장성 유가증권로 요약됩니다. Marketable Securities란 Maturity만기가 1년 이하로 남았지만, 유통시장에서 만족스러운 시세에(즉, 큰 할인 없이) 즉시 현금화할 수 있는 Securities유가증권입니다.

9장
타짜들의 장난감, 공매도!
어설프게 흉내 내지 말자!

Short Selling 공매도이라는 말을 자주 들어보았겠지만 아마 정확한 개념은 잘 모르는 사람들이 많을 것입니다. 공매도에서 '공(空)'은 비어 있다는 뜻으로, 없는 주식이란 의미입니다. 공매도란 향후 주가가 하락할 것으로 예상되는 종목의 주식을 빌려서 매도한 뒤, 실제로 주가가 하락하면 싼값에 되사들여 빌린 주식을 갚음으로써 차익을 얻는 매매 기법입니다. 예를 들어, A종목 주가가 1만 원인데 주가하락이 예상된다면 A종목 주식을 갖고 있지 않더라도 일단 1만 원에 공매도 주문을 냅니다. 그런 다음 실제 주가가 8,000원으로 하락하면 A종목을 다시 사서 2,000원의 시세차익을 챙기는 방식입니다.

공매도와 함께 알아두어야 하는 용어가 Long Position 롱 포지션과 Short Positon 숏 포지션입니다. 주가가 오를 것을 기대하고 종목을 사는 일반적 거래는 Long Position이고, 하락 예상 종목에 대하여 공매도 목적으로 주식을 빌려서 즉시 파는 것이 Short Position입니다. 예를 들어 100달러로 어느 종목을 사는 Long Position의 경우, 예상과 달리 주가가 하락해도 최대 손실금액(0원이 되었을 때)은 100달러에 불과하고 손실률도 100%를 넘지 않습니다. 하지만 주가가 오를 경우 최대 이익금과 최대 이익률은 100%를 넘어 무한대로 갈 수도 있습니다. 반대로 공매도를 이용하는 **Short Position**의 경우, 예상대로 주가가 떨어지면 겨우 100달러를 벌지만, 반대로 주가가 끝없이 오르면 손실은 이론상 무한대가 됩니다. 이익은 뻔하고 손실은 매우 커 투자자에게 불리한 것이 공매도입니다.

이런 위험한 거래방식은 개인의 경우 **Hedge**헤지, 위험분산용으로 어쩌다 한두 번 사용해야지, 일상적인 거래방식이 되면 절대 안 됩니다. 공매도는 '타짜'인 기관들이나 다루는 위험한 장난감입니다. 그래도 공매도의 전체 흐름과 관련된 기본용어 정도는 알아 두는 게 좋습니다. 기본을 알아야 기관의 동향과 의도를 조금이라도 파악하고 대응할 수 있으니까요.

개인투자자 입장에서 아쉬운 점은 나라마다 차이는 있지만 공매도 허용 금액과 대상 종목이 개인보다는 기관에 지나치게 유리하고 관대하다는 것입니다. 이런 이유로 국내 주식 시장에서 개인의 공매도 금액 비율은 1% 미만입니다. 99% 이상을 기관과 외국인이 장악하고 있습니다. 그나마 미국에서는 예탁금과 준비자산(보유주식)을 합쳐서 5,000달러 이상이면 50%의 범위 내에서 자유롭게 공매도를 할 수 있습니다(신용 20%까지 활용 가능). 한 예로 2021년 1월 미국 개인투자자들은 **GameStop Frenzy**게임스톱 종목의 공매도 소동를 통해 강력한 공매도 능력을 보여주기도 했죠. 하지만 역시 미국에서도 공매도 지배력은 개인과 기관 중 후자에게 있습니다.

그렇다고 해서 공매도가 '절대 악'인 것은 아닙니다. 주가가 오르면 **FOMO** Fear of Missing Out, 소외 공포증 심리와 **Bigger Fool Theory**소위 '폭탄돌리기'식 매입에 의해 정상적인 투자가 아닌 '묻지 마' 투자의 성격이 강해집니다. 이 뜨겁고 비이성적인 거래에 **Wet Blanket**흥을 깨는 존재 역할을 맡아 과열을 진정시키는 것이 주식을 빌려서 용기 있게 매도주문을 내는 공매도입니다. 특히 기업에 치명적인 부실의혹이 있을 때 그 실상을 시장에 제대로 경고하는 역할도 공매도가 담당합니다. 실제로 2008년 미국의 금융위기 당시 투자은행인 **Lehman Brothers**와 증권사인 **Bear Stearns**가 판매하는 모기지 금융상품의 부실함을 제일 먼저 경고한 것도 공매도 세력이었습니다.

IMFInternational Monetary Fund, 국제통화기금, **World Bank**세계은행, **MSCI** 지수를 관리하는 **MSCI, Inc.**는 전 세계 국가를 **Developed Countries**선진국, **Emerging Countries**신흥국, **Frontier Countries**신흥국 중에서도 경제 규모가 상대적으로 작은 국가의 세 영역으로 구분합니다(**Countries** 대신 **Markets**도 사용-). 그런데 선진국과 신흥국을 구분하는 여러 기준에는 금융시장의 공매도 활성도가 포함됩니다. 선진국과 신흥국의 애매한 경계에 놓여 있는 우리나라 입장에서는 현실적으로 공매도를 무조건 금지할 수 없는 속사정이 있는 것이 현실입니다.

롱숏 전략 관련 용어

195 Long Position 롱 포지션 / Short Position 숏 포지션

자산을 보유하여 가격변동의 위험에 노출되는 것이 Position 포지션입니다. Long Position은 가격이 오를 것으로 예상되는 금융상품을 매입하여 가격이 오르면 매도하겠다고 계획하며 자산을 보유하는 것입니다. 그 반대인 Short Position은 다음 몇 단계로 진행됩니다.

1단계: 기간에 따른 사용료를 지불하고 가격이 내릴 것으로 예상되는 금융상품을 일정 기간 빌린다.

2단계: 유통시장에서 예를 들어 100달러에 매도한 후 현금을 확보한다.

3단계: 가격이 90달러로 내리면 확보한 현금으로 매입한다.

4단계: 빌린 금융상품을 현물로 갚고 차액 10달러의 이익을 취한다.

물론 가격이 예상과 반대로 움직이면 손해를 보겠죠. 이렇게 Short Position을 이용하는 매매 기법이 Short Selling 공매도입니다.

196 Long Short Strategy 롱숏 매매전략

주가 상승이 예상되는 주식은 Long Position 롱 포지션을, 주가 하락이 예상되는 주식은 Short Position 숏 포지션을 잡아서 차익을 남기는 매매 기법입니다. 우산과 양산을 동시에 팔겠다는 그럴싸한 기법이지만, 시장 전체의 흐름이 Rectangle Pattern 박스권 장세을 보일 때 가장 효과적입니다. Hedge Fund 헤지 펀드나 기타 Active Fund 액티브 펀드가 즐겨 쓰는 기법입니다. Long과 Short 대상인 종목의 수가 같거나 비슷해야 효과적인 기법인데, 일반적으로 Short 가능 종목이 부족한 것이 현실입니다. 특히 개인투자자는 오를 만한 종목은 많이 연구하지만 내릴 종목에 대한 노력과 정보는 매우 부족하기 때문에 Long Short Strategy를 성공적으로 지속하기가 쉽지 않습니다.

197 Net Exposure 순노출

Long Short Strategy롱숏 매매전략에서 Long으로 60%, Short으로 40%를 운용할 경우 20%의 Net Long Exposure롱 순노출라고 부르고, 두 비율을 바꾸어 Long 40%, Short 60%로 운용하면 20%의 Net Short Exposure숏 순노출라고 합니다. 두 비율이 같다면 Net Zero Exposure제로 순노출 또는 Net Exposure가 Zero라고 합니다. Long Short Strategy의 성공비결은 Net Exposure의 조절입니다. Net Exposure는 일반투자자나 전통적인 자산운용사가 아닌 Hedge Fund헤지 펀드에서 주로 쓰는 용어입니다.

198 Pair Trading 페어 트레이딩

단순한 예를 들어 설명하겠습니다. ① 시장점유율 1위인 기업 A와 2위인 기업 B를 고른다. ② A주를 100달러에 1주 매입하고 B주를 60달러에 1주 공매도 후, 현금 60달러를 확보한다. ③ 한 달 후 가격을 보니 A주는 30% 오른 130달러이고 B주는 10% 오른 66달러다. ④ A주를 팔아 30달러의 이익을 내고 B주를 66달러에 사서 주인에게 돌려주어 6달러를 손해 본다. ⑤ 결산하면 A주로 30달러를 벌었고 B주로 6달러를 손해 봤지만 전체적으로는 24달러를 벌었다.

이렇게 주가 등락의 방향은 같지만 오르고 내리는 비율이 다른 두 주식을 짝지어서 '강한' 주식은 Long으로, '약한' 주식은 Short으로 포지션을 잡아 '컬래버'로 이익을 내는 매매 기법이 Pair(또는 Pairs) Trading입니다. 가격이 하락할 때도 A주는 덜 내리고 B주는 더 내리기 때문에 Pair Traiding이 가능합니다. Long Short Strategy롱숏 매매전략의 일부죠. 국내에는 KOSPI 200 지수를 Long으로, KOSDAQ 150 지수를 Short으로 운용하는 롱숏 ETF가 있습니다.

199 Short Selling 공매도 / Short Covering 공매도 주식 재매입과 청산

앞에서 설명한 네 단계에서 1, 2단계는 Short Selling이고, 3, 4단계는 Short Covering입니다. 공매도와 관련하여 쓰이는 Cover다시 사서 주식으로 되갚기는 매도한 주식을 다시 사서(환매수) 실물로 갚고 Short Position숏 포지션을 청산한다는(Close Out) 의미입니다. Buying to Cover라는 표현도 Short Covering과 같은 뜻입니다.

200 Short Interest 공매도 잔량

공매도 후 아직 Cover다시 사서 주식으로 되갚기되지 않은 물량을 Short Interest라고 합니다. Short Interest가 낮을수록 해당 종목의 공매도 세력이 점점 줄어들고 있다는 의미입니다. 물론 공매도 잔량의 증감도 의미 있지만, 종목의 평균거래량 대비 공매도 잔량의 비율도 함께 확인해야 해당 종목에 대한 시장 참가자들의 본심을 읽을 수 있습니다. 아쉽게도 Short Interest는 NASDAQThe National Association of Securities Dealers Automated Quotations, 나스닥 기준으로 15일에 한 번씩만 공개됩니다. 다양한 업체와 유명한 개인투자자가 Daily Short Interest일공매도 잔량를 공개하고 있지만 모두 추정치에 불과합니다.

201 Days to Cover(=Short Interest Ratio) 공매도 잔량 비율

직역은 'Cover공매도 시 다시 사서 주식으로 되갚기해야 할 날수'입니다(줄여서 DTC). Short Covering공매도 주식 재매입과 청산해야 할 물량인 Short Interest공매도 잔량를 평균거래량으로 나눈 비율입니다(5일 또는 20일 평균을 사용). Short Interest Ratio라고 부르기도 합니다. 공매도 잔량이 1만 주이고 평균거래량도 1만 주라면 DTC는 1.0입니다. 아주 단순하게 산수 관점으로 해석할 때 약 하루 정도면 공매도 잔량이 0이 된다는 의미입니다. 이 비율이 높아질수록 해당 종목에 대한 Bearish View비관적 견해가 커진다고 이해하면 됩니다.

202 Short Interest Theory 공매도 잔량 이론

Short Interest공매도 잔량가 많은 종목의 주가가 조만간 하락할 것이라고 예상하는 것은 지극히 상식적입니다. 공매도가 원래 하락이 예상되는 종목을 대상으로 하는 것이니까요. 그런데 이 현상을 역발상으로 해석하는 '삐딱이' 투자자들도 있습니다. Shorted Stock공매도를 걸어 놓은 주식은 반드시 Cover공매도 시 다시 사서 주식으로 되갚기해야 합니다. Cover해야 할 물량이 많다면 조만간 Cover 목적의 매수세가 몰릴 것이고, 그에 따라 주가가 상승할 거라고 예상하는 것이 Short Interest Theory입니다. 이 역시 억지 해석은 아닙니다. 결국 공매도 세력이 믿는 하락 이유와 Cover용 매수세의 강도 중 어느 것이 더 강하냐의 문제이고, 지극히 '단타적인' 관점의 이론입니다.

203 Short Float Percentage 유통주식수 대비 공매도 잔량

Short Interest공매도 잔량를 Public Float유통주식수로 나눈 퍼센트이고, Short Percentage of Float도 같은 뜻입니다. Days to Cover공매도 잔량 비율의 보조지표입니다.

204 Short Squeeze 숏 스퀴즈

주가하락을 예상하고 공매도를 했는데, 알 수 없는 이유로 오히려 주가가 오르는 상황이 발생할 수 있습니다. 당황한 Short Seller공매도 투자자는 손실을 줄이기 위해 급하게 Short Covering공매도 주식 재매입과 청산에 나서겠죠. 이렇게 되면 원래도 오르고 있던 주가에 가속도가 붙는데, 이런 현상이 Short Squeeze입니다. 한두 명의 Short Covering에 의해서 Short Squeeze가 발생할 리는 없죠. 애당초 Short Interest공매도 잔량가 많았던 것이 Short Squeeze의 근본 원인입니다.

205 Naked Short Selling 무차입 공매도
Covered Short Selling 차입 공매도

현재의 금융전산 시스템으로는 공매도를 위한 주식의 차입계약 여부를 금융당국이 실시간으로 완벽하게 파악할 수 없습니다. 그래서 거래 당사자들끼리(거의 100% 양쪽 모두 기관) 메신저 채팅방으로 연락하여 차입물량과 조건을 협상하고, 서로를 믿고 메신저 기록만으로 계약이 즉시 성사됩니다. 이렇게 비공식적이고 사실상 구두로 이루어지는 주식차입을 통한 공매도가 Naked Short Selling입니다. 공매도 제도가 기관투자자들에게 절대적으로 유리한 Unlevel Playing Field 기울어진 운동장, 직역: 평평하지 않은 운동장라는 비난을 받는 이유도 바로 Naked Short Selling 때문입니다. Covered Short Selling은 공매도 전에 정식으로 차입계약서 작성을 통해 주식을 대여받는 제대로 된 공매도입니다.

206 Unwinding the Short 숏 포지션 청산으로 이익실현

하락장에서 Hedge헤지용 Short Position숏 포지션의 일부 또는 전부를 청산하여 현금화함으로써 수익을 실현하거나, 그 현금으로 다시 상승할 것을 확신하는 종목의 Long Position롱 포지션을 늘리는 거래 방식입니다. Unwind풀다(발음: 언와인드)는 실타래에 Wind감다(발음: 와인드)했던 실을 풀어 놓는다는 뜻입니다. 그러므로 Short을 Unwind한다는 것은 Short Position을 청산한다는 의미입니다.

207 Margin Interest 공매도 수수료

남의 주식을 빌려서 공매도로 돈을 벌겠다면 주식을 빌리는 대가를 지불해야겠죠? 그 대가인 Margin Interest(=Stock Loan Fee)의 정식명칭은 대차 수수료인데 이게 종목마다 제각각입니다. 유통물량이 많아서 빌리기 쉬운 종목은 수수료가 싸고, 빌리기 힘든 종목은 수수료가 비쌉니다. 유통물량이 귀해서 빌리기 힘든 주식과 반대로 빌리기 쉬운 주식을 각각 On the Hard-to-Borrow List빌리기 힘든 목록와 On the Easy-to-Borrow List빌리기 쉬운 목록에 있다고 말합니다. 보통 개인투자자가 증권사에 계좌를 개설할 때 보유종목에 대하여 주식을 대여하겠다는 계약항목에 동의 표시를 하면, 해당 보유종목을 타인이 공매도에 사용할 수 있습니다. 물론 대여 수수료는 사후에 입금됩니다.

---

208 Short Selling FUDster 부정적 의미의 공매도 세력

Fear, Uncertainty, Doubt의 앞 글자로 만든 FUD는 말 그대로 두려움, 불확실성, 의심이라는 비정상적인 심리상태를 나타냅니다. 특정 종목에 대한 Disinformation허위정보을 퍼뜨리는 동시에 그 종목을 공매도하는 부도덕한 세력을 Short Selling FUDster라고 부릅니다. Fraudster사기꾼와 FUDster의 발음이 비슷해서 자주 쓰이는 표현이죠. 증시에서 Short Selling공매도은 합법이지만, Coordinated타인과 협력하는 Short Selling공매도은 SEC Securities and Exchange Commission, 증권거래위원회가 불법으로 간주하여 엄격하게 단속합니다.

주가의 큰 파도를 예측하려면 FED에 주목하라!

경제 뉴스에 관심을 갖고 들어보면 거의 매일 등장하는 용어가 바로 **FED** Federal Reserve System, 연방준비제도(연준)입니다. **FED**는 미국의 중앙은행제도로 우리나라로 따지면 '한국은행'과 비슷한데, 통화금융정책 결정 및 수행, 은행의 관리감독 및 소비자 신용 서비스 보호 등의 역할을 합니다. **FED**의 작은 결정과 발표 하나하나가 추후 증시에 큰 영향을 미치므로, 지혜로운 투자자라면 관심종목의 주가만 들여다보지 말고 **FED**와 관련된 기사를 놓치지 말아야 합니다.

일단 **FED**의 감시대상 1순위는 기준금리입니다. **FED**는 **Interest Rate**금리를 0.25% 단위로 올리고 내리면서 시중 **Liquidity** 유동성 수준을 **Fine Tuning** 미세조정합니다. 초보 투자자들이 볼 때 0.25%면 큰 변화도 아니지 않나 싶겠지만, 물고기로 치면 수온의 변화와 비슷합니다. 수온이 1~2도만 안 맞아도 거대한 물고기 떼가 다른 곳으로 이동하듯이, 시중 자금은 기준금리의 미세한 변화에도 촉각을 세울 정도로 민감하게 반응합니다.

FED를 이루는 7명의 이사진을 **Federal Reserve Board** 연방준비제도이사회

(=**Board of Governors**), 줄여서 **FRB**라고 하며, 이들은 세계 경제의 방향성을 예측합니다. 이 7명 중 대장 역할을 하는 사람이 바로 **FRB** 의장(2021년 기준 **Jerome Hayden Powell**제롬 파월)으로 세계경제의 대통령이라고 칭송받기도 하죠.

FOMCFederal Open Market Committee, 연방공개시장위원회는 **FRB**에서 숫자가 조금 늘어난 확장판 개념으로 **FED** 의장을 포함한 12명으로 구성되며, **FRB**가 방향성을 예측한다면 **FOMC**는 이를 구체화하여 정책을 만듭니다. '실제 정책 발표는 **FOMC**에서 한다'는 정도로 알아두세요.

지금부터 **FED**와 **FOMC**, 이와 관련해 나오는 **Quantitative Easing**양적 완화와 **Tapering**양적 완화의 단계적 축소은 물론 이런 정책이 세계 경제에 어떤 영향을 미치는지 간략히 다뤄보겠습니다. **FED**와 관련하여 기사에 자주 등장하는 표현들인데, 평소에 그 차이를 잘 몰라서 섞어 쓰거나 혼동했다면 이 챕터를 통해 깔끔하게 정리해 보세요.

FED, FOMC 관련 용어

209 The FED 연방준비제도(연준)

FED는 Federal Reserve System의 약칭으로(FRS로는 표기 안 함) De Facto US Central Bank 사실상의 미국 중앙은행입니다. '사실상의'라는 수식어를 붙인 이유는 De Jure 법적인 형식로는 민간기업이기 때문입니다. 12개의 연방지역은행과 다수의 민간은행들이 FED의 주주이며, 이들은 FED가 채권 거래로 버는 자본이득의 일정 비율을 배당금으로 받습니다. 배당 후 잔액에서 FED 운영비만 남기고 나머지는 재무부에 헌납합니다. FED 홈페이지(www.federalreserve.gov) 주소 끝에 Government 정부를 뜻하는 'Gov'를 쓰고, 이사회의 멤버 7명 모두 Federal Reserve Act 연방준비법에 따라 대통령이 지명하고 의회가 인준한다는 점을 고려하면 FED는 반관반민(半官半民) 기관으로 볼 수 있습니다.

210 FRB Federal Reserve Board, 연방준비제도이사회

전체 이름은 The Board of Governors of the Federal Reserve System입니다. 다소 길어서 Federal Reserve Board, FRB, The Board 중 하나로 씁니다. 대통령이 임명하는 7명의 Governor 이사로 구성된 FED의 최고의결기구입니다. 일반 기업으로 치면 The Board of Directors 이사회에 해당합니다. Governor 중 한 명이 FED 의장입니다. FRB와 FED는 다르다는 점을 꼭 기억하세요.

211　Federal Reserve Banks 연방지역은행

FED는 전국을 12개 지역으로 나눠서 각 지역에 지역은행(일종의 지점은행)을 설립했습니다. 이 지역은행은 FED에서 위임받은 업무를 수행하고 예금취급 금융기관을 관리 및 감독합니다. 가장 힘있는 지역은행은 초대형 금융기관이 많은 Federal Reserve Bank of New York 뉴욕연방지역은행입니다.

각 12개 연방지역은행의 수장을 President 총재라고 부르는데, 미디어에서 "어느 FED Official 연준 고위직이 ~라고 언급했다."라는 기사가 나오면 12명의 President 중 한 명이거나 FED Governor 이사 중 한 명으로 보면 됩니다. Federal Reserve Bank of New York이 12개 연방지역은행 중 가장 실세이다 보니 FOMC Federal Open Market Committee, 연방공개시장위원회의 Vice Chairman 부의장은 Federal Reserve Bank of New York의 총재가 겸직합니다.

212　FOMC Federal Open Market Committee, 연방공개시장위원회

FOMC의 위원은 FED 의장을 포함한 12명으로 구성됩니다. 주요업무는 정책금리인 Federal Funds Rate 연방기금금리의 범위 결정과 OMO Open Market Operation, 공개시장운영의 관리 및 감독입니다. 7명의 이사와 OMO의 집행을 책임지는 Federal Reserve Bank of New York 뉴욕연방지역은행 총재를 합친 8명이 당연직 위원이고, 나머지 네 자리에는 11명의 Federal Reserve Banks 연방지역은행 총재가 순번을 정해 돌아가며 1년씩 위원이 됩니다(4명이 한 조로 구성됨).

45일마다 한 번씩(연 8회) 정례회의를 하며 기준금리 결정, 경제상황 진단, 향후 정책방향을 암시하는 Guidance 가이던스 제시 등을 수행합니다. 회의내용은 FOMC Minutes FOMC 회의록로 2주 후에 공개됩니다. 경제의 큰 흐름을 파악하려면 이 회의록을 반드시 확인해야 합니다.

213 Beige Book 베이지북

FED가 연 8회 발표하는 미국 경제동향 종합보고서입니다. 책 표지가 베이지색이어서 이런 이름이 붙었습니다. The Beige Book이라는 제목 아래에 쓰여 있는 부제목 'Summary of Commentary on Current Economic Conditions by Federal Reserve Districts현 경제상황에 대한 연방지역은행의 해설 요약'가 이 보고서의 성격을 말해줍니다. Current Economic Conditions현 경제상황가 핵심입니다. Beige Book은 FED 산하 12개 Federal Reserve Banks연방지역은행가 기업인 · 경제학자 · 시장전문가 등을 대상으로 지역별 생산활동, 소비동향, 물가, 노동시장 상황 등의 경기지표를 조사 · 분석한 자료를 담고 있습니다. Beige Book이 발표되고 2주 후에 FOMC의 정례회의가 열리고(연 8회 개최) Beige Book은 여기서 기초자료로 쓰입니다.

통화, 금리 관련 용어

214 Money Supply 통화량

시중에 돌아다니는 돈의 유통량을 Money Supply라고 합니다. 통화량 지표에는 크게 M1과 M2가 있습니다. 민간(기업과 개인)이 갖고 있는 현금과 현금성 예금(예 요구불예금)의 합계가 M1이고, M1에 2년 만기 이하의 Time Deposit적금과 일부 단기금융상품을 더한 금액이 M2입니다(미국 기준). M1은 거의 안 쓰이고, M2가 시중에 돈이 얼마나 많이 유통되고 있는지 알 수 있는 제1 지표로 사용됩니다.

215 Money Base 본원통화

중앙은행은 화폐를 발행하여(소위 찍어내어) Commercial Banks상업은행에 대출해주거나 은행이 보유한 국공채 등을 매입합니다. 실물 화폐를 인쇄하는 금액은 극소액이고, 대부분 중앙은행에 개설된 시중은행 계좌로 전자 입금됩니다. 이렇게 입금된 사실상 가상의 금액과 약간의 인쇄된 실물 화폐가 Money Base인데, 아직 Money Supply 통화량 단계는 아니고 그 전 단계인 '애벌레급' 통화 단계입니다. 이 애벌레가 금융기관을 거쳐 기업이나 개인에게 대출되는 순간 통화량으로 변신합니다. 중앙은행은 몇 가지 방법으로 Money Base의 양을 조절하여 최종적으로 시중 통화량 수위에 영향을 줍니다. Monetary Base나 Base Money로 부르기도 합니다.

---

216 Liquidity 유동성

자산을 필요한 시기에 손실 없이 화폐로 바꿀 수 있는 안전성의 정도를 나타냅니다. 예를 들어 개인이 재산 증식을 목적으로 투자 대상을 선택할 때 그 대상을 자신이 원하는 시기에 바로 현금으로 전환할 수 있는지를 따지는데, 이때 현금으로 전환할 수 있는 정도를 가리킵니다. 일반 자산보다는 화폐가 가장 구매력이 강하므로 유동성 또한 가장 높습니다. 따라서 모든 유동성은 화폐의 유동성을 기초로 하여 이루어지며, 유동성 개념을 화폐와 동의어로 사용하기도 합니다. 즉, 시장에 유동성이 풍부하다는 의미는 화폐가 많이 풀려 있다는 의미입니다.

---

217 Target Federal Funds Rate 목표 기준금리
Effective Federal Funds Rate 실질 기준금리

"연준은 어제 이틀간의 FOMC 정례회의 후 기준금리를 현행 0.00~0.25%로 유지한다고 밝혔다…." 이와 비슷한 내용의 기사를 본 적이 있을 것입니다. 여기서 기준금리는 Federal Funds Rate 연방기준금리, 더 정확히는 Target Federal Funds Rate입니다. 시중은행들은 매일 결산하며 모자라거나 남는 돈을 자기들끼리 Overnight 금융기관이 다른 금융기관으로부터 빌리는 하루짜리 초단기 외화자금로 주고받습니다. 이때 실제로 거래되는 금리를 Effective Federal Funds Rate라고 합니다. FED는 이 금리를 매시각 관찰하며, 자신이 발표한 Target Federal Funds Rate의 범위 내에 들어올 때까지 공개시장을 운영하며 관리합니다. 기준금리는 일차적으로는 은행의 예금과 대출 금리의 기준이 되고, 더 나아가 채권과 주식 등 금융시장 전체에 영향을 줍니다.

---

218 Negative Interest Rate 마이너스 금리

금리가 0% 이하인 상태로 예금을 하거나 채권을 매입할 때 그 대가로 이자를 받는 것이 아니라, 오히려 일종의 '보관료' 개념으로 수수료를 내야 하는 상태를 말합니다. 그런데 예금금리가 마이너스로 떨어지는 게 가능할까요? FED와 은행 간에는 가능합니다. 은행은 기준 이상으로 돈을 갖고 있으면 FED에 예치해야 하는데, 이것을 Reserve Requirement지급준비금이라고 합니다. 은행은 대출처가 마땅치 않으면 지급준비금을 초과하는 금액까지 FED에 예치하고 적지만 이자까지 받습니다. 하지만 불경기에는 민간 대출을 늘리도록 유도하기 위해 FED는 은행에 이자가 아니라 벌금(일종의 보관료)을 부과합니다. 이 벌금이 바로 마이너스 금리입니다. 마이너스 금리는 일반인과 기업 예금에는 적용되지 않고, 시중은행과 중앙은행 간의 예금에만 적용됩니다.

FOMC 정책 관련 용어

219 Open Market Operation 공개시장운영

시중에 통화량이 과도하게 늘어나 경기 과열의 우려가 있을 경우, 중앙은행은 보유하던 유가증권을 팔아 통화량을 흡수하고 반대의 경우에는 유가증권을 사들여 시중에 유동성 공급을 늘립니다. 이 정책이 OMO(줄인 표현)입니다. FOMCFederal Open Market Committee, 연방공개시장위원회의 관리 및 감독하에 Federal Reserve Bank of NewYork뉴욕연방지역은행이 행동대장으로 활동합니다. 정확한 타깃은 단기금리와 Money Base본원통화입니다.

220 Operation Twist 오퍼레이션 트위스트

중앙은행이 보유한 단기국채를 팔고 그 돈으로 시중의 장기국채를 사는 것이 Operation Twist(줄여서 OT)입니다. 단기국채를 팔면 단기국채의 가격이 떨어지고 (즉, 단기 금리가 오르고), 장기국채를 사면 장기국채의 가격이 올라서 장기 금리가 떨어집니다. 장기 금리를 낮추는 것이 이 정책의 목표입니다. 장단기 금리를 의도적으로 뒤튼다고 해서 Twist 트위스트라고 합니다. 그런데 왜 장기 금리를 낮추려고 할까요? 기업의 시설투자는 대부분 5∼10년 또는 그 이상을 내다보고 이루어집니다. 안정적이고 낮은 장기 금리가 보장되어야 기업의 투자가 활성화되겠죠. 그러므로 금융당국은 장기 금리가 불안하게 움직이거나 높은 것을 방관하지 않습니다. 참고로 OT도 넓은 의미에서 OMO Open Market Operation, 공개시장운영의 일부이고, OT 대상인 장기국채의 만기는 보통 6∼30년입니다.

---

221 Yield Curve Control 수익률 곡선 제어 정책

Yield Curve Control(줄여서 YCC)은 QE Quantitative Easing, 양적 완화보다 더 적극적인 장기금리 관리방식입니다. QE는 장기국채의 매입규모만을 목표로 하지 장기금리를 얼마에 묶어 두겠다고 사전에 계획하거나 발표하지 않습니다. 반면에 YCC는 예를 들어 10년물 국채의 금리 상한선을 x%라고 사전에 정하고, 이 목표가 달성될 때까지 채권 매입규모에 제한을 두지 않습니다. 그러므로 YCC는 QE보다 더 강력하고 더 정교한 정책입니다. 미국에서는 제2차 세계대전 중이던 1940년대에 딱 한 번 YCC를 펼쳤고 최근에는 일본과 호주의 중앙은행이 이를 시행했습니다. QE 시행을 두고도 이런저런 논란이 많은데, 하물며 이보다 비용이 훨씬 더 많이 드는 YCC는 전쟁에서 핵무기 사용과 비슷한 정도로 여길 만큼 최후의 수단이라고 할 수 있습니다.

---

222 Quantitative Easing 양적 완화

줄여서 QE라고 부르죠. 금리인하의 효과가 거의 없는 단기 금리의 'Near Zero' 상황에서 다음 3단계로 진행되는 비상용 통화정책입니다. ① 중앙은행이 돈을 인쇄하여 유통시장에서 중장기 국채와 MBSMortgage Backed Securities, 모기지담보부 증권를 매입한다. ② 채권품귀 현상을 유도하여 채권가격을 인위적으로 올리며, 채권수익률과 신규채권의 발행금리를 낮춘다. ③ 이렇게 풍부한 유동성 공급으로 최종적으로는 금융기관이 무이자에 가까운 대출을 대폭 늘리게 유도하여 경제의 활력을 높인다. 중앙은행은 평상시에도 Open Market Operation공개시장운영을 통해 단기 국공채를 사고팔며 본원통화를 조절합니다. 하지만 QE의 채권매입은 단순히 본원통화를 늘리는 것이 목적이 아니라, 채권시장을 완전히 장악하여 장기 금리를 안정시키는 것이 목표입니다. 기업은 10년 이상을 내다보고 투자합니다. 따라서 대출기간도 이와 보조를 맞춰 10년 이상으로 설정하죠. 장기 금리가 급등락하면 기업은 불안한 나머지 투자를 꺼리게 됩니다.

223 Qualitative Easing 질적 완화

일부에서는 엄격히 분류하면 중장기 국공채만 매입하는 것이 양적 완화이고, 기타 채권을 매입하는 것은 질적 완화라고 주장하곤 합니다. 질적 완화란 FED가 매입하는 채권의 질이 떨어진다는 다소 냉소적인 표현입니다. 국채가 아니라 민간이 발행한 채권까지 돈을 찍어서 매입하는 것은 보유 채권의 '질의 저하'뿐만 아니라 공정성 시비도 불러일으킵니다. 극단적인 예로, 찍어낸 달러로 FED가 Apple의 회사채를 매입한다면 Apple에 대한 노골적인 특혜가 아닐까요? 그러나 이런 시비에도 불구하고 시장 상황은 국공채 매입만으로는 안정을 찾지 못하는 경우가 대부분입니다. 그 때문에 MBS모기지담보부 증권와 회사채에까지 손을 대는 거죠. 다만 FED는 회사채 발행의 경우 특혜시비를 없애기 위해 중립적인 비상기구를 설립하여 Corporate Bond ETF회사채전문 ETF만을 매입한다는 원칙을 밝혔습니다. 이런 배경 때문에 FED의 QE양적 완화는 QQEQuantitative and Qualitative Easing, 양적 & 질적 완화라고 해야 더 정확한 표현이라는 뼈있는 지적이 있습니다.

224 Tapering 양적 완화의 단계적 축소

Taper 또는 Tapering의 원조는 환자에게 투여하는 약물의 양을 서서히 줄이거나, 큰 경기를 앞둔 운동선수가 훈련량과 훈련강도를 단계적으로 줄이는 것입니다. 금융에서도 자금공급이나 각종 부양책을 조금씩 줄일 때 Tapering이라고 합니다. 가장 유명한 표현이 QE Tapering양적 완화의 단계적 축소입니다.

225 Taper Tantrum 양적 완화 축소에 대한 과민반응

temper tantrum과 운율이 맞아서 히트친 표현입니다. temper tantrum은 아이가 울고 화내고 소리 지르고 폭력성을 보이는 소위 '땡깡' 증상을 말합니다. 사전에 찾아보면 temper는 '성질, 기질, 화'로, tantrum은 '울화, 역정'으로 나옵니다. temper를 발음이 비슷한 taper로 바꾼 Taper Tantrum은 2013년에 당시 FED 의장이던 Ben Bernanke벤 버냉키가 국채의 높은 가격을 지지하던 QE양적 완화를 줄이는 QE Tapering양적 완화의 단계적 축소을 시사하자, 국채 가격이 급락하고(즉, 국채 수익률이 급등하고) 주식 시장이 패닉으로 과민반응한 것을 의미합니다. 당시 덩달아서 몇몇 신흥국의 증시와 통화가치까지 폭락했죠. 2013년 일어난 이러한 금융시장의 집단적 패닉을 Taper Tantrum이라고 합니다.

226 Zero Lower Bound 제로금리로 인한 통화정책의 한계

Lower Bound하한는 어려운 수학적 개념이라 일반인들은 하한선으로 이해하면 됩니다. Zero Lower Bound, 즉 '제로 하한선'은 금리가 Near Zero Interest Rates사실상 0% 금리여서 추가로 금리인하도 못하고 통화량 증대효과도 없는 Liquidity Trap유동성 함정을 의미합니다.

227 Helicopter Money 헬리콥터 머니

중앙은행이 돈을 찍어낸 뒤 금융기관을 제치고 일반 대중에게 직접 무상지급하는 것을 말합니다. 의료행위에 비유하자면 마약성 약품의 긴급처방과도 같죠. QE양적 완화와 다른 점 두 가지는 금융기관은 열외라는 것과 반대급부를 요구하지 않는 공짜라는 것입니다(QE는 찍어낸 돈과 채권의 교환). 참고로 2020년 5월 코로나19 관련, 국내에서 전 국민을 대상으로 지급된 긴급 재난지원금은 헬리콥터 머니가 아닙니다. 한국은행이 찍어낸 돈이 아니라 추경을 거친 정부예산(재정), 즉 세금을 통한 무상지급이었기 때문입니다.

---

228 Repurchase Agreement(=RP, Repo) 환매조건부채권

채권(국채와 모기지 저당증권 등 안전한 채권)을 일단 팔지만, 정해진 날짜에 정해진 이자를 얹어서 다시 사주겠다는 조건이 붙은 채권거래 또는 채권상품입니다. RP는 금융상품인데, 특히 FED가 시중 단기금리의 표준이 되는 Federal Funds Rates미국 연방 자금금리를 원하는 수준으로 조절하기 위해 시중은행과 거래하는 것을 말합니다. FED가 RP를 시중은행에 팔면 시중은행의 자금이 FED로 들어옵니다. 그러면 Money Base본원통화가 줄어들고 이에 따라 시중의 통화량도 줄어듭니다. 돈이 귀해지니 금리가 오르겠죠? 반대로 시중금리를 내리기 위해 FED는 Reverse RP역RP, 역Repo를 발행하기도 합니다. RP가 일단 시중은행에 채권을 팔고 나중에 다시 사는 것이므로, 역RP는 FED가 시중은행이 보유한 채권을 산 뒤 나중에 다시 팔겠다고 약속하는 채권거래입니다.

FED가 돈을 주고 채권을 사면 시중에 자금이 풀리고 그에 따라 금리는 내려갑니다. FED가 Repo와 Reverse Repo를 통해 금리를 조절하는 것을 FED Repo Operations라고 부릅니다. 정리하면 Repo는 FED가 채권을 파는 것이고(금리인상 목적), Reverse Repo는 FED가 채권을 사는 것입니다(금리인하 목적).

229 Forward Guidance 중앙은행의 정책방향 예고와 암시

중앙은행이 향후 처방할 정책의 방향을 모호하게(with ambiguity) 밝히는, 시장과 소통하는 일종의 전략입니다. 이 전략의 목표는 향후 경제상황의 불확실성 때문에 시장 참가자들이 느끼는 불안감을 줄이는 것이죠. Forward Guidance의 대부분은 '도사님' 들끼리의 선문답 같은 포괄적이고 은유적인 표현이 많아서 행간을 잘 읽어야 하지만, 가끔은 분명한 수치를 언급하기도 합니다. 하지만 이 경우에도 '~하다면'이란 전제조건이 붙습니다.

---

230 FED's Exit Strategy 연준의 출구전략

FED가 경기 회복세를 확신하며 기준금리를 높이고 QE양적 완화를 단계적으로 축소하는 등 Easy Money Policy금융완화정책를 조금씩 포기하는 것이 Exit Strategy출구전략입니다. 다시 말하면 경제정책의 큰 틀을 전시상태에서 평시상태로 전환하는 것을 의미합니다.

---

231 Irrational Exuberance 시장의 비이성적 과열

1987년부터 2001년까지 FED Chairman의장을 역임했던 Alan Greenspun앨런 그린스펀이 언급해서 유명해진 용어입니다. Exuberance를 '과열'로 번역한 것은 의역입니다. 사전적인 뜻은 '풍요, 충만, 윤택'이라는 긍정적인 의미니까요. 1995년 전후로 시작된 미국의 Dot-com Bubble닷컴 버블로 주가가 매일 신고가를 갈아치우자 Greenspun은 1996년 어느 연설에서 당시 상태를 Irrational Exuberance로 진단하고 이를 경고하며, 시장에 Wet Blanket흥을 깨는 말이나 조치을 던졌습니다. 그가 정의한 Irrational Exuberance는 펀더멘털에 기초하지 않고 심리적 흥분만 가득한 Unfounded Market Optimism근거 없는 시장의 낙관이었습니다. 하지만 이런 경고에도 불구하고 시장의 폭주는 3년 반을 더 이어갔고 2000년 3월이 되어서야 겨우 그 기세가 꺾이기 시작했습니다. 이렇듯 시장이 한번 광기에 휩싸이면 FED도 못 말립니다.

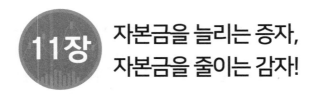

11장 자본금을 늘리는 증자, 자본금을 줄이는 감자!

회계의 기본용어로서 투자활동에 반드시 등장하는 용어가 Equity자본, Share Capital자본금, Owner's Capital자기자본입니다. 이들을 혼동하면 증자는 물론 감자와 자본잠식의 개념을 정확히 이해할 수 없습니다.

일단 Owner's Capital자기자본은 Borrowed Capital타인자본(주주의 돈이 아닌 채권자로부터 빌린 돈)과 대비할 때 사용하는 용어입니다. Owner's Capital은 결국 주주 소유인 Equity자본이고, Borrowed Capital은 Liabilities부채입니다. 빌린 돈이 아니라 '내 돈'임을 분명히 할 때 사용하는 표현이 Owner's Capital인 거죠. 그리고 Equity 앞에 수식어를 붙인 Shareholder Equity나 Owner's Equity도 Equity와 같은 뜻입니다. 이 역시 '주주 소유'임을 강조하는 표현입니다.

이제 Equity의 구성요소를 살펴볼까요? '잔챙이들' 빼고 주요 항목으로만 등식을 만들어보면 'Equity자본 = Share Capital자본금 + Capital Surplus자본잉여금 + Retained Earnings이익잉여금 또는 유보이익'입니다. Share Capital(또는 Equity Capital)은 주식판매로 입금되는 돈이고, Capital Surplus는 주식발행이나 자사주 매입과 재판매 등 주식 관련 재무활동으로 얻는 차익입니다. 그리고 **Retained Earnings**는 영업과 투자활동으로 번 이익에서 배당을 하고 사내에 남겨두는 금액입니다.

Share Capital은 '발행주식수 X 1주당 판매가(액면가)'로, 주식을 추가로 발행하면 늘어납니다. 이렇게 유상으로 주식을 늘리는 것이 **Capital Increase**증자입니다. 기업이 자금을 조달하는 하나의 방법이죠.

반대로 주식 금액이나 주식수를 줄여서 자본금(자본이 아님)을 감소시키는 것을 **Reduction of Capital**감자이라고 하는데, 다년간 누적 적자가 발생하면 일반적으로 그 금액을 결손금(적자금액)으로 그냥 놔두지 않고 투자자인 주주가 손해 보는 것으로 회계처리하는 것을 말합니다. 회계처리절차는 간단합니다. 결손금이 100(즉, -100)이고 당시의 자본금이 150이면 -100을 자본금 항목으로 옮겨서 자본금을 50으로 만들면 됩니다. 이렇듯 주주의 유상증자 납입금을 희생시키는 것이 감자입니다.

지금부터 알아볼 용어 설명에서는 대차대조표의 3대 항목인 자산, 부채, 자본 중에서 자본의 핵심적인 개념과 그와 관련된 영어 표현을 소개합니다. 증자와 감자를 기본으로 하여 자사주를 매입하고 소각하는 이유, 사전에 '관심, 흥미'로 등재된 **Interest**가 소유지분을 의미하는 이유도 설명합니다. 주주가 주권(주식)을 사면서 기업에 납입한 돈에는 주주의 눈에 안 보이는 기회비용이 숨어 있습니다. 이 기회비용의 이해를 돕기 위해 채권에서 쓰는 용어인 **Duration**듀레이션이라는 개념도 소개합니다. 설명을 읽으면 왜 **Tesla** 주식을

Long Duration Stock듀레이션이 긴 주식이라고 하는지 자연스럽게 이해하게 될 것입니다.

증자 관련 용어

232 Capital Increase 증자

IPOInitial Public Offering, 기업공개 이후 추가로 주식을 발행하여 판매하는 과정이 Capital Increase입니다. 말 그대로 IPO를 하며 최초로 공모하면 Initial Public Offering 이고, 그 이후에 자금을 모집하는 증자는 Secondary Offering 또는 *Follow-On Offering입니다. Seasoned Offering이나 Seasoned Issue도 같은 뜻입니다. '경험 많은, 노련한'이란 뜻의 Seasoned는 IPO를 했기 때문에 공모 경험이 있음을 의미합니다. 주식이 신규 발행이면 *Dilutive Secondary Offering, 대주주 등이 보유하던 지분을 매각하면 Non-Dilutive Secondary Offering이라고 합니다. 전자의 경우 신주발행에 의해서 EPSEarnings Per Share, 주당순이익가 낮아지므로 기존 주주에게는 좋지 않은 소식입니다. 후자는 엄밀한 의미에서 증자는 아닙니다. 주식의 Changing Hands손바뀜(명의자 변경)가 있을 뿐이죠.

*follow-on: 후속의 | dilutive: 희석된

233 Rights Issue 기존 주주 대상 유상증자

신주를 발행하여 판매하지만, 판매대상이 불특정 일반인이 아니라 기존 주주(구주주)인 유상증자가 Rights Issue입니다. Rights Issue는 기존 주주에게 Pro Rata주식보유비율에 비례하여로 배정됩니다. Rights는 *Pre-Emptive Rights우선매입권를 줄인 표현입니다. 기존 주주가 유상증자에 참여하지 않아서 팔리지 않은 주식은 *Forfeited Stocks실권주(=Forfeited Shares)라고 합니다. 실권주가 발생하면 Public Offering일반공모 발행이나 Private Placement제3자 배정 유상증자로 전환하여 판매됩니다. 드물지만 실권주 금액에 대한 증자를 포기하는 경우도 있습니다. 미국에서

1960~1970년대에 이루어진 증자의 약 50%가 Rights Offering(=Rights Issue) 이 었으나, 1980년대부터는 대부분 Public Offering 일반공모 발행을 통해 증자가 이루어지고 있습니다.

*Pre-Emptive: 선매권이 있는 | forfeited: 권리나 자격을 상실한

234 Private Placement 제3자 배정 유상증자

불특정 일반인을 대상으로 하는 증자인 Public Offering 일반공모 발행이 아니라 특정인을 지정하여 주식을 판매하는 방식이면 모두 Private Offering 주식의 사모 발행입니다. 여기에는 Rights Offering 기존 주주 대상 유상증자과 Private Placement가 있습니다. '제3자'란 기업 자신(제1자)도 기존 주주(제2자)도 아닌 특정인이나 특정 기업을 가리킵니다. Private Placement는 기업공개 이전에 하는 것과 이후에 하는 것으로 나뉘는데, 보통 후자를 제3자 배정 유상증자라고 번역합니다.

기업은 왜 기존 주주가 아닌 제3자를 지정해서 유상증자를 할까요? 그 이유는 제3자와 사전에 충분히 교감하고 협의한 후 증자절차가 진행되므로, Forfeited Shares 실권주(=Forfeited Stocks)가 발생하여 '완판'에 실패할 가능성이 낮기 때문입니다. 또한, Underwriter 인수기관를 선정해야 하는 Rights Offering과 달리 제3자 대상인 Private Placement는 주식발행 절차가 간소하다는 장점도 있습니다. 기업은 경영권 또는 지분을 특정인에게 넘겨주려고 할 때나, Debt-Equity Swap 출자전환(금융회사가 기업에 빌려준 대출금을 주식으로 전환해 기업의 부채를 조정하는 방식)을 하기 위해 채권단을 대상으로 신주를 발행할 때 제3자 배정 방식을 사용하기도 합니다.

235 Bonus Issue 무상증자

기업의 Equity 자본는 크게 Equity Capital 자본금과 Retained Earnings 이익잉여금 또는 유보이익로 나뉩니다. 무상증자는 이익잉여금의 일부를 자본금 항목으로 옮기면서 그 금액만큼 주식을 발행하여 기존 주주들에게 무상으로 주는 것입니다. 기업으로 신규자금

이 들어오는 것이 아니라 자본이라는 '코트'의 왼쪽 주머니에 있는 돈을 오른쪽 주머니로 이사(?)시키는 것에 불과하죠. 이때 반드시 주식증서를 발행해야 합니다.

무상증자를 하면 발행주식수가 늘어나면서 생기는 착시 효과로 인해 주가가 싸 보입니다. 예를 들어, A기업의 발행주식수가 100주이고 주가가 10달러라면 시가총액은 1,000달러입니다. 100주를 더 발행하는 무상증자로 주식수를 200주로 늘리면, A기업의 주가는 5달러로 조정되지만(1,000달러÷200주=5달러) 시총은 1,000달러로 무상증자 전과 같습니다. 무상증자 전후의 기업가치는 변함이 없지만 숫자상으로는 주가가 싸 보이게 되죠. 이런 이유로 무상증자 이후에는 주가가 일시적으로 상승 탄력을 받을 수 있습니다. 참고로 Bonus Offering이란 표현은 거의 쓰지 않습니다.

감자, 기타 자본 관련 용어

236 Capital Reduction(= Reduction of Capital) 감자

Capital Increase증자가 있다면 당연히 Capital Reduction감자도 있겠죠. Capital Reduction에는 주주에게 보상해 주는 유상감자와 보상해 주지 않는 무상감자가 있습니다. 유상감자는 기업 규모에 비해 자본 비중이 너무 높아서 자본 '다이이트'의 필요성이 있거나, 기관투자자 등 기업공개 이전에 투자한 초기 투자자들의 Exit투자금의 안전한 회수를 돕기 위한 목적으로 실시합니다. 영어로 Capital Reduction with *Consideration이며, Consideration이라는 꼬리가 없으면 대부분의 Capital Reduction은 무상감자입니다.

일명 '쪽박' 기업과 상장폐지의 전조증상인 무상감자를 간단한 비유로 알아볼까요? 주주 10명이 각각 100달러씩 모아 자본금 1,000달러로 사업을 시작했는데, 3년간 누적 적자가 700달러가 되었다고 가정해 보겠습니다. 적자가 계속되면 남들 보기에도 안 좋으니 주주들이 각각 70달러씩 적자금액을 부담하기로 합의하고 각자 투자금을 30달러로 재조정합니다. 그러면 이 기업의 자본금은 300달러로 줄어드는데 이것이 바로 무상감자입니다. 대신 기업 입장에서는 얻는 것이 있습니다. 적자가 사라진 것이죠. 이렇게 기업의 적자금액을 주주의 손실로 떠안기는 것이 무상감자입니다.

*consideration: 보상, 대가

---

237 Capital Impairment 자본잠식

대차대조표의 자산에서 부채를 뺀 자본, 즉 Equity에는 크게 Share Capital 자본금과 Retained Earnings 이익잉여금 또는 유보이익가 있습니다(자잘한 기타 항목은 0으로 가정). 따라서 'Share Capital 자본금 + Retained Earnings 이익잉여금 = Equity 자본'이라는 등식이 성립됩니다.

Year 0에 Share Capital이 500이고 Retained Earnings가 300이면 Equity는 800입니다. Year 1에 100의 적자가 발생하면 Retained Earnings는 200이 되고 Equity는 700으로 줄어듭니다. Year 2에 적자 200이 또 생기면 Retained Earnings는 0, Equity는 500이 됩니다. Year 3에 50의 적자가 나면 Share Capital은 500이고 Retained Earnings는 −50이므로 합친 금액인 Equity는 450이 됩니다. 자본이 500에서 450으로 손상되었습니다. 이것이 바로 Capital Impairment입니다(부분자본잠식). 만약 Year 4에 450의 적자가 나면? Equity는 0이 됩니다. 이 상태를 완전자본잠식이라고 합니다. 물론 Year 5부터 매년 흑자가 나면 잠식은 조금씩 사라집니다. 다시 정리하면, 자산에서 부채를 빼면 Equity입니다. 적자로 이 Equity의 Retained Earnings가 마이너스가 되어 Equity가 Share Capital보다 적어지는 것이 Capital Impairment입니다.

---

238 Share Buyback 자사주 매입

Share Repurchase(Share 대신 Stock도 사용)로 부르기도 합니다. 기업이 매입한 Treasury Stock 자사주에는 의결권도 배당권리도 없습니다. 예를 들어 Outstanding Shares 발행주식수가 100주인데 20주를 기업이 자사주로 매입하면 발행주식수가 80주로 줄어듭니다. 배당받을 주식의 수가 줄어들면 의결권도 강해지고 EPS Earnings Per Share, 주당순이익와 주당 배당금도 많아지므로 기존 주주들은 자사주 매입을 반길 수밖에 없죠. 그러면 평소 이 기업 주식을 관심종목으로 찜해 두고 눈여겨보던 일반 투자자들도 자사주 매입 소식을 반기며 매수를 시작하고, 당연히 주가는 올라갑니다. 언제까지 오르느냐고요? 이론적으로는 1주당 배당금이 자사주 매입 전과 같아질 때까지 오릅니다.

239 Retirement of Treasury Stock 자사주의 소각

일단 여기서 소각은 消却(지워서 없앰)이지 燒却(태워서 없앰)이 아님을 알아야 합니다. 자사주를 매입할 경우 주가에 일시적인 긍정적 효과는 있지만, 추후 시중에 매각이라도 하면 유통주식수가 다시 늘어나 주주 가치 제고라는 애초의 목표가 퇴색될 수 있습니다. 하지만 소각은 발행주식수가 영구적으로 줄어들기 때문에 단순한 매입보다 효과가 강력합니다. 매입한 뒤 완전히 폐기하여 주권의 자격이 없어진 주식을 Retired Shares 소각주라고 합니다.

240 No-Par Value Stock 무액면 주식

미국에서는 액면과 무액면 둘 다 발행이 가능하지만 무액면 발행이 대세입니다. 액면 발행은 은행업과 보험업에 한정됩니다(주마다 다름). 어차피 주식의 액면에는 법적 구속력이 없습니다. 유통되는 시세가 그 주식의 가치이기 때문이죠. 참고로 Face Value도 액면이라는 뜻이지만 Par Value가 더 많이 사용됩니다. 반면에 채권의 액면은 만기 시 표시된 금액을 돌려주겠다는 법적인 약속 금액이므로 그 금액에 대해 법적인 책임을 져야 합니다. 채권은 일종의 차용증이니까요.

241 Control Dilution 의결권 또는 지배력 희석

발행주식수가 늘어나서 1주당 가치가 희석되는(dilute) 현상을 Equity Dilution 지분율 희석 또는 Stock(=Share) Dilution 주식 실질가치 저하이라고 합니다. 이 중에서도 특히 주주총회에서 행사할 수 있는 의결권이 희석되면 Control Dilution이 발생하고, 주식발행으로 배당금 지분이 약화될 때 Earnings Dilution 이익 또는 배당 희석이 발생합니다. 의결권이 없는 Preferred Stock 우선주은 발행되어도 Control Dilution이 발생하지 않습니다. IPO Initial Public Offering, 기업공개, Secondary Offering 유상증자, Rights Issue 기존주주 배정 유상증자가 희석화의 대표적인 원인이지만, Stock Option 스톡옵션, Convertible Bond 전환사채, BW Bond with Warrant, 신주인수권부사채 등 주식으로 전환될 가능성이 높거나 전환될 예정인 증권도 Dilution 희석화에 영향을 줍니다.

242 Authoized Shares 주식발행 한도

Articles of Incorporation 회사정관에 명시된 주식발행 최대금액이나 최대주식수를 Authorized Capital 또는 Authorized Shares라고 합니다. 수권자본 또는 수권주식이라는 다소 어려운 표현으로 번역하기도 합니다. 정관에 액면가로만 발행한다고 명시되어 있다면 발행 가능한 최대주식수도 함께 명시되어 있습니다. 이 둘을 곱하면 발행최대금액이 되겠죠. Articles of Incorporation에 액면가 발행규정이 없는 대다수 미국 주식의 경우 발행최대금액만 명시되어 있습니다.

243 Non-Controlling Interest 50% 미만의 소유지분

특정 회사에 대한 소유지분을 Equity Stake나 Equity Share라고 부르지만, Interest를 쓰기도 합니다. Interest의 주요 세 가지 뜻은 '관심, 이해관계, 지배력'입니다. 소유지분과 관련해서 쓰이는 Interest는 당연히 지배력을 뜻합니다. 가끔 기사에 Berkshire Hathaway가 POSCO나 Coca-Cola 주식을 보유했다는 내용이 나오는데, 이때 자주 쓰이는 표현이 Non-Controlling Interest(줄여서 NCI)나 Minority

Interest입니다. 둘 다 같은 뜻으로 50% 미만의 소유지분을 뜻합니다.

---

244 Cost of Equity 자기자본의 비용

Borrowed Capital 타인자본에는 이자라는 명백한 비용이 발생하죠. 그렇다고 주주(투자자)로부터 모집한 자본인 자기자본에 비용이 들지 않는 것은 아닙니다. 주주 입장에서는 금융시장에서 가장 안전한 금융상품에 투자할 경우 얻을 수 있는 수익인 Risk Free Return(예 정부발행 국채의 이자)보다는 더 큰 수익을 예상해야 기업에 투자를 할 테니까요. 따라서 Cost of Equity는 'Risk Free Return 무위험수익 + α'입니다. α는 주식을 보유함으로써 노출되는 Risk 위험에 대한 최소한의 보상(일종의 위험수당)입니다. 그래서 Equity Risk Premium 자본 위험 프리미엄이라고 부르죠. 위험수당인 α를 주지 않는다면 차라리 은행에 예금하거나 정부발행 국채를 사는 쪽이 마음 편합니다.

Cost of Equity를 복잡한 공식으로 설명하는 경우가 많은데 주식투자를 하면서 그렇게 깊이 들어갈 필요는 없습니다. 다만 주주의 투자 수익금에도 비용, 정확히는 기회비용과 위험수당이 포함되어 있다는 사실은 항상 의식해야 합니다.

---

245 Equity Convexity 주식의 볼록성

주가와 금리는 서로 역의 관계에 있습니다. 은행 이자가 높은데 굳이 원금 손실의 위험이 있는 주식에 투자할 이유가 없죠. 다만 X축이 금리이고 Y축이 주가라면 일직선으로 우하향하는 역의 관계가 아니라, 아래로 볼록한(convex) 곡선형 역의 관계라는 것이 Equity Convexity입니다. 이 볼록한 곡선의 함의가 의미심장합니다.

예를 들어, 금리가 12%에서 11%로 낮아질 때와 2%에서 1%로 똑같이 1%p 낮아질 때를 비교해 볼까요? 전자의 경우에는 예금을 빼서 주식을 사는 사람이 별로 없겠지만, 후자의 경우에는 사람들이 금리에 민감해져 예금을 주식으로 전환할 확률이 높아집니다. 은행 이자 1%를 받느니 차라리 주식으로 모험(?)을 해보겠다는 사람들이 많아지죠. Pandemic 팬데믹 상황인 데다, 대부분의 나라가 마이너스 경제성장을 한 2020년에 주가지수가 역사상 최고치를 보인 것도 QEQuantitative Easing, 양적 완화로 인한 초저금리 상황과 결코 무관하지 않습니다. 주식투자를 한다면 금리의 방향성과 변화 속도를 항상 예의 주시해야 합니다.

246 Equity Duration 주식의 듀레이션

자산에서 부채를 뺀 금액이 자본, 즉 Equity입니다. Equity는 창업자, 기관, 각종 펀드, 개미들이 투입한 돈입니다. Equity를 투입했으면 언젠가는 본전을 뽑는 날이 오겠죠. 그때까지 걸리는 기간이 Duration듀레이션입니다. 원래는 채권에서 쓰는 용어지만, 주식 시장에서 빌려 쓰면서 Equity Duration이란 용어가 만들어졌습니다. 성장을 위해 번 돈을 재투자해야 하는 성장주의 경우 언제 투입자본을 회수할지 기약이 없습니다. 이런 주식을 Long Duration Stock듀레이션이 긴 주식이라고 합니다.

247 Long Duration Stock 듀레이션이 긴 주식

Tesla 같은 성장주가 대표적인 Long Duration Stock입니다. 미래에 대한 꿈과 기대 만 먹고 살 뿐 아직까지 투자자를 만족시킬 만큼 이익을 내지 못하는 주식을 가리킵니다. 저금리 시대에는 투자자가 금리에 둔감해져 이런 성장주에 더 관심을 갖게 됩니다. 어차피 은행에 예금하거나 국채를 사도 쥐꼬리만 한 이자밖에 못 챙기니까 부담 없이 미래에 베팅하는 거죠.

하지만 금리가 올라가면 이런 성장주의 매력이 떨어집니다. 예금이나 국채에 대해 관심이 커지는 한편으로, 같은 주식 시장 안에 있는 가치주와 배당주에도 눈길이 가게 됩니다. 매년 꾸준히 이익이 나고 배당금도 '따박따박' 나오니 Duration듀레이션이 성장주에 비해 훨씬 짧거든요. 현금흐름의 무게중심이 내년, 내후년 등 가까운 미래에 있는 이런 가치주 또는 배당우량주를 Short Duration Stock듀레이션이 짧은 주식이라고 합니다. 또한, 이런 배경에서 투자자의 관심과 포지션이 성장주에서 가치주로 바뀌는 현상을 Growth-Value Rotation 또는 Rotation to Value Stocks라고 합니다.

12장 주식 고수가 되려면 채권의 움직임부터 관찰하라!

주식에는 익숙한데, 의외로 **Bond**채권를 어려워하는 사람들이 많습니다. 채권은 정부나 주식회사 등이 자금을 조달하기 위해 발행하는 차용증서를 증권화한 것입니다. 누군가에게 돈을 빌리려면 얼마를 언제까지 갚겠다고 약속해야 하는데, 이를 증명하는 유가증권이 바로 채권입니다. 따라서 채권은 상환기한이 정해져 있고 정기적으로 이자를 지급합니다.

채권은 발행 주체에 따라 **Government Bond**국채, **Muni Bond**지방채, 특수채, 금융채, 회사채로 나눌 수 있습니다. 채권과 관련하여 가장 중요한 요소는 채권수익률입니다. 채권은 약속된 이자로도 수익을 얻을 수 있고, 수요와 공급에 따라 가격이 오르내리기 때문에 가격 변동에서도 수익을 얻을 수 있습니다.

기업이 발행하는 주식과 채권이 시장에서 팔리는 근본적인 이유는 기업이 매년 안정적인 매출을 올리며 이익을 낼 것이라고 시장 참여자들이 확신하기 때문입니다. 정부가 발행하는 **Government Bond**도 마찬가지 이유로 판매됩니다. 정부에는 세금이라는 세상에서 가장 안정적이고 확실한 수입이 있으니, 정부가 발행하는 채권의 안정성을 의심하기는 쉽지 않습니다. 미국이 망하지 않을 것이라고 믿는 한 미국 **Government Bond**에 대한 바윗돌 같은 믿음은 깨지지 않을 것입니다. 그러니 전 세계의 큰손들이 주식 시장의 활황 여부와 관계없이 원금이 사실상 100% 보장되는 미국 **Government Bond**에 관심을 안 가질 수 없겠죠. 주식 시장이 불안한 기미만 보여도 일반인은 상상할 수도 없는 거액의 뭉칫돈이 **Government Bond** 시장으로 이동합니다. 또한, 채권의 발행금리나 유통수익률이 0.01%만 변해도 막대한 글로벌 자금이 민감하게 반응합니다.

가장 값싼 미국 **Government Bond**인 **T-Bill**은 액면가가 1만 달러부터 시작합니다. 주식투자자가 플라이급 복서라면 채권투자자는 헤비급 복서입니다. 채권은 조금만 움직여도 자본 시장이라는 링을 출렁거리게 하는 킹콩 같은 존재감과 영향력을 갖고 있습니다. 그래서 채권과 채권 시장을 제대로 이해해야만 주식 시장의 밀물과 썰물 타이밍을 포착할 수 있습니다.

이 챕터에서는 다양한 채권의 특징을 살펴보며, **Government Bond**의 장단기 금리 차이와 주식 시장의 연관성을 학습해 보겠습니다.

채권 종류 관련 용어

248 T-Bill 단기 국채 / T-Note 중기 국채 / T-Bond 장기 국채

T-Bill(=Treasury Bill), T-Note(=Treasury Note), T-Bond(=Treasury Bond)는 모두 The Treasury재무부가 발행하는 Government Bond국채입니다. 만기는 각각 1년 이하, 10년 미만, 10년 이상입니다. FED The Federal Reserve system, 미국 연방준비제도의 FOMC Federal Open Market Committee, 연방공개시장위원회는 공개시장운영에서 각종 채권을 사고파는데, 이때 일차적인 매매대상이 T-Bill과 T-Note입니다. 공개시장 운영의 목적은 단기금리 조절이므로 T-Bond는 대상에서 제외됩니다. 이 세 가지 채권 중에서 T-Note 비중이 평균 60%대로 가장 높고(액면가 합계 기준), 셋을 합쳐서 Treasuries재무부 발행 채권라고 부릅니다. 1~2년 후의 경기상황이 불확실할수록 만기가 긴 T-Note와 T-Bond를 매입하여 장기간 확정된 수입을 얻으려는 투자심리가 강해집니다.

249 Coupon Bond 쿠폰 채권

채권의 하단이나 좌우에 이자금액이 표시된 여러 개의 쿠폰이 인쇄되어 있는 채권입니다. 이자지급일에 Coupon쿠폰을 점선을 따라 가위로 오려내서 발행자에게 제출하면 이자를 받을 수 있죠. 채권에 따라 이자지급 빈도는 6, 12개월 중 하나입니다. Coupon을 다 사용한 채권을 만기일에 제출하면 표시된 Face Value액면가(=Par Value)에 해당하는 원금을 돌려받습니다. 그런데 전자결제가 대세인 요즘도 정기적으로 이자를 지급하는 Coupon Bond가 있습니다. T-Note, T-Bond, US Savings Bond미국저축채권(역시 재무부 발행 채권) 등입니다. 가위로 오려낸 실물 Coupon이 아닌 Digital디지털 형식의 Coupon이 사용됩니다.

250 Zero Coupon Bond 제로 쿠폰 채권

Coupon쿠폰 없이 채권에 표시된 액면가에서 일정 퍼센트를 할인해서 판매하는 채권입니다. 10만 원짜리 상품권을 9만 5,000원에 사는 것과 같은 원리가 적용됩니다. 할인해서 판다고 해서 Discount Bond할인채라고 부르기도 합니다. 이자가 없으니 이자소득세는 내지 않지만, 할인된 금액으로 채권을 사서 만기가 되면 더 많은 금액(액면가)을 받게 되므로 그 차익에 대한 Capital Gains Tax자본소득세는 내야 합니다. 재무부가 발행하는 단기채권인 Treasury Bill단기재정증권(=T-Bill)이 대표적인 Zero Coupon Bond입니다.

251 Muni Bond 지방채

*Municipal Bond의 줄임말이며 Muni로도 표기합니다. 주 단위 이하의 정부기관이 발행하는 채권으로, 주로 Public Works공공사업를 위한 자금조달이 발행 목적입니다. 2020년 기준으로 Outstanding발행잔액 규모는 약 4Trillion4조 달러로 18Trillion18조 달러인 Treasuries재무부 발행 채권의 약 22%를 차지하는 적지 않은 시장입니다. 구매자의 거주지나 발행목적에 따라 세제혜택이 많은 것이 특징입니다.

*municipal: 시의, 지방자치의

252 Debenture 무담보 중장기 채권

Unsecured무담보여서 오직 발행인의 신용에 의해서만 발행 및 판매되는 중장기 채권은 모두 Debenture입니다. 중장기의 기준은 나라마다 다른데, 미국의 경우 보통 만기 10년이 기준입니다(절대적 기준은 아님). 만기도 기준이지만 담보 여부가 더 분명한 기준입니다. 따라서 무담보인 Treasury Bond(=T-Bond)만기 10~30년의 국채는 Debenture이고 만기가 1년 이하인 Treasury Bill(=T-Bill)단기재정증권은 무담보여도 Debenture가 아닙니다. 또한, 주택이 담보인 MBSMortgage-Backed Securities, 모기지담보부 증권도 Debenture에 해당하지 않습니다.

253 High Yield Bond 고수익 채권

실적이 부실한 기업이 발행한 채권 또는 R&D나 영업력 확장이 아닌 M&A기업인수합병에 필요한 자금조달을 위해 발행한 채권 등으로, 신용평가사가 최하위 등급으로 분류한 위험 채권입니다. Junk Bond정크 본드, 즉 쓰레기 채권이라는 별칭으로 더 많이 알려져 있죠. Non-Investment-Grade Bond투자 부적격 등급 채권와 Speculative-Grade Bond투기 등급 채권도 같은 의미입니다. 이런 채권만으로 구성된 펀드도 있습니다. 솔직하게 High Yield Fund라는 이름도 있지만 High Income Fund나 Flexible Credit Fund처럼 euphemism완곡어법으로 작명된 펀드도 있습니다.

---

254 Fixed Income Securities 고정수익증권

고정수입 유가증권이란 뜻으로, 결국 Bond채권를 의미합니다. 채권은 만기 시 원금을 회수할 수 있고, 채권에 명시된 이자율로 약정이자를 받을 수 있어서 '고정수입'이라는 표현을 쓴 것입니다. 중앙정부가 발행하는 Treasuries재무부 발행 채권, 지방정부가 발행하는 Munis지방채, CD양도성 예금증서, 심지어 매년 최소 배당금을 보장하는 Fixed Coupon Preferred Stocks최소 배당금 보장 우선주도 여기에 포함됩니다.

채권 수익률 관련 용어

255 Duration 듀레이션

투자원금을 회수하는 데 걸리는 시간입니다. 특히 채권투자에서 Duration을 많이 계산합니다. 가령 어딘가에 100달러를 투자했는데, 1년 후 40달러를 회수했고 나머지 60달러는 2년 후에 회수했다면 투자원금 100달러의 Dutation은 얼마일까요? '40% × 1년 + 60% × 2년'의 수식으로 계산하면 1.6년이 나옵니다. 이렇게 Weighted Average가중평균를 이용하여 Duration을 계산하며, 실제 채권의 Duration 계산은 더 복잡하므로 여기서는 생략합니다.

---

256 Credit Spread 신용 스프레드

금융용어로 Spread스프레드는 금리나 수익률의 차이를 의미합니다. Credit Spread 는 만기가 같은 국채와 기타 채무증서(예 회사채)의 금리 차이입니다. 예를 들어 3년 만기 국채 T-Note와 3년 만기 Apple 회사채의 발행금리가 각각 1%와 3%라면 이 둘의 Credit Spread는 2%입니다. 일반적으로 Spread는 bps 단위로 표기하므로 Spread 는 200bps입니다. Apple 회사채보다 신용도가 더 안 좋은 회사채는 Credit Spread 가 당연히 더 크겠죠.

---

257 Term Spread 장단기 금리 차이

투자자 A는 액면가가 100달러인 채권(이자 5%, 만기 1년)을 발행 즉시 사서 1년간 보유했고, 만기가 되어 5달러의 이자와 원금을 받았습니다. 5%의 수익을 얻은 거죠. 투자자 B는 A가 구입한 다음 날 같은 채권을 96달러에 샀습니다. 채권가격은 발행 즉시 주식처럼 변동하는데 운 좋게 싸게 산 것이죠. 1년 후 B의 수익률은 5.2%였습니다(식: 5 / 96 × 100). B는 고정이자 5%도 받았지만, 100달러짜리 채권을 96달러에 사서 유통수익 4달러를 추가로 벌었습니다.

이렇듯 채권의 경우 고정이자와 유통수익을 함께 고려한 Yield수익률라는 개념을 사용합니다. 일반적으로 단기인 T-Bill의 Yield보다 장기인 T-Bond의 Yield가 더 높습니다. 돈을 빌려주는 기간이 3개월일 때와 10년일 때 불확실성의 정도를 비교하면, 10년일 때 불확실성이 더 크기 때문에 그만큼 이자를 더 받는 것과 같은 원리입니다. T-Bond의 Yield가 3%이고 T-Bill의 Yield가 2%라면 그 차이인 1% point(즉, 100bps)를 Term Spread라고 합니다.

258 Yield To Maturity(YTM) 채권의 만기수익률

5년 만기이고 액면가가 5,000달러인 Coupon Bond쿠폰 채권를 발행 즉시 구입했다고 가정해 보죠. 이 채권은 6개월에 한 번씩 이자를 100달러 주는 조건의 채권입니다. 만기까지 보유할 때 이 채권의 수익률은 얼마일까요? 6개월에 한 번씩 이자가 있으니 5년간 열 번의 이자를 받아 명목상으로는 이자의 합계금액이 1,000달러입니다. 하지만 정확한 YTM을 계산하려면 매회 받는 100달러의 가치가 다르다는 점을 반드시 고려해야 합니다. 1회차 이자 100달러와 10회차 이자 100달러는 가치가 다르고, 지금 내가 지불한 채권가격 5,000달러와 5년 후 돌려받을 5,000달러 역시 가치가 동일하지 않습니다. 정확한 YTM은 같은 금액이어도 시점이 다를 때 그 점까지 고려하여 계산해야 합니다. 10회 이자를 현재 가치로 환산한 실제 YTM 계산은 재무계산기나 엑셀을 이용해야 하는 번거롭고 다소 복잡한 과정이므로 여기서는 생략합니다.

259 Negative Term Spread 장단기 금리의 역전

장기 국채인 T-Bond의 Yield수익률가 3%이고 단기 국채인 T-Bill의 Yield가 3.3%일 때 Negative Term Spread라고 말합니다. 이 현상을 경기하락의 전조로 해석하는 이들이 많습니다. 단기 금리는 FED가 기준 금리를 무기로 완전히 장악하고 있지만, 중장기로 갈수록 금리는 FED의 사정권에서 멀어지고 수요와 공급에 의한 시장원리가 지배합니다. 경기과열이 우려되면 FED는 단기 금리를 단계적으로 올립니다. 이를 눈치챈 스마트한 투자자들은 '안전빵'이면서 마음 편한 장기 국채의 매입을 늘리죠. 장기 국채의 수요가 강해지면 유통 가격이 올라가고 그에 따라 Yield는 떨어집니다. 이렇듯 단기 수익률은 오르고 장기 수익률은 떨어지기 때문에 Term Spread장단기 금리 차이가 역전될 수 있는 것입니다.

260 Inverted Yield Curve 역수익률 곡선

X축이 채권의 Maturity만기이고 Y축이 Yield수익률인 그래프를 Yield Curve수익률 곡

선라고 합니다. 장기 수익률이 더 높은 평상시에는 그래프가 우상향하겠죠(정확히는 위로 볼록한 곡선으로 우상향함). 만약 장단기 금리가 같아지면? 그래프가 수평선을 이룹니다. 이것이 Flat Yield Curve평평한 수익률 곡선이며 경기불황의 희미한 신호탄일 수도 있습니다. 그러다가 장단기 금리가 역전되면 그래프는 우하향합니다. 이것을 Inverted Yield Curve라고 합니다. Flat Yield Curve보다 좀 더 강한 경기하락의 시그널로 해석됩니다.

261 2s10s Spread 장단기 국채 수익률 스프레드

2s10s는 'Twos Tens(발음: 투스 텐스)'로 읽습니다. 2s는 2년 만기 T-Note중기 국채를, 10s는 10년 만기 T-Bond장기 국채를 의미합니다. 단기채인 2s와 장기채인 10s의 수익률 Spread차이가 2s10s Spread입니다. 경기 확장기에는 2s 수익률보다 10s 수익률이 더 높습니다. 하지만 경기가 꺾일 것으로 예상되면 더 안정성 있는 10s의 인기가 높아지고(가격이 오르고), 그에 따라 수익률이 떨어지면서 Spread가 점점 더 줄어들겠죠. 이는 곧 불경기 시작의 신호탄입니다. 더 진행되면 마이너스 Spread가 나오고 본격적인 경기불황이 시작됩니다. 2s10s라는 용어에서 알 수 있듯이 2년 만기 T-Note와 10년 만기 T-Bond는 장단기 채권 수익률의 기준이 됩니다.

262 Investment Grade 투자 등급

국채와 회사채에 대한 Credit Rating Agency신용평가사의 투자 등급입니다. 2021년 기준 Big 3는 S&P Global Ratings, Moody's, Fitch인데, 각 회사마다 투자 등급의 표기 방식은 다르지만 두 가지 공통점이 있습니다. 첫째, A만 있거나(예 A1, AA+), 대소문자와 상관없이 A와 B만 있으면서 알파벳이 3개 있으면(예 Baa1, BBB−) 투자 적격 등급입니다. 둘째, A 아닌 알파벳이 2개 이하거나(예 Ba1, B1, BB+, B−), C가 하나라도 있으면(예 Caa, C) Non-Investment Grade투자 부적격 등급입니다.

263 Triple A Credit Rating 세계 최고의 채권 신용도

Big 3 신용평가사는 채권의 안정성을 의미하는 Default채무불이행 확률을 기준으로 기업과 각국 정부 발행 채권의 신용도를 평가합니다. S&P Global Ratings와 Fitch의 신용도 만점 등급은 AAA이고, Moody's의 경우 Aaa로 표기합니다. 이 등급을 Triple A Credit Rating이라고 하죠. 2021년 기준 이들 3사로부터 Triple A를 받은 기업은 Johnson & Johnson과 Microsoft, 단 두 개에 불과합니다. 신용 등급이 AAA(from Fitch), AA+(from S&P Global Ratings), Aaa(from Moody's)인 Treasuries재무부 발행 채권보다 이 두 기업의 신용도가 더 높습니다(AAA가 AA+보다 한 등급 높기 때문).

---

264 Flight-to-Quality 안전자산 선호현상

Flight는 '도주, 도피'이고 Quality에는 '고품질'이라는 뜻이 있습니다. 그러니 Flight-to-Quality를 직역하면 '고품질 자산으로의 도피'입니다. 선진국 국채와 금은 대표적인 고품질 자산, 즉 안전자산입니다. 그래서 Flight-to-Safety직역: 안전으로의 도피도 같은 뜻으로 쓰이죠. 불확실성이 커지는 경기하락기에 자주 보이는 현상입니다. 이럴 때는 채권의 수요가 많아져서 채권가격이 오르게(즉, 채권수익률이 낮아지게) 됩니다.

---

265 Gentlemen Prefer Bonds 신사는 채권을 좋아해

Bear Market약세장이 길어지면 투자자들이 채권에 눈을 돌린다는, 주식과 채권의 대체관계를 재미있게 표현한 문장입니다. 1953년에 개봉된 Marilyn Monroe마릴린 먼로 주연의 'Gentlemen Prefer Blondes신사는 금발을 좋아해'라는 뮤지컬 영화의 제목을 패러디했다는 설이 있습니다. 또 다른 설에 따르면 Bonds채권가 먼저이고 영화의 Blondes금발가 나중이라고 합니다. 중요한 것은 Bear는 항상 채권가격을 높이 띄워준다는 것이죠.

13장 쪽박을 면하려면 부채비율과 잠재 위험을 확인하라!

관심기업의 강점과 긍정적인 면만 바라보고 주식을 매입하거나 계속 보유하는 것은 마치 궁예 같은 외눈박이 투자라고 할 수 있습니다. 기업의 강점은 물론 약점과 잠재적 위험도 함께 파악하는 균형 잡힌 시각이야말로 성공적인 투자의 필수사항이죠. 기업의 잠재적 위험은 부채를 통해 판단할 수 있습니다.

기업은 영업활동과 **R&D**를 위해 다양한 재무활동을 하며 필요한 자금을 조달합니다. 그중 하나가 부채를 끌어오는 것입니다. 만약 관심기업이 증자를 한다면 자기자본을 늘리는 것이므로 부채와는 상관이 없습니다. 하지만 각종 **Bond**채권를 발행한다면 그 채권의 기본적인 성격과 내용을 알아야 기업에 얼마나 부담이 되는지를 판단할 수 있습니다. 더구나 요즘은 **Mezzanine Financing** 메자닌 금융[채권과 주식의 성격을 모두 지닌 신주인수권부사채(**BW**), 전환사채(**CB**) 등으로 자금을 조달하는 방식]이 증가하고 종류도 다양해지고 있기 때문에 평소 이들에 대한 기본개념을 파악해 두어야 합니다. 그래야 각종 관련 기사와 증시 리포트를 쉽게 읽는 것은 물론, 투자판단을 위한 깊은 의미까지 파악하는 여유가 생깁니다.

기업의 대표적인 약점은 부채에서 찾을 수 있습니다. 자기자본과 타인자본의 비율인 **Capital Structure**자본구조, 재고를 자산에서 제외하는 보수적인 방식의 단기부채비율인 **Quick Ratio**당좌비율, 이자 지출이 벌어들이는 금액 대비 부담스러운지 여부를 판단하는 **Interest Coverage Ratio**이자보상비율 등을 살펴보면, 비록 회계사는 아니어도 수익률 높은 투자자의 길로 한 걸음 더 다가갈 수 있습니다.

기업 운영은 운전과 비슷한 측면이 있습니다. 나도 운전을 잘해야겠지만 날씨, 도로 상태, 주변 차량의 운행 여부가 무사고 안전운행 여부를 결정합니다. 주의 산만한 동승자가 있다면 그것도 안전운행의 변수가 되겠죠. 이런 경영상의 대표적인 대내외적 위험이 **Counterparty Risk**거래상대방 위험, **Compliance Risk**준법감시 위험, **Tail Risk**꼬리 위험입니다. 이 중에서도 특히 요즘은 기업 구성원의 법률적, 윤리적 일탈로 인한 **Compliance Risk**를 주가 손상의 주범으로 여기는 인식이 높아지고 있으니 주의를 기울여 투자하길 바랍니다.

부채(채무) 관련 용어

266 Secured Debt 담보부 채무 / Unsecured Debt 무담보 채무

Secured는 Secured by Collateral 담보설정으로 안전이 확보된을 줄인 표현이고 Collateral-Backed도 같은 뜻입니다. 드물지만 Collateralized 담보화라고 표현하기도 합니다. Unsecured Debt는 말 그대로 Collateral Backing 담보물 지원이 없는 채무입니다. Seniority Ranking 채무변제순위에서 Secured Debt는 항상 Unsecured Debt 보다 우선입니다.

267 Senior Debt 선순위 채무 / Junior Debt 후순위 채무

Seniority Ranking 채무변제순위에서 순위가 높으면 Senior Debt이고, 순위가 낮으면 Junior Debt 또는 *Subordinated Debt 하위변제 채무입니다. 순위의 높고 낮은 경계는 역시 Collateral 담보물의 유무입니다.

*subordinated: 하위의, 종속된

268 Senior Unsecured Debt 선순위 무담보 채무

담보가 없는데 어떻게 Senior Debt 선순위 채무일 수 있을까요? S&P Global Ratings 처럼 국제적인 신용평가사로부터 우량 등급으로 평가받는 기업이 발행하는 Corporate Bond 회사채는 비록 Unsecured 무담보여도 Senior Debt로 분류됩니다. 물론 현금흐름이 좋고 부채비율도 높지 않은 기업이기 때문에 이런 대접을 받는 거죠. 미국처럼 Default 채무불이행를 염려하지 않아도 되는 국가가 발행한 채권 역시 Unsecured이지만 Senior Debt로 인정됩니다. 즉, Senior선순위가 붙으면 원금과 이자를 못 받을 가능성은 크지 않다고 이해하면 됩니다.

269 Deleveraging 부채비율 축소

Deleveraging은 단순히 빚을 갚는 것이 아닙니다. 부채비율을 줄이기 위해 자산이나 일부 사업을 매각하거나, 유상증자를 하여 그 납입금으로 부채를 갚는 등의 적극적이고 포괄적인 부채 다이어트 프로그램입니다. 낮은 금리의 대출로 갈아타는 것은 기본 중의 기본이겠죠?

270 Debt Financing 차입방식의 자금조달

기업이 Debtor채무자가 되어 이자가 발생하는 방식인 자금조달을 통칭하는 표현으로, Equity Financing주식발행을 통한 자금조달과 대비할 때 자주 사용합니다. 여기에는 대출도 포함되지만 주로 Corporate Bond회사채, Convertible Bond전환사채(CB), Convertible Note주식전환가격을 기업공개 직전에 결정하는 오픈형 전환사채(CN), Bond with Warrant신주인수권부 사채(BW)의 발행이 대표적인 Debt Financing입니다.

271 Mezzanine Financing 자본/부채 복합형 자금조달

Debt Financing차입방식의 자금조달과 Equity Financing주식발행을 통한 자금조달을 합친 복합형 자금조달 방식으로, Convertible Bond전환사채와 Bond with Warrant신주인수권부 사채가 대표적인 예입니다. 둘 다 부채요소와 자본요소가 섞여 있기 때문에 Mezzanine메자닌 방식으로 분류됩니다. 원래 Mezzanine은 층고가 높은 건물에서 복층으로 쓸 수 있는 위쪽 공간을 의미하는 이탈리아어 어원의 건축설계 용어로, 굳이 층으로 표현하면 1.5층, 2.5층, 3.5층 등입니다. Hybrid Financing혼합형 자금조달도 같은 뜻입니다.

272 Pecking Order Theory 자금조달 우선순위

원래 Pecking Order는 새들이 먹이를 Peck 쪼아먹다하는 순서, 즉 서열을 의미합니다. 금융권에서 Pecking Order는 자금을 조달하는 우선순위인데 1, 2, 3 순위는 각각 Retained Earnings 유보이익, Debt 부채, Secondary Offering 유상증자입니다. Financing 자금조달이란 용어로 통일해서 다시 표현하면 Internal Financing 내부의 자금조달, Debt Financing 차입방식의 자금조달, Equity Financing 주식발행을 통한 자금조달입니다. 그런데 이 순서가 중요하다고 믿는 투자자들이 있습니다. 자금 사정이 좋으면 굳이 빚을 내거나 주식을 발행할 이유가 없다고 보는 거죠. 특히 3순위인 주식발행은 일부 기존 주주들에게 악재로 인식됩니다. 주주 입장에서는 증자로 인한 Equity Dilution 지분율 희석이 반가울 리 없기 때문입니다. 하지만 증자로 신규 사업자금을 조달하면 매출과 이익의 파이가 더 커질 수 있는 길을 닦는 것이니, Dilution 희석화의 관점에서만 바라보는 것은 근시안적 시각입니다.

---

273 Refinancing 리파이낸싱

부채의 재구성 또는 재융자로 번역하기도 합니다. 더 낮은 이자의 신규 부채로 갈아타는 것이 가장 초보적인 Refinancing이고, 변동금리를 고정금리로 바꾸거나 상환기간을 연장하는 등 대출조건을 최대한 유리하게 바꾸는 모든 활동이 Refinancing에 포함됩니다. 당연히 금리가 떨어질 때 많이 시행됩니다.

---

274 Non-Performing Loan(NPL) 연체상태인 대출

나라마다 금융기관마다 기준이 조금씩 다르지만, 평균 90일 이상 연체 중인 대출을 NPL이라고 합니다. 직역하면 '제대로 기능하지 못하는 대출'입니다. 당연하게도 Subprime Lending 저신용 개인이나 저신용 기업 대출이 NPL이 될 확률이 높습니다.

275 Default 채무불이행

대출이나 채권의 Interest이자나 Principal원금에 대한 지급불이행을 말합니다. 처음에는 Default 전 단계인 Delinquent연체 상태였다가, 여기에서 더 심각해지면 금융기관은 in Default채무불이행 상태로 분류합니다. 채무자가 스스로 Default를 먼저 선언하는 경우도 적지 않습니다.

---

276 LBO 차입매수

Leveraged Buyout(LBO)은 기업인수 자금이 모자랄 때 인수대상기업의 자산을 담보로 빚을 내서 그 기업을 인수하는 방식입니다. 개인이 주택을 구입할 때 구입할 집을 담보로 Mortgage Loan모기지론(주택담보대출)을 받는 것과 비슷한 원리죠. 단, LBO는 주택처럼 20~30년 동안 대출금을 갚는 것이 아니라, 수년 안에 기업가치를 높여서 되파는 방식으로 이익을 실현합니다. 미국의 경우 인수자금의 90%까지 담보대출과 채권발행으로 조달할 정도로 LBO에 대한 규제가 약하다 보니, LBO로 발행된 채권은 Junk Bond정크 본드(쓰레기급 채권)로 분류됩니다.

부채(채무) 연관 투자 판단 지표

277 Leverage Ratios 레버리지 비율

기업이 Borrowed Capital타인자본에 얼마나 의존하고 있는지를 측정하는 비율인데, Ratio가 아니라 Ratios라고 복수로 표기한 것에 주목해야 합니다. 그 이유는 분자는 Debt부채 하나지만 분모는 두 개이기 때문입니다. 분모가 Equity Capital자기자본이면 Debt to Equity Ratio부채비율이고, 분모가 Total Assets총자산이면 Debt to Asset Ratio자산 대비 부채비율(줄여서 Debt Ratio)입니다. Debt to Asset Ratio가 경제 기사에 자주 나오는 부채비율입니다. Leverage Ratio에 대한 자료를 볼 때는 분자와 분모가 무엇인지 확인하는 습관을 기르는 것이 좋습니다.

278 Capital Structure 자본구조

좁게는 Borrowed Capital타인자본과 Equity Capital자기자본의 구성비율이라서 사실상 Debt to Equity Ratio부채비율와 같습니다. 더 세분하여 Debt부채, Hybrid Securities전환사채, 신주인수권부 사채 등, Equity Capital, 이 세 종류 부채의 구성비율을 보는 꼼꼼한 투자자도 있습니다. 여기서 한발 더 나아가 Equity Capital 안에서도 보통주와 우선주의 비율까지 확인하는 경우도 있습니다.

279 Current Asset 유동자산 / Quick Asset 당좌자산

둘 다 Cash현금, Cash Equivalents현금성 자산, 기타 1년 이내에 현금화가 가능한 자산입니다. 차이점은 Current Asset에 포함되는 Inventory재고자산를 Quick Asset에서는 제외한다는 것입니다. Inventory 전부를 1년 이내에 현금화할 수 있을지 또는 제값 받고 현금화할 수 있을지 불확실하니 현금화 능력이 떨어진다고 보는 것이죠. 회계용어로 Current는 '1년 이내에 현금화되는 또는 1년 이내에 만기가 되는'입니다.

280 Current Ratio 유동비율 / Quick Ratio 당좌비율

이 두 가지 비율의 계산에서는 Leverage Ratio레버리지 비율와는 반대로 Debt부채가 분모로 갑니다. 따라서 이 두 비율이 높을수록 단기부채 상환능력이 높다고 평가됩니다. Current Ratio는 Current Asset유동자산을 Current Liabilities유동부채로 나눈 비율이고, Quick Ratio는 Quick Asset당좌자산을 Current Liabilities로 나눈 비율입니다. Inventory재고자산를 제외하는 Quick Ratio의 기준이 더 엄격하고 보수적입니다.

281 Acid Test Ratio 당좌비율의 별칭

Acid Test 산성 테스트는 원래 옛날에 금의 진위를 판단하던 방식입니다. Nitric Acid 질산를 진짜 금에 묻히면 다른 금속보다 느리게 용해되는 성질을 활용한 것이죠. 이 용어가 요즘은 학문, 사업, 스포츠 등 다양한 분야에서 '엄밀한 검증'이란 의미로 사용되고 있습니다. Quick Ratio 당좌비율를 Acid Test Ratio라고 부르는 것은 Inventory 재고자산를 Current Asset 유동자산에서 제외했기 때문입니다.

---

282 Interest Coverage Ratio 이자보상비율

주식 고수는 부채비율과 Quick Ratio 당좌비율에 만족하지 않고 Operating Income 영업이익을 Interest Expense 이자비용로 나눈 Interest Coverage Ratio와 그 추이를 관찰합니다. 이 비율이 1.0(백분율로는 100%)이라면 무슨 뜻일까요? Operating Income과 Interest Expense가 같다는 것이고, 버는 돈이 모두 이자 갚는 데 들어가는 심각한 재정상태를 의미합니다. 당연히 분자가 크면 클수록 건강한 기업이겠죠. 미국에서는 Operating Income 대신 EBIT 순이익에 이자와 법인세를 더한 금액을 사용하기도 합니다. 참고로 Operating Income과 EBIT는 근사치이지 똑같지는 않습니다.

위험 관련 용어

283 Risk Parity 리스크 패러티

Parity는 동등함(같은 위치, 같은 수량이나 질량 등)이란 뜻입니다. 그러므로 Risk Parity는 '위험 정도가 같음'이겠죠. 주식, 채권, 부동산, 통화 등 다양한 Asset Class 자산 종류에 대한 Asset Allocation 자산 배분에서 기대수익률이 아니라 위험의 크기와 그 발생확률을 기준으로 삼을 때 사용하는 개념이 Risk Parity입니다. 즉, Risk가 크면 적은 금액을, Risk가 적으면 더 많은 금액을 할당하는 것이 Risk Parity의 자산 배분 방식입니다. Risk의 측정에는 Volatility 주가의 변동성와 Resilience 주가 하락 시 회복력를 가장 많이 사용합니다.

284 Risk Tolerance 위험 수용도

약세장이 이어질 때 투자자가 큰 동요 없이 용인할(tolerate) 수 있는 손실률의 마지노 선을 의미합니다. 견딜 수 있는 재정적 능력이 아니라 태도와 마음가짐을 손실률이라는 구체적인 Percentage로 측정합니다. Risk Appetite 위험 수용범위도 비슷한 개념이지만 이것은 구체적인 수치로 표현한 것이 아닌 Risk Tolerance의 metaphor 은유입니다. Risk Tolerance가 클수록 Risk Taker 위험 감수형 투자자로, 적을수록 Risk Averter 위험 회피형 투자자로 분류됩니다.

285 Risk Capacity 위험 감수능력

투자로 인한 손해발생 시 손절매하지 않고 버틸 수 있는 재정적 능력을 의미합니다. Risk Tolerance가 Willingness 적극적 의지를 묻는 것이라면 Risk Capacity는 Ability 를 측정합니다.

286 Regulatory Risk 규제위험

환경이나 Anti-Trust 반독점 규제 등 정부의 각종 규제 변화가 특정 산업과 기업에 그리고 최종적으로 주가에 미치는 위험 정도를 의미합니다. 업종별로 또는 산업별로 위험의 내용, 크기, 지속기간은 다를 수 있습니다.

287 Compliance Risk 준법감시 위험

경영에서 Compliance는 좁은 의미로 보면 단순히 '준법'이지만, 요즘은 그 의미가 확장되어 기업의 사회적, 윤리적 책임을 다하는 것까지 포함합니다. 그래서 Intergrity정직함, 도덕성로 바꿔 쓰기도 합니다. Compliance Risk 또는 Integrity Risk는 법과 윤리에 어긋나는 기업 구성원의 행위로 기업이 입을 수 있는 잠재적 피해를 뜻합니다.

288 Tail Risk 꼬리 위험

꼬리 위험은 발생확률은 낮지만 한번 발생하면 경제에 미치는 부정적 영향이 상당히 큰 위험을 의미합니다. 정규분포의 종 모양에서 좌우 끝에 있는 얇은 부분이 꼬리를 닮았다고 해서 이렇게 부릅니다.

289 Counterparty Risk 거래상대방 위험

모든 금융행위에는 복수의 거래 당사자가 있죠. 이 중 어느 한쪽이라도 약속을 안 지키거나 못 지켜서 발생하는 손실의 위험이 Counterparty Risk입니다. 이것은 다시 Credit Risk신용위험와 Default Risk채무불이행 위험로 나뉩니다.

290 White Swan Event 흰 백조 이벤트 / Grey Rhino 회색 코뿔소

Black Swan Event검은 백조 이벤트는 전혀 예상하지 못했고 발생확률도 0에 가깝지만 한번 발생하면 치명적인 피해를 주는 위험을 의미합니다. 반면에 뉴욕대학교 경제학과 교수인 Nouriel Roubini누리엘 루비니 교수가 이름 붙인 White Swan Event는 충분히 예측 가능하지만 제때에 뿌리 원인을 제거하지 않아서 만성적으로 재발하는 위기입니다. 호되게 금융위기를 겪은 후 강력한 규제를 입법화했다가, 시간이 지나며 은근슬쩍 단계적으로 풀어주는 습관적인 안일함이 대표적인 White Swan흰 백조입니다.

Michele Wucker미셸 부커라는 미국 작가의 책 제목으로 유명해진 Grey Rhino회색 코
뿔소도 비슷한 개념입니다. 한두 번 발생한 이력이 있을 경우에 사용하는 White Swan
과는 차이가 있지만 'Obvious Danger We Ignore우리가 평소 무시하는 명백한 위험'라는 공
통점을 갖고 있습니다.

---

291 **Chapter 11 채무조정 후 기업회생 절차 / Chapter 7 청산(파산)**

Bankruptcy Code연방파산법 11조에 따라 Bankruptcy Court파산법원는 파산위기에
처한 기업의 사업구조를 재편하고, 채권단 및 이해관계자들과의 채무계약도 일부 조
정할 수 있습니다. 이러한 재편과 부채의 조정을 Reorganization이라고 부릅니다.
Chapter 11은 청산이 아닌 회생을 위한 형식상의 파산신청입니다. 반면에 회생 가능
성이 없어서 법인 또는 자영업체를 Liquidation청산할 경우 Chapter 7의 절차를 밟게
되며, 이러한 빚잔치나 장례식 같은 파산을 Liquidation Bankruptcy라고 부릅니다.

14장 Wall Street의 먹이사슬과 Player의 생존법

Wall Street는 세계 금융 시장의 중심지로, 오프라인에서 제일 큰 주식 시장인 **NYSE**New York Stock Exchange, 뉴욕증권거래소를 비롯하여 각종 대형 증권사와 은행이 집중되어 있는 곳입니다. 세계 1등 시장인 만큼 경쟁도 매우 치열합니다.

'동물의 왕국'으로 불리는 동물 다큐멘터리를 보면 아프리카 사바나의 여러 동물들의 서열 내지는 먹이사슬을 자연스럽게 파악할 수 있습니다. 임팔라 주변에는 항상 맹수들이 어슬렁거리고, 얼룩말의 번식기에는 덩치 작은 자칼도 갓 태어난 얼룩말 새끼를 사냥감으로 노리죠. **Wall Street**도 이런 사바나 지대와 별반 다르지 않습니다. 큰 먹잇감이 아니면 거들떠보지도 않는 초대형 **IB**Investment Bank, 투자은행도 있고 작은 먹잇감에 특화된 **Boutique Bank**미니 투자은행도 있습니다. 코뿔소의 등에 기생하는 기생충을 잡아먹는 새가 있듯이, **Hedge Fund**헤지 펀드의 투자업무를 도와주며 먹고사는 금융회사도 있습니다. 심지어 **General Meeting**주주총회에서 유리한 입지를 차지할 수 있는 이슈를 주주에게 귀띔해 주고 수수료를 받는 법률회사도 **Wall Street**의 **Player** 중 하나입니다.

복잡하고 무자비한 **Wall Street**가 얼핏 보면 사바나처럼 보일지 모르나, 그 와중에도 질서를 지키는 법규들이 존재합니다. 투자자 보호를 위한 규제 당국의 엄격한 요구사항들인데, 이 중 가장 핵심적인 법률 개념이 **Fiduciary Duty**수탁자의 의무, 신의성실의 의무입니다. 기관투자가는 투자자의 이익을 위해 최선을 다해야 하고 투자자의 신뢰와 기대를 배반해선 안 된다는 원칙입니다. 경영진이 주주들의 이익보다는 자신의 이익을 먼저 챙기는 것을 막기 위해 경영진 감시를 강화하는 제도로 보면 됩니다.

이 챕터에서는 **IB**, **Advisor**투자자문사, **Broker-Dealer**증권사 등 다양한 **Wall Street Player**들의 역할을 자세히 소개합니다. 하나하나 살펴보면, 그동안 부스러기 조각으로만 조금씩 알고 있던 **Wall Street**의 조직도가 마치 퍼즐처럼 완성되는 느낌을 받을 수 있을 것입니다.

월스트리트 금융, 투자 관련 회사 용어

292 IB Investment Bank, 투자은행

IB는 금융계의 종합무역상사입니다. 예대마진으로 수익을 얻는 Retail Banking소매금융과 중개수수료 위주로 사업하는 증권사의 업무를 제외한 거의 모든 금융업무를 취급합니다. 주요 업무는 채권과 주식의 Underwriting인수, M&A Mergers and Acquisition, 기업인수합병, Principal Investment자기자본을 이용한 중장기 투자, Research조사, Advisory투자자문, Hedge Fund헤지 펀드에 대한 대출, Asset Management자산관리입니다. 대표적인 Big Bank로는 JPMorgan Chase, Goldman Sachs, Bank of America Securities, Morgan Stanley 등이 있습니다.

293 Boutique Bank 미니 투자은행

Goldman Sachs나 Morgan Stanley 같은 대형 투자은행은 *Bulge Bank라고 하고, 소형 투자은행은 Boutique Bank나 Boutique Firm이라고 합니다. 그 사이의 중간급은 Middle Market Bank로 불리기도 하지만 주로 Bulge와 Boutique로 대별됩니다. 덩치가 작은 Boutique Bank는 M&A와 고객맞춤형 투자자문이라는 특화된 업무에서 수익을 얻습니다. 예상과는 다르게 성과급 보수가 높아서 Bulge Bank보다 직원 연봉이 높습니다. 또한, 대학을 갓 졸업한 풋내기는 안 뽑고 최소 2~3년 된 경력자를 선호합니다.

*bulge: 살쪄서 볼록한 배

294 Asset Management Company 자산운용사

AMC로 줄여 쓰기도 하는 Asset Management Company는 Pooled Capital다 수 투자자로부터 모집한 자금을 다양한 투자 방식으로 운용하여 수수료를 받는 수익모델을 가진 금융회사입니다. iShares와 QQQ라는 ETF 브랜드로 유명한 BlackRock과 Invesco뿐만 아니라 위험을 감수하고 공격적으로 투자하는 Hedge Fund 회사들도 모두 AMC입니다. 심지어 IB 투자은행의 Wealth Management 자산관리 부서도 넓은 의미에서는 AMC에 포함됩니다. Investment Company, Investment Management Company, Money Management Company라는 용어도 결국 AMC를 가리킵니다. 참고로 iShares, QQQ, SPDR 같은 ETF 브랜드가 워낙 유명해서 국내에서는 이 상품을 운용하는 AMC의 주력상품이 ETF인 것으로 오해하지만 이 회사들의 진짜 주력상품은 Mutual Fund 뮤추얼 펀드입니다. 미국의 Mutual Fund 시장 규모는 ETF의 약 5배에 달합니다.

295 Money Manager 머니 매니저

증권사가 아니면서 고객의 투자금에 대하여 Discretionary Management 재량적 관리 (고객의 허락 없이 알아서 하는 투자)를 하는 금융직종의 개인이나 금융회사를 가리키는 가장 편안하고 캐주얼한 용어입니다. Portfolio Manager, Asset Manager, Investment Manager, Financial Advisor 모두 Money Manager에 해당합니다. Asset Management Company 자산운용사도 Money Manager입니다.

296 Commercial Bank 상업은행

개인과 기업에 대한 예금과 대출업무를 통한 Net Interest Margin 예대마진을 기본 수익모델로 영업하는 대표적인 소매 금융기관입니다. Citi Bank, Bank of America, US Bank가 친숙한 상업은행인데, Bank of America는 투자은행과 상업은행 업무를 둘 다 합니다. US Bank는 상장된 지주회사인 US Bancorp의 자회사입니다.

297 Market Maker 시장조성자

거래량이 너무 적은 시장에서는 수요공급의 원리에 맞는 합리적인 가격이 형성되기 힘들죠. 이런 문제점을 해결하여 투자자의 주문이 곧바로 체결될 수 있도록 시장에 매수호가와 매도호가를 의무적으로 꾸준히 제공하는 금융기관을 Market Maker라고 합니다. 수요와 공급의 불균형을 해소하고 유동성을 높여주는 것이 시장조성의 목적이며, 이 역할의 대가로 Market Maker는 수수료 감면과 각 시장의 특성에 맞는 몇 가지 혜택을 받습니다. 증시의 시장조성자는 Broker-Dealer, 즉 증권사입니다.

298 Broker-Dealer 증권사

Stockbroker 주식중개업자이고 부수적으로는 Market Maker 시장조성자이기도 합니다. Dealer는 증권사가 자기 돈으로 거래를 한다는 의미이며 여기에는 시장조성 활동도 포함됩니다. Broker-Dealer는 의무적으로 FINRA에 가입해야 합니다. FINRA는 Financial Industry Regulatory Authority의 약자로, 증권사들이 자율적으로 만든 비영리단체이며, SEC Securities and Exchange Commission, 증권거래위원회의 감독을 받습니다.

299 Wirehouse 풀서비스 종합증권사

E-Trade 전자주식거래 같은 온라인 전문 증권사가 아니면서 증권거래와 관련된 종합서비스를 제공하는 증권사의 별칭입니다. 인터넷이 없던 시절에는 전화선(Wire)을 통해 들어오는 시세정보를 전광판에 보여주곤 했죠. Wirehouse는 이런 전광판 시절에서 유래한 표현입니다. Stock Broker 증권중개인나 Stock Brokerage Firm 증권중개회사(또는 House)이 정식 명칭입니다. 증권사라면 Brokerage 수수료만 받는 중개업무뿐만 아니라 Dealing 증권사 소유 돈으로 매매도 하므로 Broker and Dealer라고 불러야 정확하지만 관행적으로 Dealer는 생략합니다.

300 Family Office 패밀리 오피스

특정 개인이나 가문의 투자자산(최소 1억 달러)만을 관리/운용하는 '집사형' 미니 자산 운용사입니다. 당연히 특정 가문 이외에 어떤 외부자금도 위탁받아 관리하지 않습니다. 개인이나 가문이 필요인력을 직접 선발해서 Family Office를 만드는 경우도 있고, 투자자산 규모를 2,000만 달러 선으로 낮추고 4~5개 가문의 자금을 운영하며 수수료를 받는 소규모 자산운용사도 Family Office로 분류됩니다. John F. Kennedy존 F. 케네디 전 대통령 가문도 그의 아버지 때부터 Family Office로 자산을 관리했다고 합니다.

---

301 Credit Rating Agency 신용평가사

정부와 기업이 발행하는 각종 채권의 원금/이자 상환능력과 Default채무불이행 가능성을 평가하는 회사입니다. Big 3는 S&P Global Ratings, Moody's, Fitch이고 이 3사의 시장점유 비율은 40:40:15입니다. 참고로 Credit Bureau라는 신용평가기관도 있는데 개인신용을 평가하는 회사입니다. Credit Reporting Agency로 불리기도 하며 대출이자의 수준과 보험가입 수락 여부를 판단해야 하는 은행, Credit Union신용협동조합, 보험사 등이 주요 고객입니다. Equifax라는 기업이 가장 유명합니다. 기업을 대상으로는 S&P Global Ratings 같은 신용평가사가 부여하는 Credit Rating신용평가이 있고, 개인에게는 Equifax 같은 회사가 매기는 Credit Score신용점수가 있다고 정리할 수 있습니다.

---

302 Buy Side 바이 사이드

고객이 맡긴 돈을 불리기 위해 각종 금융자산을 운용하는 금융회사(또는 업무)를 Buy Side라고 합니다. 물론 운용하려면 Buy와 Sell 둘 다 하겠지만 일단 고객의 투자금이 들어오면 먼저 하는 것이 Buy이기 때문에 Buy Side라는 명칭을 씁니다. 각종 Fund를 운영하는 AMC자산운용사, Private Equity Fund PEF, 비상장기업 투자 펀드, Venture Capital벤처캐피털 등이 여기에 속합니다. 똑같이 Research 업무를 담당하는 Analyst

여도 AMC에서 근무하면 Buy Side Analyst라고 하고, 증권사에 근무하면 Sell Side Analyst라고 합니다.

303 Sell Side 셀 사이드

금융상품의 개발과 판매, IPO 기업공개, Advisory 투자자문, Brokerage 중개업무를 하는 금융회사(또는 업무)를 Sell Side라고 합니다. 여기서 Sell은 고객에게 펀드 이외의 각종 금융 상품과 서비스를 판매한다는 의미입니다. 정리하면 고객이 맡긴 돈을 직접 운용하는 업무가 아니면 모두 Sell Side입니다. IB Investment Bank, 투자은행의 경우 Wealth Management 자산관리라는 명칭의 부서를 별도로 두고 자산운용도 일부 하기 때문에 Sell Side와 Buy Side 업무를 모두 한다고 볼 수 있죠. 다만 자산운용 비중이 크지는 않습니다.

304 Advisor 투자자문사 또는 자산운용사

Advisor를 '조언자'라는 사전의 뜻만 보고 투자자문을 해주는 개인으로만 이해하면 안됩니다. 금융용어로 Advisor는 고객의 투자금에 대해 자문해 주거나 재량권을 갖고 투자대행을 하는 개인이나 금융회사입니다. 명칭은 Investment Advisor, Financial Advisor, Investment Advisory Company, Investment Management Company, Asset Management Company 등 다양하지만 모두 Advisor라는 공통점을 갖고 있습니다. 이들은 AUM 운용자산에 따라 SEC 증권거래위원회나 각 주의 증권감독기관에 등록해야 하고, Investment Advisors Act of 1940 1940년 투자자문업자법에 명시된 투자자에 대한 의무를 준수해야 합니다.

305 Registered Investment Advisor 등록(공인) 투자자문사

규모에 따라 SEC 증권거래위원회나 각 주의 증권감독기관에 등록한 후 투자자문이나

Discretionary Trading 일임매매 또는 재량매매을 하는 금융회사입니다. 줄여서 RIA로 표기하며, 얼핏 읽으면 부동산 중개인처럼 개인이 할 수 있는 자격증 같지만 개인에게는 해당하지 않습니다.

306 Independent Financial Advisor 독립투자자문업체

여기서 Independent는 해당 자문업체가 다른 금융기관의 자회사나 관련 회사가 아니고, 임직원도 다른 금융기관에서 파견되지 않았으며 겸직하는 상태도 아니라는 의미입니다. 이런 자문업체는 특정 금융사의 금융상품을 편애하여 권고할 가능성이 적고, 그에 따라 각종 상품의 장단점을 최대한 객관적으로 소개할 수 있다는 장점이 있습니다.

307 Proxy Firm 의결권행사 자문업체

Activist Hedge Fund 행동주의 헤지 펀드, 월가의 기관투자가, 경영 비참여 대주주 등이 주주총회에서 자기 목소리를 제대로 내고 원하는 것을 관철하기 위해서는 입체적이고도 전문적인 법률적 조언이 필수입니다. 이런 업무를 도와주고 수수료를 받는 업체가 Proxy Firm입니다. Proxy Advisor, Proxy Voting Agency 등 부르는 명칭은 아직 통일되지 않았습니다. 주주의 위임을 받아 의결권을 대신 행사하는 서비스를 제공하기도 합니다. 금융용어인 Proxy는 주주총회에서 대리로 주주권리를 행사할 수 있는 위임장이란 뜻입니다.

308 Financial Data Vendor 금융정보 판매기업

기초적인 정보는 무료로 제공하지만, 비싼 구독료를 지불해야만 핵심정보에 접근할 수 있는 서비스를 제공하는 정보판매기업입니다. 주요 판매상품에는 Corporate Actions and Events 기업 관련 정보, Valuation Information 기업가치평가, Alternative Data 비금융 정보가 있습니다. 대표적인 기업은 Bloomberg, FactSet, Moody's Analytics,

Morningstar, Thomson Reuters입니다. Moody's Analytics는 자신이 파는 정보를 Financial Intelligence라고 소개합니다. CIA가 취급하는 Intelligence 정보와 첩보와 성격이 비슷하다고 암시하는 것이죠. 특히 Alternative Data 대체 정보(줄여서 Alt-Data)는 위성사진, 교통량, SNS 분석정보 등 투자와 직접적인 관련이 없어 보이지만, 경험 많고 통찰력 깊은 투자자에게는 증시와 관련 있는 정보일 수도 있습니다.

309 Prime Broker 프라임 브로커

Hedge Fund 헤지 펀드가 필요로 하는 다양한 서비스를 제공하는 것이 Prime Broker 의 업무입니다. 주로 IB 투자은행와 일부 증권사가 담당하는데, 유가증권 대여, 대출, 고객소개 등이 주요업무이고 심지어 Back Office 후방 경영지원업무 서비스까지도 제공합니다. Hedge Fund의 수가 800개를 넘으니 IB 입장에서도 결코 무시할 수 없는 시장이고, Hedge Fund 입장에서도 Leverage 차입 확대를 통해 수익을 극대화해야 하므로 Prime Broker와의 유기적인 협력과 공생은 필수적입니다.

310 Primary Dealer 프라이머리 딜러

FED The Federal Reserve System, 미국 연방준비제도가 국채를 팔며 시중 금리를 조절하는 OMO Open Market Operation, 공개시장운영를 하려고 하는데, 어떤 금융기관도 이에 응하지 않는다면 처음부터 업무진행이 막힐 것입니다. 이런 문제를 피하기 위해 FED의 12개 연방지역은행의 반장(?)격인 Federal Reserve Bank of New York 뉴욕연방지역은행은 22개 대형 투자은행과 증권사를 의무적으로 FED의 매도물량을 받도록 사전에 약속한 Primary Dealer로 지정하여 일차적인 시장이 무조건 형성되도록 조치해 놨습니다. 이런 일차 시장 형성을 Market Making 시장조성 기능이라고 합니다. JPMorgan, Barclays Capital, Wells Fargo, Citigroup 등이 주요 Primary Dealer입니다. 그러면 이들은 돈도 못 버는 Primary Dealer를 왜 할까요? 첫 번째 이유는 자사의 명예와 브랜드 가치의 상승을 위해서이고, 두 번째 이유는 FED와 직접 거래하며 가까워질수록 FED의 의도를 조금이라도 더 빠르고 정확하게 파악할 수 있기 때문입니다.

311 Endowment Fund 기부금 펀드

대학이나 각종 자선단체에 기부되는 Endowment기부금를 관리하는 펀드입니다. 세계에서 가장 자산이 많은 College Endowment대학 기부금는 Harvard하버드 대학교입니다. 이 대학은 Harvard Management Company하버드 매니지먼트 컴퍼니라는 투자회사를 만들어 400억 달러 이상의 운용자산을 각종 금융상품에 투자하고 있습니다. 이 정도까지는 아니어도 웬만한 기부자산을 갖고 있는 재단들도 Trust신탁회사를 설립하여 기부금을 관리하며 불려 나갑니다. 규모가 크건 작건 이들도 모두 Institutional Investor기관투자가에 해당합니다.

312 Vulture Fund 벌처 펀드

부실기업이나 부실채권에 투자하여 수익을 올리는 펀드입니다. Vulture Fund라는 이름은 동물 사체를 뜯어먹는 독수리인 vulture벌처에서 유래했습니다. 그렇다고 투자사 이름이나 상품에 vulture가 들어가진 않죠. 소규모 Hedge Fund헤지 펀드와 일부 PEF Private Equity Fund, 비상장기업 투자 펀드에 이런 상품이 많고, 회사 이름에는 주로 Capital이나 Capital Management라는 명칭을 씁니다. Vulture Fund는 기업의 부실채권뿐만 아니라 Default채무불이행 위기의 국채까지 매입합니다. 매입 후에는 채권자로서 기본적으로 보장받는 각종 혜택을 받아내기 위해 소송까지 제기합니다.

313 Fiduciary Duty 수탁자의 의무

금융회사에는 고객이 맡긴 투자금에 대해 책임지는 범위가 있습니다. 낮은 수준의 책임을 Suitability적합성, 높은 수준의 책임을 Fiduciary Duty라고 합니다(Duty 대신 Standard도 사용). 전자는 증권사에 해당하는 의무입니다. 고객의 투자에 대하여 중개업무를 할 때 고객에게 '적합한' 거래가 되도록 최선을 다해야 하며, 그 대가로 Brokerage Fee중개수수료를 받습니다. 반면에 펀드사는 고객이 맡긴 돈을 재량으로(at discretion) 투자하며 운용수수료를 받습니다. 재량권을 줬다고 해서 자기 마음대로 투자하면 안 되는 것은 상식이죠. 더 중요한 것은 회사의 이익과 고객의 이익이 충돌할 경우 고객의 이익을 우선시해야 한다는 것입니다. 이것이 Fiduciary Duty의 핵심입니다. 이 의무는 법적 구속력을 갖습니다. 재량권을 갖고 수탁자로서 투자금을 운용하거나 자문해 주는 금융회사는 모두 Fiduciary Duty를 지닙니다. 심지어 주주의 유상증자 납입금을 재량으로 쓰는 기업의 경영진에게도 이 의무가 적용됩니다.

314 KYC Rule 고객의 투자성향과 재정상태 숙지의무

KYC는 'Know Your Client 고객을 알라'의 약자입니다. KYC Rule은 단순히 고객의 신상정보 파악을 의미하지 않습니다. 고객의 Financial Status 재정상태, Risk Tolerance 위험 수용도, Investment Knowledge 투자지식의 파악과 Transaction Monitoring 고객 거래내용 관찰이 KYC의 핵심 내용입니다. 심지어 Money Laundering 돈세탁과 Fraud 사기 예방을 위한 노력까지 KYC에 포함시키기도 합니다. KYC를 지키려는 노력과 진정성을 KYC *Compliance라고 합니다.

*compliance: 준수

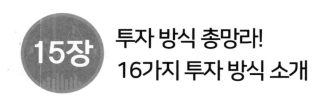

투자 방식 총망라!
16가지 투자 방식 소개

15장

10명이 있으면 10가지 투자 방식이 있고 100명이면 100가지 투자 방식이 있다고 할 수 있겠지만, 차이점이 큰 방식들을 분류하면 10여 가지로 요약됩니다. 여기에 기초적인 성장주, 가치주, 배당주 투자 방식을 추가할 수 있겠죠.

각종 투자 지원용 컴퓨터 장비의 고성능화로 급격히 발전한 **Quant Investing**퀀트 투자 방식, 계량적 투자 방식이 인상적인 투자 방식이고, 시대 의식의 변화로 불과 10년 전만 해도 낯설었던 **ESG Investing**ESG 투자 방식도 눈에 띕니다. **ESG**는 기업의 비재무적 요소인 **Environment**환경 · **Social**사회 · **Governance**지배구조를 뜻하는 말로, 투자 의사 결정 시 '사회책임투자(SRI)' 혹은 '지속가능투자'의 관점에서 기업의 재무적 요소들을 함께 고려하는 것을 말합니다. 재생에너지 활용률, 여성임원 고용률, 양성임금평등 정책 등을 고려하여 **ESG** 등급을 매기고 평가하는데, 잘 알려진 대로 **Microsoft**나 **NVIDIA** 등이 높은 평가 등급을 받고 있습니다.

혹시 30년 후에는 고성능 **AI Machine**인공지능 기계이 능력 있는 펀드 매니저를 대체할지 누가 알까요? 현재 **AI**를 가장 적극적으로 이용하는 금융회사는

Hedge Fund 전문 자산 운용사들입니다. 아직은 **Back Office** 후방 경영지원업무를 담당하고 있지만 시간이 흐를수록 펀드 매니저 고유의 업무를 조금씩 잠식할 것으로 보입니다. 그때는 투자 방식 목록에 **AI Investing** AI 투자 방식이 정식으로 추가되겠죠.

혹시 '**Narrative and Number** 내러티브와 넘버'라는 표현을 들어 보았나요? 베스트셀러 투자 책 제목입니다. 기업의 스토리와 숫자를 연결한 가치평가에 대해 다루고 있죠. 개인적으로 주식 시장에서 **Narrative**와 **Number**가 대결하면 **Narrative**가 이길 확률이 높다고 생각합니다. **Narrative**는 속된 표현으로는 '썰 풀기'이고 품격 있게 정의하면 '그리스 신화 같은 스토리텔링'입니다. **Number**는 기업활동과 상태를 설명해 주는 각종 재무 정보입니다. 흥미로운 건 **PER** Price-Earnings Ratio, 주가이익비율과 **PBR** Price to Book Value Ratio, 주가순자산비율이 별 볼 일 없는 종목이어도 미래에 대한 멋진 '썰'과 판타지 같은 '스토리텔링'이 있고, 이것이 시대상황과 제대로 맞아떨어지면 주가가 마구 오르는 경우가 있다는 것입니다. 이것이 가능한 이유는 주식 시장이 현재와 과거보다는 미래의 성장성을 먹이 삼아 크는 생명체이기 때문입니다. 그러므로 아직 눈으로 직접 확인할 수 없는 미래를 멋지게 포장하면 시장은 해당 종목을 성장주로 정의할 가능성이 높습니다. 이렇듯 합리와 논리보다 미래를 향한 꿈이 더 강한 영향력을 발휘하는 곳이 주식 시장이며, 이와 관련된 투자 방식이 **Narrative Investing** 내러티브 투자 방식입니다.

주식 시장의 감성적인 속성은 "**Ordinary investors overreact to bad news.** 평범한 투자자는 악재에 과도하게 반응한다."라는 투자 격언에서도 확인됩니다. 이런 심리를 역이용하는 투자 방식이 **Contrarian Investing**역방향 투자 방식입니다. 자세한 내용은 용어 설명에서 소개하겠습니다.

이제부터 소개하는 **Investing**투자 방식 앞에 붙는 각종 수식어 중에 **Growth**성장, **Value**가치, **Income**소득은 시대를 막론하는 기본적 투자 방식이고, 나머지 **Quant**퀀트, **Smart Beta**스마트 베타, **Impact**임팩트, **Momentum**모멘텀 등은 한 단계 밑인 전술적 개념으로, 시장상황의 변화와 시간의 흐름에 따라 그 의미와 중요도가 달라질 수 있습니다. 혹시 몰랐던 방식이 있다면 개념을 잘 알아 두었다가 투자의 시야를 넓히는 데 활용하길 바랍니다.

16가지 투자 방식 관련 용어

315 Quant Investing 퀀트 투자 방식

Quantitative수치의, 계량적인를 줄인 표현인 Quant퀀트에서 알 수 있듯이 종목의 매수와 매도에 수학적이고 통계적인 방식을 적용하는 투자입니다. 일반 투자자가 할 수 있는 방식은 아니고, Mutual Fund뮤추얼 펀드와 Hedge Fund헤지 펀드에서 많이 볼 수 있는 투자 기법입니다. Quant 밑에 깔려 있는 큰 원칙은 discipline규율, 자제력입니다. Quant퀀트 투자자(사람을 뜻하기도 함)는 '인간' 투자자의 최대 약점인 감정과 편견을 배제하고 discipline을 유지하려면 Quant 기법의 도움을 받아야 한다고 믿습니다. 단점은 2020년 같은 강세장에서는 큰 수익을 내지 못해 찬밥 신세라는 것입니다. Renaissance Technologies라는 Hedge Fund가 가장 유명합니다.

316 Smart Beta Investing 스마트 베타 투자 방식

인간이 생각해낼 수 있는 모든 투자 기법을 동원해서 얻는 최고의 수익률이 Alpha시장초과수익률입니다. 그 정도까지는 원치 않지만 Beta시장평균수익률보다는 조금 더 높은 수익률을 원할 경우의 수익률(즉, Alpha와 Beta 사이의 수익률)이 바로 Smart Beta스마트 베타입니다. Smart Beta를 얻기 위해서는 기본적으로 지수를 추종해야 하지만 Factor Investing팩터 투자 방식도 병행해야 합니다. Value저평가된 가치, Quality재무제표상의 튼튼한 펀더멘털, Size미드캡 이하의 규모, Momentum강한 상승동력, Low Volatility낮은 변동성라는 대표적인 Factor(배당 등 다른 Factor 추가도 가능)를 가진 종목을 추가로 매입하여 Index-Tracking지수추종에 변형을 가하는 투자 방식이 Smart Beta Investing이고 Factor Investing입니다.

Impact Investing 임팩트 투자 방식

여기서 Impact영향, 충격는 *ESG가 주는 Positive Social Impact사회에 미치는 긍정적인 영향를 의미하므로 Impact Investing과 ESG Investing은 결국 같다고 볼 수 있습니다. ESG 관련 주식에 투자하는 것이 당장의 고수익을 보장하지는 않습니다. 하지만 메이저 펀드사들이 자사 펀드상품에 대하여 ESG Rating ESG 순위을 매기거나 의무적으로 ESG 관련 주식을 일정비율 매입하게 하는 내부규정을 운영하기 시작했고, 미국 정부도 중국을 견제하기 위해 ESG 카드를 더 자주 사용할 것으로 예상됩니다. 따라서 단기적으로는 몰라도 중장기적으로는 ESG 관련 주식의 보유가 수익률 향상에 분명히 기여할 것입니다. Sustainable Investing지속가능한 투자과 SRISocially Responsible Investing, 사회적 책임투자도 내용상 Impact Investing과 동일한 가치를 추구합니다.

*ESG: Environment환경, Social사회, Governance지배구조의 약자로
환경, 사회적 책임과 공헌, 기업지배구조 개선과 운영의 투명성을 의미

Momentum Investing 모멘텀 투자 방식

비유하자면, 모든 종목에 열화상 카메라를 비추어 일정 온도 이상인 따뜻한 종목에만 투자하는 방식입니다. 모멘텀 투자자는 종목이나 시장의 Uptrend상승세와 Downtrend하락세에 일정 기간 지속되는 관성이 있다고 믿고, 기술적 지표를 이용하여 종목의 온도를 측정합니다. 온도가 낮은, 즉 가격의 등락이 거의 없는 종목은 움직임을 자극하는 의미 있는 Catalyst촉매제가 추가되지 않는 한 투자대상에서 제외됩니다.

이와 관련하여 전 세계 모든 증권사가 매일 확인하는 초보적인 모멘텀 지표가 High-Low Index와 Market Breadth Indicator입니다. 전자는 52w High52주 신고가 종목의 수를 분자에, 52w Low52주 신저가 종목의 수를 분모에 놓고 계산하는 비율입니다. 이 비율을 매일 측정하여 시장심리를 파악하는데, 거래소나 국가마다 다른 고유한 특징이 있기 때문에 절대적인 기준을 정할 수는 없습니다. 따라서 자신만의 기준을 만드는 것이 High-Low Index 활용의 원칙이자 요령입니다. 후자인 Market Breadth Indicator는 상승한 종목의 수와 하락한 종목의 수의 비율입니다. Market Sentiment시장심리를 측정하는 가장 단순한 잣대죠. High-Low Index와 병행하여 사

용하면 주가지수의 단순한 등락만으로는 파악하기 힘든 시장 참가자들의 심리와 시장의 에너지를 읽는 데 도움이 됩니다.

---

319 Coattail Investing 주식고수 모방 투자 방식

Coattail Effect라는 선거용어에서 유래한 표현입니다. 인지도 낮은 무명 정치인이 거물 정치인의 후광으로 당선되는 경우에 Coattail Effect가 있다고 말합니다. 초보 정치인이 유명 정치인의 롱코트 뒷자락에 올라타서 소위 '묻어가는' 방식이죠. 일정 금액 이상의 고액 투자자나 1,000억 달러 이상을 운용하는 자산운용사는 분기별로 투자내역을 공개해야 하는 SEC Securities and Exchange Commission, 증권거래위원회 규정에 따라야 합니다. 이 정보를 이용한 Copycat Investing 모방 투자 방식이 가장 초보적인 Coattail Investing입니다.

---

320 Contrarian Investing 역방향 투자 방식

Contrarian은 '반대의견의, 통념과 반대인'이라는 뜻입니다. 무뇌아적 집단행동과 합리적인 근거가 없는 막연한 공포심을 의미하는 Herding Behavior 양떼의 집단행동, Lemming Effect 설치류 레밍의 집단행동, FOMO(Fear of Missing Out) 소외 공포증, FUD(Fear 겁, Uncertainty 불확실성, Doubt 의문)를 역이용하여 평소에 눈여겨보던 저평가 가치주를 매입하는 투자 방식을 Contrarian Investing이라고 합니다. 평범한 투자자들은 bad news에 반응하는 게 아니라 over-react 과잉반응한다는 약점을 이용하는 심리전 성격의 투자 방식입니다.

---

321 Style Investing 스타일 투자 방식

투자 방식 중 가장 광범위하고 실체가 분명하지 않은 것이 Style Investing입니다. 여기서 Style은 국가별, Emerging Market 신흥시장인지 Developed Market 선진시장인지 여부, 시가총액의 크기, 가치주, 성장주, Sector Rotation 업종별 순환투자 등 잡다합니다. 그나마 증시 리서치 및 투자정보 판매기업인 Morningstar가 정리한 Style Box가 정돈되고 요약된 Style을 보여줍니다. Style Box는 정사각형을 9등분하여 X축은 Value가치, Blend혼합, Growth성장로 나누고, Y축은 시가총액을 Small, Mid, Large로 나눠서 Style을 9가지로 정의한 것입니다. Blend는 Value와 Growth를 섞은 거겠죠? 역시 가치와 성장은 시대와 관계없는 핵심적인 투자기준입니다.

322 Thematic Investing 테마주 투자 방식

한마디로 혼자 힘겹게 노 젓지 않고 'sailing with the wind순풍항해' 식으로 하는 투자 방식입니다. 시장에 테마라는 바람이 없는 시절은 없습니다. Demographic Transition인구통계적 변화이나 환경이슈처럼 어쩔 수 없이 따라가야 하는 흐름도 있고 Marijuana Decriminalization마리화나 소비에 대한 형사처벌 면제처럼 정부정책에 의한 테마도 있습니다. 하지만 이 투자 방식을 비판하는 사람들은 테마주 투자는 자산운용사가 고객의 돈을 끌어모으는 손쉬운 마케팅 수단에 불과하며, 대부분의 테마는 fleeting fad흘러 지나가는 짧은 유행라고 경고합니다.

323 Event-Driven Investing 사건중심 투자 방식

Share Buyback자사주 매입, M&A기업인수합병, Spin-Off주식분할형 분사, 중요한 소송의 결과, 대규모 화재, 파산선고나 파산신고 예정 등 기업의 부정적 이벤트로 인해 생기는 기업가치와 주가의 일시적인 격차를 이용하는 투자 방식입니다. 전문가일수록 악재를 더 반깁니다. 이 방식에 가장 익숙한 투자사는 Hedge Fund헤지 펀드와 Private Equity Fund사모 펀드 전문업체입니다. *Catalyst Trading이라고 부르기도 합니다.

*catalyst: 촉매제, 촉발요인

324 Narrative Investing 내러티브 투자 방식

재무제표로는 내세울 만한 스펙이 별로 없는 기업인데, 창업자와 그 기업의 우여곡절이 포함된 과거 이야기 그리고 판타지에 가까운 미래 이야기의 '컬래버'에 꽂혀서 하는 투자 방식입니다. 미디어에서도 이런 기업을 자주 다룹니다. 시청률과 열독률이 높아지니까요. 이렇게 해서 생기는 편견을 Narrative Bias이야기 편향라고 합니다. Tesla에 대한 투자에도 Narrative Bias가 분명히 있습니다. Tesla의 현재 주가에는 Elon Musk일론 머스크의 개인적인 스토리뿐만 아니라 미래 이야기와 꿈이 이미 반영되어 있다고 봐야 합니다. 전문가들은 이런 Narrative Bias가 우리의 합리적인 Investing Logic투자논리을 마비시킬 수 있다고 지적합니다.

---

325 Distressed Investing 부실기업 투자 방식

BBB- 등급 이하(S&P Global Ratings 기준)의 회사채와 파산 직전이나 파산신청을 한 기업의 채권을 초저가로 매입하여 가격이 오를 때 되팔아서 이익을 실현하는 투자 방식입니다. 일부 공격적인 Hedge Fund헤지 펀드와 PEF비상장기업 투자 펀드의 투자 방식인데, 너무 위험해서 이들조차 한 기업의 채권에 '몰빵'하지는 않습니다. 여러 기업의 Distressed Bond부실채권를 분산매입하여 일부 채권에서 손실이 나더라도 나머지 채권에서 큰 성공을 거두기를 기대하는 투자 방식입니다. 부실기업의 채권이 아니라 부실기업의 주식을 매입하는 더 공격적인 방법도 있습니다.

---

326 Growth Stock Investing 성장주 투자 방식

현재 실적보다는 미래 성장성에 대한 기대감으로 매입해서 보유하는 주식이 성장주입니다. 전기차를 예로 들면 10~20년 후 전기차 시장의 규모와 그 시장에서 전기차 기업이 차지할 시장점유율이 투자자에게는 유일한 매수 이유이자 꿈입니다. 그래서 생긴 표현이 Price-to-Dream Ratio주가꿈비율입니다. Price-to-Earnings Ratio주가이익비율(=PE Ratio)를 패러디한 Multiple주가배수이죠. 또한, "It's a lot more art than science. 성장주는 과학이 아니라 예술 관점으로 이해해야 한다."라는 믿자니 찝찝하고 안 믿자니 그럴싸한 격언까지 생겼습니다.

327 Value Stock Investing 가치주 투자 방식

가치는 높으나 주가는 상대적으로 낮은 주식이 가치주입니다. 그렇다면 가치란 무엇일까요? 매출, 영업이익, 순이익 등 각종 실적도 가치이고, 대차대조표에서 계산되는 Book Value 순자산가치(청산가치의 근사치)도 가치입니다. 순이익과 순자산가치는 높은데 주가는 낮으니, 자연스럽게 낮은 PE Ratio Price-Earnings Ratio, 주가이익비율와 낮은 PB Ratio Price to Book Value Ratio, 주가순자산비율가 가치주의 특징이 됩니다. 투자자들의 관심이 Tesla, Amazon 등 몇몇 화제성이 강한 성장주에 쏠리면 가치주 신봉자들은 상당 기간 힘든 시간을 보내야 합니다. 시장 전체의 상승 모멘텀이 떨어지거나 불경기 신호가 잡히면서 서서히 빛을 보는 주식이 가치주입니다.

328 Income Stock Investing 배당주 투자 방식

여기서 Income 수입은 Dividends 배당금입니다. 배당주로 인식되려면 1년치 배당금의 합계금액이 매년 조금씩이라도 높아져야 합니다. 또한, 배당을 안 하는 해가 없어야 합니다. NYSE New York Stock Exchange, 뉴욕증권거래소와 NASDAQ The National Association of Securities Dealers Automated Quotations, 나스닥에 상장된 1만 개 이상의 종목 중에서 Dividend Yield 배당수익률(주가 대비 배당금 비율)의 랭킹 상위 1,500개 기업의 평균 Dividend Yield는 2%대 초반입니다. 그러므로 요즘 같은 저금리 상황을 고려할 때 Dividend Yield가 3% 이상이면 고배당주로 봐야 합니다.

329 Resilient Stock Investing 회복력 강한 주식 투자 방식

주가가 폭락해도 상대적으로 회복력이 강한 주식을 *Resilient Stock이라고 합니다.

2000년에 시작된 닷컴버블의 붕괴와 2008년에 발생한 금융위기에서 가장 빨리 기운을 차린 주식에는 어떤 특징이 있을까요? Coca-Cola와 PepsiCo의 지난 20여 년간 주가흐름을 비교해 보면 PepsiCo의 주가 방어력이 더 높다는 것을 알 수 있습니다. Johnson & Johnson의 주가흐름은 더 놀랍습니다. 2000년과 2008년에 일시적으로 30% 전후로 하락했지만, 즉시 회복하여 줄기차게 우상향하며 상승하는 모습을 보여왔습니다(물론 기술주 같은 상승세는 아님). 이런 차이의 원인을 판매제품이나 사업분야의 개수 차이에서 찾을 수 있다는 주장이 많은 공감을 얻고 있습니다.

Coca-Cola는 콜라를 비롯한 몇몇 음료의 비중이 절대적인 사실상의 Pure Play 단일 사업분야 기업지만, PepsiCo는 음료와 스낵류를 함께 취급합니다. Johnson & Johnson 또한 의약품뿐만 아니라 피부미용제품과 위생용품도 판매합니다. 두 기업 모두 Multi-Line Business 복수 사업분야 기업의 성격이 강합니다. 바로 이 점이 위기의 순간에 주가 하락을 최대한 방어하는 것으로 분석됩니다. 하락장에서는 성장주와 가치주라는 단순한 이분법으로 보기보다는 Pure Play냐 아니냐가 더 중요한 투자 포인트가 될 수 있다는 시사점을 줍니다.

*resilient: 탄성이 좋은, 회복력이 있는

---

330 Defensive Tech Stock Investing 경기방어적 기술주 투자 방식

2020년 초부터 미국 미디어에는 '왜 FAANG에서 MAGA로 가야 할까?'나 'FAANG은 가고 MAGA가 온다'라는 취지의 헤드라인이 자주 등장했습니다. 알다시피 FAANG은 Facebook, Apple, Amazon, Netflix, Google의 앞 글자를 딴 용어이고 MAGA는 Microsoft, Apple, Google, Amazon의 앞 글자를 딴 것입니다. FAANG과 MAGA를 합치면 기술성장주로 요약할 수 있습니다.

그런데 자세히 보면 MAGA의 M만 신입생이고 'AGA'는 FAANG에 이미 포함되어 있음을 알 수 있습니다. 시장과 미디어가 Facebook과 Neflix를 빼고 다소 고전적인 Microsoft를 주목하는 이유는 무엇일까요? 확실한 사업모델과 실적이 뒷받침되는 기술주라는 것이 그 이유입니다. Microsoft의 주가는 이를 반영하여 Resilience 회복력가 좋고 Predictable Earnings 예측 가능한 실적까지 갖췄다는 평이 지배적입니다. 기술주의 최전방에 서 있지 않아서 '총알받이'가 될 위험은 적고 기술의 파도는 제때에 충분히 즐기는 Defensive Tech Stock 경기방어적 기술주이죠. Defensive Tech Stock Investing은 증시에 상장된 모든 주식을 성장주, 가치주, 배당주라는 오래된 틀의 관점으로 바라보지 않는다는 점에서 나름 신선한 시각의 투자 방식일 수 있습니다.

기타 투자 관련 용어

331 High Frequency Trading(HFT) 고빈도 매매

개인투자자가 할 수 없는 투자 기법임에도 High Frequency Trading(HFT)을 소개하는 것은 Value Stock Investing 가치주 투자 방식과 관련이 있기 때문입니다. 컴퓨터 프로그램을 이용하여 일정한 논리구조와 사전 설정값에 따라 자동으로 거래되는 방식이 Algorithmic Trading 알고리즘 매매(줄여서 Algo Trading)인데, 이 중에서도 1초에 최대 수천 번까지 매매 가능한 방식이 High Frequency Trading입니다. 사람이 직접 하는 초단타 매매인 Scalper Trading보다 수백 배 빠른 거래 방식입니다. 국내에는 없는 거래 방식인데, 그 이유는 매도 시 내야 하는 거래세가 0.23%나 되어 수지가 맞지 않기 때문입니다. 반면에 미국은 매도 시 거래세가 0.000051%여서(매년 조금씩 달라짐) 0.01달러만 가격이 변해도 수익을 낼 수 있습니다. 정확한 통계는 없지만 미국 주식 시장 거래의 10~40%가 HFT이며, 어떤 이는 50% 이상으로 추정합니다.

HFT가 더 발달하고 더 많이 사용될수록 내재가치(또는 장부가치)와 시장가치 사이의 gap을 이용하여 수익을 내는 가치투자는 갈수록 더 어려워집니다. 수십 년 전만 해도 숨은 가치주를 선점하여 고수익을 내는 것이 가능했지만, 이제는 초단위 이하의 빈번한 거래로 인해 가치주의 gap이 그때마다 즉시 메워지고 있어서 과거처럼 가치주 선취매로 Tenbagger 10루타 주식를 기대하는 것은 사실상 불가능합니다.

332 The Demise of Value Investing 가치투자의 종말

가치투자에 관해 깊이 알아보기 위해 검색하다 보면 'Value Investing Is Dead가치투자는 죽었다', 'Value Investing in a Coma혼수상태의 가치투자', 'The Demise of Value Investing가치투자의 종말' 같은 자극적인 헤드라인의 기사를 심심치 않게 보게 됩니다. 기사의 내용을 취합해 보면 크게 세 가지의 나름 합리적인 근거가 보입니다.

첫 번째 근거는 구조적이고 상시화된 저금리 상황으로 인해 성장주에 투자고객을 많이 빼앗겼기 때문에 가치주의 팬층이 상대적으로 더 얇아졌다는 것입니다. 0%에 가까운 낮은 이자를 포기하고 차라리 미래가치에 승부를 걸겠다는 투자자가 증가하고 있다는 것이죠. 두 번째 근거는 Disruptive Technology파괴적 혁신기술에 의해 전통적인 가치주가 갖고 있던 Economic Moat경제적 해자, 즉 Core Competency핵심 경쟁력가 붕괴되고 있다는 것입니다. E-Commerce전자상거래로 인한 유통질서의 지각변동과 전기차(또는 자율주행차) 개발에 대응하는 기존 완성차업계의 느린 적응과 부진이 대표적인 예입니다. 세 번째 근거는 바로 앞 용어 설명에서 소개한 High Frequency Trading고빈도 매매 기술의 발달입니다.

16장

Guru들의 투자법!
분산투자를 멀리하라?

주식 고수를 넘어서는 **Guru**구루(주식 대가)의 투자 원칙은 무엇일까요? 무턱대고 남들을 따라 하는 **Copycat Investing**모방 투자 방식은 초보자들이 하는 것이고, 장기적으로는 자신만의 투자법을 정립해 나가는 것이 좋습니다. 개인마다 상황이나 성향에 따라 투자금 규모, 목표수익률, 감내하는 손절매 수준 등이 제각각인데 이것을 무시하고 남들 것만 흉내 내는 것은 몸에 맞지 않는 옷을 사 입는 것과 비슷하기 때문이죠.

경제 뉴스를 듣다 보면 **Guru**구루라는 용어를 자주 들을 수 있을 것입니다. **Guru**는 원래 힌두교의 스승이나 지도자를 뜻하는데, 현재는 어떤 분야의 전문가나 지도자란 의미로 넓게 통용됩니다. 경제용어로는 주식 대가들을 뜻합니다. **Guru**들이 가장 왕성하게 투자했던 시기는 멀게는 대공황기 직후인 1930년대까지 거슬러 올라갑니다. 당연히 모든 면에서 지금과는 달랐을 당시의 투자 원칙을 2020년대에 온전히 적용할 수는 없겠죠. 하지만 모든 일에는 원칙이 있기 마련이니 그들의 투자법을 알아두는 것도 나만의 투자법을 만들어 가는 데 분명히 도움이 될 것입니다.

일단 **Guru**들의 투자 방식 중 공통점은 제대로 안다고 확신하는 종목에 대해서는 분산투자를 적극적으로 하지 않았다는 사실입니다. 분산투자는 깜깜한 어둠 속에서 목표물을 찾지 못해 여러 곳에 총을 쏘는 행위와 같습니다. 목표가 정확히 보인다면 조준 사격할 테니까요. **Guru**들은 제대로 알고 집중 투자한 종목에서는 두세 배 수익에 만족하지 않고 최소 열 배 이상의 수익을 기대하는 **Letting Winners Run** 승자종목 그대로 두기(수익성 있는 포지션을 너무 일찍 매도하지 않는 것) 방식으로 이익을 극대화했습니다. 이들처럼 주가가 오르는 과정에서 수익을 실현하지 않고 끝까지 버티는 것 또한 종목에 대한 확신이 없으면 불가능합니다.

이 챕터에서는 1912년생인 **John Templeton** 존 템플턴부터 1955년생으로 가장 젊은 **Catherine Wood** 캐서린 우드까지 주식 대가들 여덟 명의 투자 방식과 핵심 투자개념을 소개합니다. **Catherine Wood**는 우리나라에서 '돈나무 언니(누나)'로 불리며 인기를 얻고 있죠. 그녀가 설립한 **ARK** Active Research Knowledge Invest Management에서 출시한 **ARKK, ARKW** 같은 **ETF**는 미국 주식 투자자라면 한 번쯤 들어보았을 트렌디한 **ETF**입니다.

여기서 다룬 **Guru**들의 투자 방식을 똑같이 따라 할 필요는 없지만, 이를 통해 새로운 투자 인사이트를 얻을 수 있을 거라고 확신합니다.

Warren Buffett(워런 버핏)의 투자 관련 용어

333 Economic Moat 경제적 해자

해자는 적의 침입을 번거롭고 힘들게 만들기 위해 성 주위에 만든 물구덩이입니다. 경쟁사로부터 기업을 보호해 주는 높은 진입장벽과 확고한 Competitive Edge 경쟁적 우위나 Core Competency 핵심 경쟁력와 같은 Economic Moat가 있는 기업에 투자하자는 모토죠. Warren Buffett은 기업의 독보적인 기술력, 독점적 지위, 강력한 브랜드 파워, 기복 없이 꾸준한 현금흐름 창출 등을 Economic Moat의 근간으로 봤습니다. 그가 Apple 주식은 보유하고 있지만 Tesla 주식에는 관심 없는 이유를 Economic Moat의 관점에서 해석하는 사람들이 많습니다.

334 Skin in the Game 스킨 인 더 게임

업계의 고위급 내부자들이 자신이 속한(운영하는) 회사의 주식을 상당부분 보유하고 있는 상황을 가리키는 용어입니다. Warren Buffett이 "To be successful in business and investing, you've got to have skin in the game, a stake in the company. 성공적인 비즈니스와 투자를 위해서는 회사의 지분을 직접 보유해야 한다."라고 말하며 유명해진 은유적 표현이 Skin in the Game이죠.

사업내용이 비슷한 A와 B라는 기업이 있을 때, A 기업의 CEO Chief Executive Officer는 1%의 지분을 보유하고 있고 B 기업의 CEO는 지분이 전혀 없다면 A 기업의 CEO는 Skin in the Game을 갖고 있다고 표현합니다. Skin in the Game은 몸담은 기업과 운명을 함께할 수 있는 개인적인 담보를 의미합니다. 즉, 다른 조건이 동일하다면 A 기업에 투자하라는 것이 핵심입니다.

335 Market Timing 매수매도 타이밍 판단

Warren Buffett은 "I never try to time the market. 나는 매수매도 시점을 예측하지 않는다."라고 말하며 Peak봉우리와 Trough골짜기의 바닥(발음: 트러프)를 정확히 아는 Market Timer는 이 세상에 없다고 주장합니다. 그는 Market Timing은 부질없지만 Market Pricing의 날은 반드시 온다고 확신합니다. Market Pricing은 Price가격와 Value가치의 일치를 뜻합니다. 가치 있는 주식은 반드시 제값 받는 날이 온다는 거죠.

336 Gold Rain 황금비

더 정확히 말하면 Warren Buffett은 동사 Rain 뒤에 Gold를 붙인 Rain Gold황금비가 내리다. 즉 대박 터지다라는 표현을 썼습니다. 그는 "When it rains gold, reach for a bucket, not a thimble. 황금비가 내리면 골무 말고 양동이를 가져와라."라고 말하면서 "Let your profits run. 이익 나는 종목은 중간에 매도하지 말고 장기 보유하며 이익을 극대화하라."라며 Long-Term Profit Taking장기간의 이익실현을 추구하라고 조언했습니다. 100에 사서 150~200에 매도하는 소심한 투자자와 500~1,000에 매도해 '누룽지에 숭늉까지 챙겨 먹는' 대담한 투자자의 차이는 단지 Nerves담력의 차이가 아니라 Educating Yourself자기 교육 유무의 차이라며 공부와 연구의 중요성을 강조했습니다.

337 Permanent Holdings 영원히 보유하는 종목

Warren Buffett도 Rebalancing 편입종목 재조정을 하기 때문에 실제로 그의 Permanent Holdings영원히 보유하는 종목는 존재하지 않습니다. 하지만 Top 10 순위 안에 오래 머무는 종목이라면 Buffett's Permanent Holdings버핏의 '최애' 종목라고 불러도 무리는 아니겠죠? Coca-Cola, Bank of America, American Express, Kraft Heinz, Wells Fargo(금융), DaVita(헬스케어)가 10위 안 단골입니다. Apple은 2016년부터 본격적으로 매입했습니다. 기술주는 그가 잘 아는 분야가 아니어서 매입시점이 늦어졌다고 전해집니다.

Small-Cap Value Stocks 소형가치주 투자 방식

Warren Buffett은 청년기에 수많은 Small Cap스몰캡(시가총액 20억 달러 미만) 사이에 숨어 있던 가치주를 찾아내서 큰 수익을 냈습니다. 또한, Mutual Fund뮤추얼 펀드와 ETF 중에는 Small-Cap Value라는 이름을 단 펀드도 있는데, 이런 펀드의 수익률이 중장기적으로 S&P500 Index의 수익률을 상회하고 있습니다. 가치를 찾는 방식은 제각각이고 나름대로 원칙이 있겠지만, 움직임이 둔한 대형주보다 소형주에서 가치를 찾는 투자 방식이 있다는 것을 잘 알아두어야 합니다. 우연인지 필연인지 소형가치주의 발굴은 결국 소형성장주의 발굴이기도 합니다.

Benjamin Graham(벤자민 그레이엄)의 투자 관련 용어

339 **Margin of Safety** 안전마진

경제학자였던 Benjamin Graham은 Warren Buffett의 스승입니다. Buffett에게 가치투자의 통찰력을 준 《The Intelligent Investor현명한 투자자》라는 책의 저자이기도 합니다. 600페이지가 넘는 이 책을 세 단어로 요약한 것이 Margin of Safety입니다. 기업가치보다 싼, 정확히는 훨씬 싼 가격으로 매입하는 것이 가치투자의 핵심이라는 뜻입니다. 여기서 '훨씬'이 안전마진입니다. 기업가치의 정의와 그 계산(엄밀하게는 추정) 방식이 제각각인 데다 오차와 오류가 있어서 시쳇말로 크게 '후려쳐야' 향후 흡족한 매매차익이 보장된다는 뜻이죠.

340 **Net-Net Investing** 넷넷 투자 방식

Current Assets유동자산인 Accounts Receivable외상매출금과 Inventory재고자산의 경우 장부가 그대로 현금화된다는 보장이 없죠. 그래서 이 두 가지 Current Assets의 경우에는 가치를 50%만 인정하여(이 %는 투자자마다 다름) Total Current Assets총유

동자산를 다시 계산합니다. 이것을 Adjusted Current Assets 조정된 유동자산라고 부릅니다. 이 금액에서 Total Liabilities 총부채를 뺀 금액이 Net-Net Value입니다. 시가총액이 Net-Net Value보다 적으면 우량한 저평가주로 인정됩니다. Mid Cap 미드캡(시가총액 20억~100억 달러 미만) 이하인 기업일수록 미래에 들어올 수익과 재고에 대한 현금화 가능성에서 높은 점수를 줄 수 없다는 것이 Net-Net Investing의 기본적인 투자 마인드입니다. 다만, Benjamin Graham이 왕성하게 활동했던 시기가 1940년대 전후이다 보니 요즘에도 적합한 방식인지는 의문입니다.

Peter Lynch (피터 린치) 의 투자 관련 용어

341 Local Knowledge 잘 알고 이해하는 분야

Peter Lynch는 1977년부터 1990년까지 29.2%의 연평균 수익률을 기록한 당시 월가 최고의 펀드 매니저였습니다. 그는 통신위성회사가 이해 안 되면 팬티스타킹 회사를 연구하라면서, 투자자에게 Local Knowledge 범위 바깥의 종목은 매매하지 말라고 조언했습니다. 투자와 관련하여 가장 많이 알려진 격언인 "Invest in what you know. 네가 아는 것에 투자해라."에서 What You Know가 Local Knowledge입니다.

342 Growth at a Reasonable Price(GARP) 합리적 가격의 성장주

GARP를 풀이하면 "성장주를 사되 합리적 가격에 사라."라는 말입니다. Growth Investing 성장주 투자 방식과 Value Investing 가치주 투자 방식을 합친 개념이죠. Peter Lynch는 기본적으로는 가치주 투자가였지만, 성장주도 거품가격이 아니라고 판단하면 외면하지 않았습니다. 그는 미래가치도 가치의 범주에 분명히 포함된다는 유연한 마인드의 소유자였습니다.

Tenbagger 10루타 주식

야구의 빅팬이었던 Peter Lynch는 매입가의 10배까지 오르는 주식을 10루타 주식이라고 불렀습니다. 그는 PE Ratio주가이익비율와 EPS주당순이익에 근거하여 다음 두 가지종목을 골랐습니다. 하나는 산업평균보다 PE Ratio가 낮으면서, 현재의 PE Ratio가지난 5년간의 평균 PE Ratio보다 낮은 종목입니다. 다른 하나는 최근 5년간 영업이익기준 EPS는 증가 추세이지만 증가율 최곳값이 50% 이하인 종목입니다. 이 두 기준이요즘에도 적용되는지는 모르겠지만, 그가 이익 대비 저평가된 종목을 꾸준히 탐색했던것은 분명합니다.

---

344 **Sovereign Action 정부의 정책**

신기술이 가져오는 사회의 메가 트렌드 변화도 중요하지만, Sovereign Action, 즉 정부의 굵직한 정책이 주가에 미치는 영향은 지대하다고 Peter Lynch는 강조했습니다.그러면서 업종별, 산업별 Regulation규제과 Deregulation규제완화 그리고 이것과 관련된 입법과정을 꼼꼼히 챙기라고 조언했습니다.

Ray Dalio(레이 달리오)의 투자 관련 용어

345 **All-Weather Portfolio 사계절 포트폴리오**

세계 최대의 Hedge Fund 회사인 Bridgewater Associates의 창립자인 RayDalio가 고액자산가를 위해 권고한 '전천후' 투자 방식입니다. 채권 55%(장기 40%, 단기 15%), 주식 30%, 금 7.5%, 원자재 7.5%의 비율로 투자금을 배분하면 '투자 날씨'에상관없이 연평균 9%의 수익률을 거둘 수 있다고 합니다. 그가 공개한 자료에 따르면 이투자 방식으로 투자한 1984년부터 2013년까지 30년간 손해 본 해는 겨우 4년이었고최대 손실도 −3.93%에 불과했습니다.

346 Dancing Closer to the Exit 파티장 출구 근처에서 춤추기

과열되고 거품 낀 시장에서는 언제 빠져나올지가 항상 고민입니다. 당장 나가자니 흥겨운 파티가 계속될 것 같고, 그냥 머무르자니 언제 파티가 끝날지 몰라 마음이 편치 않습니다. Ray Dalio는 이럴 때 무도회장 출구 근처에서 춤추라고 조언합니다. 파티를 더 즐기되 사전에 준비된 출구전략이 있어야 한다는 의미입니다. 그는 여기까지만 언급했지 출구전략이 무엇인지는 구체적으로 밝히지 않았습니다. Trade Secret영업비밀을 공개할 수는 없다는 거죠.

기타 Guru들의 투자 관련 용어

347 Avoiding the Herd 무리행동 금지(John Templeton)

1960년대 전후의 전성기에 펀드 매니저로 활동했던 John Templeton존 템플턴은 *Contrarian Investing통념과 다수에 역행하는 투자 방식을 외롭다고 생각하지 않았습니다. "Buy when there's blood in the streets. 피로 물든 거리에서 매입해라."라고 조언하며 무리 짓는 양떼가 공포감에 투매할 때 가치주를 쓸어모아 큰 수익을 냈습니다.

*contrarian: 반대 의견의

348 Small-Cap Growth Stocks 소형 성장주(Philip Fisher)

오직 가치주에만 꽂혀 있던 Warren Buffett이 성장주를 쳐다보기 시작한 것은 전업 투자자인 Philip Fisher필립 피셔 때문이었습니다. 저평가된 가치주도 결국 오르지만 어린(?) 성장주는 더 크게 오른다는 것이 Fisher의 믿음이었습니다. 게다가 성장주의 상승률이 똑같은 것도 아니었습니다. 그의 관찰과 경험에 따르면 대형 성장주는 10년에 약 5배 올랐지만 소형 성장주는 수십 배 올랐습니다. 요즘으로 치면 유망한 Start-Up이 어린 성장주에 해당합니다.

349 Buying a Haystack 건초더미 사들이기(John Bogle)

세계 3대 펀드운영사 중 하나인 Vanguard Group의 창립자인 John Bogle존 보글은 1976년 세계 최초로 Index Fund를 만들었습니다. 상장된 Index Fund가 곧 ETF상장 지수 펀드이므로 결국 John Bogle이 Mutual Fund뮤추얼 펀드와 ETF의 시대를 열었다고 해도 무리는 아닙니다. 그는 'Looking for a needle in a haystack건초더미에서 바늘 찾기'이라는 격언을 예로 들며, 주식투자에서 바늘이라는 유망주(needle)를 찾는 것은 인건비와 시간의 낭비라고 주장했습니다. 그래서 그는 다음과 같이 말했죠. "Just buy the haystack.건초더미를 통째로 사라."

---

350 Disruptive Technology 파괴적 혁신기술(Catherine Wood)

인터넷, 스마트폰, 인공지능 그리고 가까운 미래에 찾아올 전기차와 자율주행차처럼 기존 산업의 질서를 완전히 뒤엎는 혁신적 기술이 Disruptive Technology입니다. Disruptive Innovation파괴적 혁신도 같은 뜻입니다. 2014년 ARK라는 자산관리회사를 설립한 Catherine Wood캐서린 우드는 Disruptive Technology를 테마로 한 다양한 ETF 상품을 출시하며 Benchmark시장대표 지수 수익률을 상회하는 뛰어난 성과를 보여 주고 있습니다. ARK는 Active Research Knowledge의 약자인데, Active라는 단어 자체가 증시에서는 시장평균 수익률 이상을 추구한다는 의미로 사용됩니다.

17장 S&P 500 기업 전문 용어와 신조어로 트렌드를 파악하라!

S&P 500 기업에는 11개 **Sector**에 속하는 다양한 기업들이 있습니다. 경제 기사와 증권사 리포트를 읽거나 주식 관련 동영상 콘텐츠를 시청하다 보면 트렌디한 전문용어를 적지 않게 만나게 됩니다. 이런 용어에 익숙하지 않아서 그때마다 매번 검색한다면, 흐름이 끊겨 콘텐츠 내용을 빠르고 정확하게 이해하는 것은 고사하고 본인만의 투자 통찰력 발휘는 꿈도 꾸지 못할 것입니다.

예를 들어 **IT Sector**에서 자주 접하는 **SaaS**사스라는 용어가 있습니다. 이미 아는 사람도 있겠지만 처음 듣는 사람이라면 "이게 뭐지?" 싶을 겁니다. **SaaS**는 **Software as a Service**서비스로서의 소프트웨어의 약자로, 고객의 컴퓨터 장비에 직접 설치하지 않고 인터넷을 통해 언제 어디서든지 접속하여 사용할 수 있는 클라우드 기반의 소프트웨어를 뜻합니다. 가장 유명한 기업으로 **Salesforce**가 있는데, 일단 이 기업이 제공하는 소프트웨어에 익숙해지면 다른 기업으로 잘 대체되지 않아 굳건한 입지를 다지고 있다고 합니다.

또한 요즘 **CER**Certified Emission Reduction, 탄소배출권에 관한 이슈가 많은데 관련 용어를 하나 살펴볼까요? **Regulatory Credits**규제 관련 포인트 점수는 **Tesla**를 비롯한 전기차 관련 뉴스에 자주 나오는 용어인데요. **ZEV**Zero Emission Vehicle, 탄소 무배출 차량이나 기타 친환경 장비를 생산판매하면 제조사는 정부로부터 소정의 **Credits**포인트 점수를 받습니다. 이 포인트는 거래가 가능한데, 탄소배출 차량을 계속 생산하는 전통적인 자동차 제조업체들은 이 포인트를 구매하면 각종 환경 관련 규제와 페널티를 면제받을 수 있습니다. 참 신기한 규제이자 트렌드죠.

이 밖에도 업계 용어에 익숙해진다는 것은 그만큼 해당 **Sector**와 기업에 관심이 있고 전문지식이 깊어진다는 방증이기도 합니다. 더구나 이런 용어는 **Coined Words**신조어의 형태로 앞으로도 끊임없이 출현할 것입니다. 이런 어휘의 개념과 유래를 파악하는 것 자체가 산업의 큰 흐름이 어느 방향으로 움직이고 있는지를 파악할 수 있는 나침반이라고 할 수 있습니다.

이 챕터에서는 **Amazon, NVIDIA, Tesla** 같은 주요 대기업의 사업모델과 그 내용을 요약해 주는 전문 용어와 신조어를 **Sector**별로 나누어 소개합니다. 용어와 더불어 요즘 **Sector**의 흐름과 생태계도 파악하는 시간을 가져보세요.

IT Sector 관련 용어

351 Proprietary Software 특허 소프트웨어(Microsoft)

한마디로 사용료를 지불하고 사용하는 Software입니다. Software의 기능을 변경/
개선하거나 버그를 고치기 위해서는 Source Code원시코드(컴퓨터 프로그램을 기록하는 텍
스트 파일)를 알아야 합니다. Google의 Android안드로이드처럼 Source Code를 공개
한 것이 Open Source Software이고 Apple의 iOS처럼 비공개한 것이(일부만 공
개) Closed Source Software입니다. Microsoft의 Windows도 Closed Source
Software입니다. 하지만 Windows는 돈을 주고 사서 사용해야 하는데, 이게 바로
Proprietary Software입니다. Proprietary의 사전적 뜻은 '개인 소유의, 재산권의 자
격이 있는'입니다. 그러므로 Microsoft 소유인 Windows는 유료이고, 구입자만 사용
할 수 있고(즉, 추가 배포는 금지), 지정된 특정 장비에만 설치하는 것이 원칙입니다.

352 Fabless 팹리스, 반도체 회로설계 전문기업(Qualcomm)

Foundry파운드리는 쇳물을 주형이라는 틀에 부어 다양한 금속제품을 만드는 주물
공장이라는 뜻입니다. 반도체 업계에서 이 단어를 빌려 쓰면서, 설계된 회로대로 반
도체 완제품을 위탁생산해 주는 공장을 Semiconductor Foundry반도체 파운드
리라고 하고 이것을 줄여서 Foundry라고 부르게 되었습니다. Foundry의 생산
을 Fabrication가공이라고 부르는데, 이 역시 줄여서 Fab이라고 합니다. 그러므로
Fabless Company(=Fabless)는 공장 없이 회로만 전문적으로 설계하는 기업을 뜻
합니다. NVIDIA, Qualcomm, AMD가 대표적인 Fabless이며 타이완의 TSMC가
점유율 50% 이상의 세계 1위 Foundry 업체입니다.

353 Diversified 복수 사업분야 기업(NVIDIA)

Diversified Company를 줄인 표현입니다. Multi-Line Business라고 부르기도 하죠. 반도체, 정보통신, 스마트폰, 가전 등 여러 분야에서 사업하는 삼성전자가 대표적인 Diversified입니다. NASDAQ The National Association of Securities Dealers Automated Quotations, 나스닥에는 AI, Cloud, Robotics, Game용 GPU 그래픽 처리장치와 SoC 시스템온칩를 제조하는 NVIDIA가 있습니다. 이런 회사의 주식은 경기방어적 성격을 갖고 있고, 하락해도 빨리 반등하는 Resilient Stock 회복력이 강한 주식입니다. 이런 특성 때문에 'ETF형 주식'이라는 별명을 붙여도 고개가 끄덕여지는 종목이기도 합니다.

354 SaaS 사스, 서비스형 소프트웨어(Salesforce)

SaaS Software as a Service는 고객의 컴퓨터 장비에 직접 설치하지 않고 인터넷을 통해 언제 어디서든지 접속하여 사용할 수 있는 클라우드 기반의 소프트웨어입니다. 투자관점에서 SaaS가 주목받는 이유는 Customer Lock-in 고객이 업체 변경을 쉽게 못하는 현상 때문입니다. 일단 기업이 제공하는 소프트웨어에 익숙해지면 정말 못 참을 이유가 아닌 한 다른 기업으로 바꾸기가 쉽지 않습니다. 그래서 경기가 좋든 나쁘든 매달 사용료가 들어와 안정적으로 매출을 올릴 수 있는 장점이 있죠. 또 한 가지 장점은 재고가 없는 사업이라는 것입니다. Salesforce, ServiceNow, Slack 등이 대표적인 SaaS 기업입니다.

355 Off-the-Shelf Software 기성품 소프트웨어(Shopify)

Off the Shelf 직역: 진열대에서 바로 빼서 살 수 있는의 반대말이 Customized 고객 맞춤형이라고 설명하면 이해가 빠를 겁니다. Off the Shelf는 E-Commerce 전자상거래용 각종 기성품 소프트웨어에 쓰이는 용어입니다. 캐나다에 본사를 두고 캐나다 증시와 NYSE New York Stock Exchange, 뉴욕증권거래소에 동시에 상장되어 있는 Shopify는 Off-the-Shelf형 온라인 쇼핑몰 소프트웨어와 자영업자용 매장/고객 관리용 소프트웨어로 월사용료를 받는 SaaS 기업입니다.

Health Care Sector 관련 용어

356 Drug Pipeline 신약개발 프로젝트(Phizer)

오랜 연구개발 과정과 여러 단계의 임상실험이 마치 긴 파이프라인을 통과하는 것과 비슷하다고 해서, 제약바이오 업계에서는 Pipeline 또는 Drug Pipleline을 신약개발 프로젝트의 의미로 사용하고 있습니다. 개발하는 제품군에 따라 바이러스 백신 파이프라인, 암치료제 파이프라인 등으로 부르거나, "그 회사는 5개의 파이프라인을 보유하고 있다."라는 식으로 미디어나 증권사 보고서에 언급됩니다.

357 Big Pharma 초대형 제약사(Johnson & Johnson, Phizer)

Pharma는 당연히 Pharmaceutical제약회사을 줄인 표현인데, 처방약 가격을 고가로 유지하여 필요 이상의 초과이윤을 취한다고 비판하는 어감도 살짝 묻어 있다고 합니다. 세계 5위권의 US Big Pharma Player미국 초대형 제약사로는 Johnson & Johnson, Merck, Phizer가 있고, 20위권에는 Amgen, Eli Lily, Abbvie, Bristol-Myers Squibb, Gilead Science 등이 있습니다.

Health Care Sector헬스케어 업종는 크게 Pharmaceutical제약, Medical Device의료장비, Biotechnology생명공학라는 Industry산업(Sector의 하위단계)로 나뉘는데, 기업마다 역점을 두는 분야가 조금씩 다릅니다. 예를 들어 Amgen은 Applied Molecular Genetics직역: 응용분자유전학를 합성한 기업 이름입니다. 전통적인 Pharmaceutical보다는 미래형 Biotechnology에 힘이 더 실려 있는 인상의 기업입니다. 참고로 2021년 기준 DJIA Dow Jones industrial average, 다우존스산업평균지수와 S&P 100 Index S&P 100 지수에 동시에 들어 있는 제약사는 Johnson & Johnson, Merck, Amgen입니다.

Switching Cost 전환비용(Intuitive Surgical)

경쟁사 제품으로 바꿀 때 발생하는 금전적 또는 시간적인 비용을 Switching Cost 또는 Switching Barrier라고 합니다. NASDAQ 100 기업인 Intuitive Surgical이란 회사에서 만드는 수술로봇 da Vinci 다빈치가 대표적인 예입니다. 의사가 이 기계를 능숙하게 다루기 위해서는 상당히 오랜 시간이 필요하기 때문에 일단 익숙해지면 다른 회사의 기계를 사용할 엄두를 못 냅니다. 높은 전환비용으로 인해 Lock-in Effect 자물쇠 효과가 생긴 것입니다. 덕분에 이 회사의 시장점유율은 80%를 상회합니다.

Consumer Discretionary Sector 관련 용어

359 **Regulatory Credits 규제 관련 포인트 점수**(Tesla)

전기차 등 Zero Emission Vehicle 탄소무배출 차량(줄여서 ZEV)이나 기타 친환경 장비를 생산판매하면 제조사는 주정부로부터 소정의 포인트 점수(Credits)를 받습니다. Tesla는 전기차의 생산판매로 ZEV Credits 탄소무배출 차량 포인트 점수를 많이 적립해 놨습니다. 이 Credits는 거래가 가능합니다. 여전히 탄소배출차량을 생산하는 전통적인 자동차 제조업체들과 기타 탄소배출 업체들이 이 Credits를 구매하면 각종 환경 관련 규제와 페널티를 면제받을 수 있죠. Fiat Chrysler는 2019년 약 13억 달러에 해당하는 Credits를 Tesla로부터 구입했습니다.

360 **Deferred Revenue 이연매출**(Tesla)

고객으로부터 선수금이나 예약금을 받았지만 아직 상품이나 서비스를 제공하지 않았을 때, 기업은 그 금액을 부채의 한 종류인 Deferred Revenue로 기록합니다. Tesla의 경우 차량구입에 대한 예약금을 Customer Deposits 고객예치금라는 별도의 항목으로 기록하는데 이것 역시 Deferred Revenue의 한 종류입니다. 차량을 고객에게 인도해야 비로소 이 금액이 Revenue매출로 인식됩니다. Tesla 차량구입 고객의 30% 이상이 구입한다는 FSD Full Self-Driving System, 자율주행 소프트웨어의 선수금 역시 차량 인도 전까지는 Deferred Revenue 항목에 기록됩니다. Deferred Revenue는 지금 당장은 부채이지만 결국에는 매출로 변신하여 실적에 기여하는 '착한' 부채입니다.

361 Fulfillment Service 풀필먼트 서비스(Amazon)

Fulfillment Service는 Amazon에서 위탁판매하는 Third Party Seller입점업체의 편의를 위해 4단계로 진행되는 서비스입니다. ① 업체는 미리 Amazon의 창고에 상품을 입고시킨다. ② Amazon의 온라인 플랫폼에서 고객이 업체의 상품을 주문한다. ③ Amazon의 창고(냉장/냉동 포함)에서 주문에 맞는 상품을 골라 포장까지 한다. ④ 고객의 주소지까지 배달한다. 단순한 택배가 아니라 상품의 포장, 냉장/냉동보관 서비스까지 포함하는 종합 물류서비스입니다. Fulfillment by Amzon(FBA)이라는 브랜드로 Amazon은 Third Party Seller에게 택배비 + α를 청구합니다.

362 Take Rate 입점업체의 수수료율(Amazon)

Third Party Seller입점업체에서 매출이 발생하면 Amazon은 8~20%의 수수료를 떼어갑니다. 이런 수수료율을 Take Rate 또는 Commission Rate라고 합니다. Amazon은 이와는 별도로 건당 0.99달러의 기본 수수료도 받습니다. 물론 eBay처럼 안 받는 기업도 있습니다.

363 Gross Merchandise Volume(GMV) 거래액(Amazon)

Third Party Seller입점업체의 매출이 100달러라고 해서 그 금액이 고스란히 Amazon의 매출로 기록되지는 않습니다. Amazon이 받는 Take Rate입점업체의 수수료율에 해당하는 금액만 Amazon의 매출입니다. 하지만 E-Commerce전자상거래 기업과 오프라인 유통기업의 판매능력을 비교하려면 부득이하게 Third Party Seller의 매출인 100달러를 이용할 수밖에 없습니다. 그래서 이 100달러를 GMV 거래액라고 합니다.

364 Gig Worker 초단기 노동자(Amazon)

유흥업소에 출연하는 뮤지션들 중 하룻밤에 1회 출연하는 '임시 땜빵'을 Gig 긱이라고 합니다. 여기서 유래하여 일당직이나 한두 달 계약하는 Temps 임시직(Temporary Worker의 줄임말) 같은 값싼 노동력을 쓰려는 기업들의 관행이나 트렌드를 Gig Economy(임시직 경제로 번역)라고 하고, Gig Economy하에서 일하는 초단기 계약조건의 노동자를 Gig Worker라고 합니다. Amazon과 Coupang 배달직원의 상당수도 Gig Worker입니다.

365 Last Mile Delivery 라스트 마일 배달 서비스(Amazon, FedEx)

마지막 물류센터에서 고객의 주소지까지의 거리를 Last Mile이라고 부릅니다. 이 거리가 짧아야 신속히 배달되는데, 특히 신선식품의 경우 Last Mile의 의미가 더욱 큽니다. 이 구간은 고객의 사용자 경험에서 핵심적인 부분을 차지하며, 인건비가 가장 많이 드는 구간이어서 업체에서도 중요하고 예민하게 다루고 있습니다.

366 Vertical E-Commerce 버티컬 이커머스(Wayfair)

아동복, 비만인용 의류, 가구, 꽃배달 서비스 등 전문 분야에 특화된 전자상거래를 의미합니다. 반면에 Amazon과 Coupang처럼 거의 모든 종류의 상품을 취급하는 전자상거래는 Horizontal E-Commerce라고 부릅니다. 가구와 가정용품에 특화된 Wayfair(NYSE: 티커 W)와 꽃과 식품을 선물용으로 포장하여 배달해주는 1-800-Flowers.com(NASDAQ: 티커 FLWS)이 대표적인 Vertical 기업이고, 이런 각각의 전문적인 시장을 Vertical Market이라고 합니다.

367 Legacy Cost 옛날식 제도운영으로 발생하는 비용과 비효율(GM, Ford)

기업이 잘나갈 때 직원들에게 약속한 대로, 성장률이 예전 같지 않은 지금까지도 울며 겨자 먹기 식으로 부담해야 하는 퇴직연금과 복지혜택이 *Legacy Cost입니다. 미국에서 Legacy Cost로 인해 주가에 무거운 부담을 짊어지고 있는 대표적인 기업은 Big 3 자동차 제조업체인 GM, Ford, Chrysler입니다. 이들도 Tesla처럼 전기차와 자율주행차 개발에 사활을 걸고 노력 중이지만, 은퇴한 직원들에게 지급해야 할 수십억 달러의 퇴직연금에 발목이 잡혀 있는 실정입니다. Legacy Cost는 컴퓨터 업계에서 쓰는 용어인 Legacy System에서 차용한 용어입니다. MS-DOS처럼 비효율적이지만 안정성이 있어서 폐기하지 못하는 소프트웨어와 몇 가지 옛날식 장치를 가리킵니다.

*legacy: 유물, 유산

368 Razor and Blades Model 면도기/면도날 사업모델(Gillette)

P&G가 2005년에 인수한 Gillette는 면도기를 저렴한 값에 파는 대신 면도날(blade)로 이익을 챙기는 전략을 구사해 왔습니다. 그래서 생긴 표현이 Razor and Blades Model입니다. 아직은 아니지만 3D Printer 업계도 궁극적으로는 이 모델을 추구합니다. Printer는 제조원가 전후로 팔고, 잉크에 해당하는 복합 폴리머 소재에서 매출과 이익을 내겠다는 전략입니다.

Communication Services Sector 관련 용어

369 Cord-Cutting 유료 유선방송의 해지(Netflix, Disney+)

시청자들이 유료로 시청하던 케이블 방송(위성방송 포함) 등 유선방송을 해지하고(즉, 코드를 자르고) Netflix, Hulu, Disney+ 등 Subscription On-Demand Streaming Media구독/주문형 스트리밍 미디어로 이동하는 현상을 의미합니다. 소비자가 각자 취향에

맞는 서비스를 저렴한 가격으로 이용할 수 있는 데다 광고를 보지 않아도 된다는 것이
이 서비스의 장점입니다.

---

370 Retention Rate 가입유지율
Churn Rate 가입해지율(AT&T, Netflix)

통신사인 AT&T, OTT Over the Top, 인터넷을 통한 영상구독 서비스 업체인 Netflix, SaaS 기
업인 Salesforce의 공통점은 Subscription 가입, 구독으로 매월 이용료를 받는 사업모
델을 갖고 있다는 것이죠. 그러니 가입 유지율과 해지율이 회사의 존망을 결정합니다.
전자는 Retention Rate, 후자는 Churn Rate라고 합니다. *Attrition Rate도 역시
해지율입니다. 참고로 Retention Rate는 통신사 등의 가입고객 유지율뿐만 아니라 다
음과 같은 뜻으로도 쓰입니다. Employee Turnover Ratio 직원퇴사율의 반대개념인 직
원의 고용유지율도 Retention Rate이고, iPhone의 Retention Rate는 자사 제품
재구매율입니다. 이것은 고객충성도를 평가하는 중요한 기준입니다.

*attrition: 마모, 마멸

---

371 Pure Play 단일 사업분야 기업(Netflix)

영위하는 Line of Business 사업분야가 오직 하나인 기업을 Pure Play라고 합니
다. Netflix는 On-Demand Streaming Service 주문형 스트리밍 서비스 형태로만 사업
을 합니다. TV나 극장과 관련된 사업은 전혀 없습니다. 이런 사업구조를 Pure Play
Business Model 단일 사업분야 모델이라고 합니다. 지금은 아니지만, 인터넷으로 도서만
판매하던 초창기 Amazon도 당시에는 Pure Play Company였습니다. 반도체 위탁
생산만 전문으로 하는 타이완의 TSMC도 Pure Play Foundry입니다.

Industrials Sector 관련 용어

372 Additive Manufacturing 3D 인쇄(General Electric)

GE는 창업자가 Thomas Edison토머스 에디슨인 회사로 유명하죠. 지금은 항공기 엔진, 발전설비, 의료장비 등의 제작이 주력업종인데, GE Additive라는 브랜드로 Additive Manufacturing 사업도 하고 있습니다. 최하단에서부터 최상단으로 이동하며 재료를 더해서 쌓는 방식으로 부품과 구조물을 만들어서 적층 제조로 불립니다. 3D Printing 의 Formal한 표현입니다.

373 Third-Party Logistics 제3자 물류대행(FedEx)

국제특송업체로 유명한 FedEx의 주요업무에는 Courier Service택배 서비스와 Third-Party Logistics가 있습니다. 둘 다 택배업무지만 전자는 서류와 가벼운 소포 배달에 쓰는 용어이고, 후자는 부피와 무게가 있는 물건의 경우에 사용합니다. Third-Party Logistics를 3PL로 줄여 쓰기도 합니다.

Consumer Staples Sector 관련 용어

374 Same Store Sales 동일매장 매출(Costco, Best Buy)

유통업 용어로, 기존 매장들의 전년동기 대비 매출 성장률을 보여주는 지표입니다. 주로 작년과 올해의 동일 분기 수치를 비교합니다. 당연히 올해 오픈한 신규매장은 Same Store Sales 자료가 있을 수 없겠죠. Comparable Store Sales(줄여서 Comp Store Sales)나 Like-Store Sales도 같은 뜻입니다. Sale판매활동이 아니라 Sales매출액를 쓴 것도 눈여겨보기 바랍니다.

375 Big-Box Store 박스형 대형매장(Walmart)

매장의 건물 형태가 커다란 직사각형 박스처럼 생겼다고 해서 Big Box입니다. Walmart, Costco, Home Depot, IKEA 등이 Big-Box Store의 대표주자입니다. 세분하면 Walmart와 Costco는 General Merchandise Big-Box잡화형 매장이고, Home Depot(인테리어와 가정용 건축자재 전문)와 IKEA(가구 전문)는 Specialty Big-Box전문제품 매장입니다.

---

376 Cash and Carry 현금결제와 배달 서비스 없음(Costco)

여기서 Cash는 현금결제(회사 지정 신용카드 포함)를 의미하고, Carry는 아무리 무겁거나 부피가 큰 상품도 고객이 직접 배달을 책임져야 한다는 조건입니다. 대신에 회사는 저렴한 가격으로 보상해줍니다.

Energy Sector 관련 용어

377 Upstream 원유와 가스의 탐사와 채굴(ExxonMobil)

Upstream은 원유와 가스의 Exploration탐사과 Production채굴/생산을 뜻합니다(합쳐서 E&P라고 부름). Downstream은 원유와 가스의 Refining정제, Processing가공, Distribution유통을 뜻합니다. 그 중간에 배나 파이프라인을 통한 운송인 Midstream이 있긴 한데, 일반적으로 E&P를 뺀 모든 과정을 Downstream에 포함시킵니다. ExxonMobil의 사업분야는 Upstream과 Downstream 둘 다입니다. 반면에 국내의 정유기업은 '정유'에서 알 수 있듯이 Downstream만 담당합니다.

18장 주식은 나무, 거시경제는 숲, 거시경제의 흐름을 관찰하라!

Macroeconomics 거시경제라는 용어를 들어 보았나요? Macroeconomics 는 나무가 아닌 숲 전체를 보는 개념의 학문으로, 개별 경제 주체들의 상호작용 결과로 나타나는 한 국가의 전체적인 경제 현상을 분석하는 것입니다.

주식투자에서 관심 종목만 연구하다 보면 수익률을 해치는 외부 요인을 놓칠 수 있습니다. 예를 들어 투자한 미국 주식이 어느 정도 상승하였다고 하더라도, FED The Federal Reserve System, 미국 연방준비제도의 Quantitative Easing 양적완화으로 달러 가치가 하락하면 주가 상승 대비 수익률이 훼손되는 결과를 가져올 수 있습니다. 이 외에 다른 외부 요인들도 정말 다양합니다. 그래서 주식 투자자는 거시경제를 꾸준히 공부해야 하는데요. 경제 뉴스를 꾸준히 읽고, 거시경제의 움직임을 설명해 주는 각종 동영상 콘텐츠를 시청하는 것도 좋습니다. 과거와 달리 요즘은 Yahoo Finance나 YouTube에서 관련 정보를 쉽게 찾을 수 있으니, 본인이 시간을 내어 학습한 만큼 편협한 시각에서 빨리 벗어날 수 있습니다.

물론 이런 거시경제 공부가 시간낭비에 불과하다고 주장하는 이들도 있습니다. 학식 깊은 경제학자나 경제전문가가 투자를 잘하는 것이 아니라, 주식 시장에서 얻어맞으며 뼈도 몇 번 부러지고 생사를 넘나드는 위기도 수차례 겪은 Streetsmart Warrior책이나 학교가 아닌 거리(실전)에서 처세술을 터득한 전사들의 수익률이 훨씬 좋다고 생각하죠. 이 말도 일리가 있는 게, 실제로 경제학자 중에는 주식 고수나 Warren Buffett워런 버핏 같은 주식 부호가 거의 없습니다. 혹시 있다고 해도 아마 이론이 아닌 실전경험에서 온 감이 더해진 덕분일 가능성이 높습니다. 거시경제 학습 무용론의 핵심 근거는 각종 거시경제 지표에 서로 상반되는 신호가 꽤 많아서 어느 장단에 춤을 춰야 할지 난감하다는 것입니다.

그렇다면 이런 주식 실전 요원들의 무기는 무엇을 조준할까요? 오로지 Earnings실적입니다. 유럽의 Warren Buffett워런 버핏으로 불리는 헝가리 출신 투자자 André Kostolany앙드레 코스톨라니는 산책시키는 개를 주가에, 개 주인을 실적에 비유했습니다. 개가 주인에게서 멀어지는 거리에 한계가 있듯이 주가 역시 실적 주위를 맴돌 수밖에 없다는 것이죠. 참고로 Wikipedia위키피디아에는 그의 직업이 Investor투자자가 아닌 Speculator투기업자로 나옵니다. 어쩐지 Streetsmart Warrior 느낌이 들지 않나요?

만약 현재 '미국 주식 주린이'라 FED 의장의 발언이나 금리, 환율, 인플레이션의 개념이 이해 안 된다면? 경제 흐름은 천천히 학습하고 실적과 실적에 직접 영향을 주는 몇 가지 요인들만 집중 관찰하세요. 당장은 지금부터 살펴볼 거시경제 용어와 개념을 만화책 즐기듯이 편하게 한두 번만 읽어도 충분합니다. 실전투자를 하다 보면 자연스럽게 거시경제도 조금씩 보이는 날이 옵니다. 비록 경제 전문가까지는 아니어도 말이죠.

다음에 이어질 용어 설명에서는 경제 뉴스나 관련 콘텐츠에서 자주 언급하는 인플레이션의 종류, 자산효과와 **FED**의 관계, 중요한 경기선행 지표들 중 핵심만 소개합니다.

인플레이션 관련 용어

378 Inflation 인플레이션

통화량의 증가로 화폐가치가 하락하고, 물가가 전반적으로 꾸준히 오르는 경제 현상을 말합니다. Inflation 상황에서는 현금보다는 부동산이나 상품 재고, 주식 등을 가진 사람이 유리해집니다. 물가가 오른 만큼 월급 인상률이 따라가지 못하기 때문에 소득 격차가 심해질 수 있죠. 또한, 채무자가 채권자보다 유리한 상황이 됩니다. 화폐가치의 하락으로 빚을 갚기 쉬워지기 때문입니다. 10년 전 100만 원의 가치보다 현재 100만 원의 가치가 훨씬 낮으니까요. 이 외에도 경제에 다양하게 영향을 미치는데 급격한 Inflation은 경제에 악영향을 끼칩니다.

379 Cost Push Inflation 비용상승 인플레이션

Inflation 앞에 붙는 수식어가 Inflation의 주요 원인입니다. 몇 가지 종류의 Inflation이 있지만 금리인상과 관련하여 FED미국 연방준비제도가 가장 예민하게 반응하는 것이 Cost Push Inflation입니다. 원자재와 임금이 비용상승의 원인인데 FED는 특히 임금상승 인플레이션에 주목합니다. 원자재는 등락하지만, 임금은 한번 오르면 거의 내리지 않는 Downward Rigidity하방경직성를 보이기 때문입니다. 실업률이 낮은 수준이라는 전제 아래, 임금상승 속도가 빨라지면 이를 견제하기 위해 FED는 금리인상 카드를 만지작거릴 수밖에 없습니다.

380 Core Inflation 근원 인플레이션

Core Inflation이란 물가변동 결정요인 중에서 Food and Energy농축수산물과 에너지 요인을 빼고 계산하는 물가상승률입니다. 국민생활에 막대한 영향을 주는 이 두 요인을 왜 제외할까요? 순수하게 금리와 통화량 증가가 물가에 미치는 영향을 추정하기 위해 서입니다. FOMCFederal Open Market Committee, 연방공개시장위원회는 2000년부터 Core PCE Index를 Core Inflation 측정의 기초 데이터로 사용하고 있습니다. PCE는 Personal Consumption Expenditure개인소비지출의 약자인데 기존의 CPIConsumer Price Index, 소비자물가지수를 개선한 물가집계 방식입니다.

381 Headline Inflation 헤드라인 인플레이션

Core Inflation근원 인플레이션과 달리 Food and Energy농축수산물과 에너지 요인까지 포함해서 집계하는 가장 날것(raw)에 가까운 물가상승률입니다. 미디어의 제목으로 자주 등장하는 가장 일반적인 Inflation이어서 Headline이라는 수식어가 붙었습니다. FOMC연방공개시장위원회의 멤버였던 어느 연방지역은행 총재는 "Core Inflation을 더 중요하게 보지만 Headline Inflation의 경우 장기추세를 꾸준히 주시한다."라고 언급하며 미디어에 빈출되는 Headline Inflation 수치에 민감하게 반응하지 않음을 시사했습니다.

382 Inflation Expectation 기대 인플레이션

각 경제주체들이 품고 있는 주관적인 예상 물가상승률을 Inflation Expectation이라고 합니다. 이것이 중요한 이유는 Inflation Expectation이 클수록 피고용인이나 구직자는 임금을 더 받기 원하고, 기업이나 중소상인은 제품가격을 더 올리려 하며, 은행은 이자를 더 받고 싶어 하기 때문입니다. 이렇게 추가로 더 받고 싶어 하는 임금, 제품가격, 이자를 Inflation Premium이라고 합니다.

383 Reflation 리플레이션

Contraction경기수축기을 갓 벗어나서 물가가 조금씩 오르는 상태이지만 금융당국이 통제할 수 있는 '건강한' Inflation입니다. 왜냐하면 경기회복으로 기업활동이 많아지면 원자재와 임금이 어느 정도 상승하는 것은 당연하기 때문입니다. 환자가 회복단계에서 가벼운 운동을 시작하면 맥박이 빨라지고 체온이 약간 오르는데 이것이 건강의 적신호가 아닌 것처럼, Reflation도 경제에 청신호입니다. Reflation을 이용한 투자 기법을 Reflation Trading리플레이션 거래 방식이라고 합니다.

384 Wealth Effect 자산효과

집값이나 주가가 올라서 Paper Gain미실현 이익(=Unrealized Gain)이 증가하면 부유해진 느낌과 더불어 자신감이 충만해지면서 집 인테리어와 차를 바꾸는 등 소비를 늘리게 됩니다. 이것이 바로 Wealth Effect(=부의 효과)입니다. 달러 발권력으로 각종 채권을 매입하는 FED미국 연방준비제도의 양적 완화는 중장기 채권의 수익률과 금리를 억누르는 것(즉, 채권가격의 상승)이 기본 목표입니다.

하지만 FED의 진짜 속마음과 희망사항은 자산가격의 버블을 유도하여 부의 효과를 키우는 것입니다. 가뜩이나 경기도 안 좋은데 집값과 주가가 떨어져서 금융회사들의 담보 능력이 떨어지거나, 중산층 집 소유자들이 지출을 줄이고 우울해하면 더 골치 아프니까요. 찍어낸 돈을 서민층 이하에게 무상 지급하는 Helicopter Money는 결코 FED 정책의 우선순위에서 상위를 차지할 수 없기에 소득 양극화는 불경기 때 더 악화됩니다.

거시경제 측정 관련 용어

385 Russell 2000 Index 러셀 2000 지수

NYSE와 NASDAQ의 상장기업 수는 각각 2,400개 이상, 8,100개 이상입니다. 두 시장에 있는 1만 개 이상의 기업 중 시총순위 3,000등까지 모아 놓은 지수가 Russell 3000입니다. 다시 이 3,000개 기업 중 상위 1,000개로 구성된 지수가 Russell 1000이고, 나머지 2,000개로 만든 지수가 Russell 2000입니다. Russell 2000 기업은 대부분 Small Cap스몰캡(시가총액 20억 달러 미만)이지만, 그래도 1만 개 기업 중 상위 11~30%에 드는 나름 중상위권 기업들입니다. 이 지수가 오른다면 무엇을 의미할까요? 경기회복을 확신하는 미국과 전 세계의 투자금이 상위권 Small Cap들의 Turnaround실적회복를 기대하며 매수에 들어갔다는 신호로 해석할 수 있습니다.

386 Buffett Indicator 버핏 지표

주식 시장에 거품이 있는지 판단하기 위해 고안된 지표인데, Warren Buffett워런 버핏이 직접 만든 것은 아니고 그가 자주 언급하면서 유명해졌습니다. 미국 주식 시장의 시가총액 전체를 GDPGross Domestic Product, 국내총생산로 나눈 비율입니다. 그래서 Market Cap-to-GDP Ratio국내총생산 대비 시가총액비율라고 부르기도 합니다. 분자인 시총에는 전체 시총을 쓰지 않고 Wilshire 5000 Index라는 지수로 대신합니다. 이 지수는 미국에 상장된 기업 중 'Actively Traded거래량이 많은'를 기준으로 상위 5,000개 기업을 모아서 가중평균 방식으로 집계한 주가지수입니다(요즘은 줄어서 약 3,500개). Buffet Indicator는 PER주가이익비율(시총 ÷ 당기순이익)과 원리가 비슷합니다. 분자에 있는 것은 가격(둘 다 시총)이고, 분모에는 실적(GDP와 당기순이익)이 있으니까요. 둘 다 비율이 높을수록 현재 가치에 거품이 끼었다고 평가됩니다. 참고로 2000년 닷컴버블 당시의 Buffett Indicator는 약 67%였고, 2021년 봄 기준으로는 약 82%입니다.

387 TIPS Spread 물가연동국채 스프레드

개인과 기업마다 제각각이고 주관적인 Inflation Expectation 기대 인플레이션을 어떻게 측정할까요? 만기가 동일한 두 채권의 수익률 차이를 Spread라고 하는데, 10년 만기 국채수익률에서 10년 만기 TIPS 물가연동채권의 수익률을 뺀 Spread가 Inflation Expectation 크기의 Proxy 대용치로 가장 많이 사용됩니다. TIPS는 Treasury Inflation-Protected Securities의 약자로, 물가가 오르면 원금도 높게 평가되고 이자도 더 많이 받는 '인플레이션 헤지용' 재무부 발행채권입니다. 이 두 채권의 Spread를 TIPS Spread라고 합니다. 만약 TIPS Spread가 2%라면 인플레이션을 반영한 TIPS 수익률보다 국채 수익률이 2%p 더 높다는 것이며, 이 2%p를 기대 인플레이션의 크기로 해석합니다. 발생빈도는 매우 낮지만 만약 Spread가 —로 나오면, 즉 국채 수익률보다 TIPS 수익률이 더 크면 Deflation 물가의 중장기적인 하락 진입 상태로 진단합니다. TIPS Spread는 Breakeven Inflation Rate 브레이크이븐 레이트라고 부르기도 합니다.

---

388 Jobless Claims 실업수당 청구건수

노동부에서 집계하여 매주 한 번씩 발표합니다. 특히 Initial Jobless Claims 생애최초 실업수당 청구건수인지 Continued Jobless Claims 반복지속적 청구인지 구별해서 봐야 합니다. 특히 전자가 급등하면 반드시 그 원인을 확인해야 합니다. 매주 발표되기 때문에 수치의 급등락이 심한 편이고, 특정 기업의 대규모 감원이나 Seasonality 계절적 요인가 영향을 줄 수 있기 때문에 이동평균선으로 파악하는 것이 합리적인 관찰방법입니다. Coincident Indicator 경기동행지수로 보는 입장도 있고 Lagging Indicator 경기후행지수로 보는 입장도 있습니다.

---

389 Existing Home Sales 기존주택판매

NAR National Association of Realtors, 부동산중개인협회는 매월 넷째 주에 Existing Home Sales 지표를 발표합니다. Existing Home Sales는 신규주택을 제외한 주택의 판매

량을 집계한 것으로, 주택에 대한 소비자의 수요를 반영합니다. 개인의 재산 중 주택이 차지하는 비중이 크기 때문에 주택시장의 변화는 전체 소비에도 많은 영향을 줍니다. 따라서 Existing Home Sales가 늘어나면 경기가 좋아지고, 줄어들면 나빠진다고 해석할 수 있습니다.

390 Housing Starts 주택착공건수
Building Permits 신규주택허가건수

둘 다 미국 경제를 분석할 때 단골로 등장하는 부동산 지표입니다. 매월 발표되는 두 지표를 보면 이후 부동산 경기의 온도를 가늠할 수 있습니다. 미국에서는 Mortgage Loan 모기지론(주택담보대출)으로 집을 장만하는 경우가 일반적이기 때문에 Mortgage Rates 모기지 금리가 주택착공건수에 영향을 줍니다. 모기지 금리가 올라가면 주택구매 수요가 줄어 주택착공건수와 신규주택허가건수가 자연스럽게 감소하겠죠. Existing Home Sales 기존주택판매는 주택의 수요와 관련이 있고 Housing Starts와 Building Permits는 주택공급의 Leading Indicator 선행지표입니다.

391 Durable Goods Orders 내구재 주문

일단 구입하면 수년 이상을 쓰는 자동차, 트랙터, 가구, 가전제품, 기계류, 항공기, 각종 전자 통신장비 등이 내구재입니다. 기업이나 가정에서는 경기에 대한 긍정적 예측과 자신감이 있을 때 내구재를 많이 구입하죠. 미국에서 Durable Goods Orders는 미국 제조업의 활동성을 측정하는 주요 Leading Indicator 선행지표 중 하나이며, 국내의 통계청과 비슷한 역할을 하는 US Census Bureau 미국 통계국에서 월 1회 발표합니다.

392 Fiscal Stimulus 재정적 경기부양책
Monetary Stimulus 통화적 또는 금융적 경기부양책

정부예산의 지출확대와 각종 Tax Relief 세제혜택를 통한 경기부양책이 Fiscal Stimulus이고 금리인하, 양적 완화, 기타 통화량을 늘리는 확장적 통화정책이 Monetary Stimulus입니다.

393 Stimulus Package 경기부양책

Fiscal Stimulus 재정적 경기부양책와 Monetary Stimulus 통화적 경기부양책를 적절히 섞은 정책 패키지를 Stimulus Package라고 합니다. 원래 지하수를 끌어올리기 위해 펌프에 마중물을 넣는 행위가 Pump-Priming인데, 경기부양책이 마중물과 비슷한 역할을 한다고 해서 Pump-Priming을 경기부양책의 뜻으로 쓰기도 합니다.

394 Dollar Smile 달러의 미소

미국 경기나 세계 경기가 매우 좋거나 반대로 매우 나쁘면 달러 가치가 강세를 보이고 그 중간의 어정쩡한 상태일 때는 달러 가치가 약세를 보이는 현상을 Dollar Smile이라고 합니다. 오른쪽으로 이동하면서 경기가 나쁨에서 좋음으로 움직이는 X축과 달러가 약세에서 강세로 올라가는 Y축을 그려서 Dollar Smile 현상을 그래프에 그려볼까요? 그래프를 완성하면 스마일 이모티콘의 입 모양을 연상시키는 매우 완만한 U자형 모양이 나옵니다. 그래서 Dollar Smile이라는 이름이 붙었다고 합니다.

19장 반중 감정은 배제하고 수익성만 보자!

Sinophobia 시노포비아(Sino와 phobia의 합성어)는 중국에 대한 반감을 뜻하는 단어입니다. Sino는 China 중국를 뜻하며, Phobia는 어떤 것에 대한 심한 혐오감이나 공포감을 의미합니다. 코로나 Pandemic 팬데믹 이후로 이런 반중 감정을 가진 사람들이 더 많아졌습니다.

하지만 미국 NASDAQ 100 Index를 추종하는 ETF에 투자하면서 "나는 중국(투자)가 싫어."라고 말하지는 마세요. NASDAQ 100에는 이미 중국 기업인 JD.com, Baidu, Pinduoduo, Trip.com이 포함되어 있기 때문입니다. 물론 이들 4개 기업의 NASDAQ 100 시총 비중은 다 합쳐도 1.4%로 Netflix의 1.6%대에도 못 미칩니다. 그렇다고 해서 이들 중국 기업의 규모가 작다고 오해하면 안 됩니다. 이들이 미국 증시에 상장한 주식은 해당 기업 주식 전부가 아니라 일부거든요. 심지어 백신 품질로 구설수에 오르내리는 Sinovac도 NASDAQ 100에는 포함되지 않지만 NASDAQ 상장사입니다.

중국 기업뿐만 아니라 Non-US Companies 미국 기업 이외의 기업가 미국 증시에 상장할 때는 주식증서 자체를 미국으로 가져오는 것이 아니라, 주식증서는 해당국의 **Custodian Bank**증권보관은행(국내의 경우 예탁결제원)에 보관하고 **Custodian Bank**가 발행하는 **DR**Depository Receipt, 예탁증서로 거래합니다. 미국 증시에서 거래되는 **DR**을 **ADR(American Depository Receipts**미국 증시 거래용 예탁증서)이라고 합니다. 반면에 **S&P 500 Index**에는 중국 기업이 하나도 없습니다. **US-Incorporated Company**미국에 본사를 둔 기업만 **S&P 500 Index**에 포함될 자격이 있기 때문입니다. 그러므로 **ADR**을 발행하여 상장한 **Alibaba**나 전기차 기업인 **Nio**는 **NYSE**에 상장되어 있고 시가총액도 크지만 **S&P 500**에는 포함되지 않습니다.

트럼프 행정부의 강력한 **China Bashing**중국 때리기으로 인해 중국 기업의 **ADR**이 갈수록 줄어들 것 같지만 실상은 정반대입니다. 2021년 1월 기준으로 **NYSE**와 **NASDAQ**에 상장된 중국 기업의 수는 150여 개이고, 장외시장인 **OTC**에 상장되어 **NYSE**나 **NASDAQ**에 상장하려고 기다리고 있는 중국 기업은 160여 개입니다. 미국 경제 금융 전문 **TV** 채널 **CNBC**의 보도에 따르면 2021년에만 미국에서 **IPO**기업공개 예정인 중국 기업이 60개에 달합니다 (**CNBC** 4월 27자 기사). 미중 갈등은 정치의 영역일 뿐 **Wall Street**에서는 흥행성 있는 주식이라면 원산지는 중요하지 않은 것 같습니다.

중국을 바라보는 시각에 따라 미국 증시 참여자와 일반인을 **Panda Hugger**친중국 성향을 가진 서방의 고위 공무원이나 사회 활동가와 **Panda *Slugger**중국에 적대적인 사람로 나누는 이분법적인 용어가 있습니다. 미국 중산층과 노동자 계층은 대부분 **Panda Slugger**로 보면 됩니다. 그런데 동부 **Wall Street**의 금융산업 종사자와 자본가, 서부 **Silicon Valley**실리콘밸리의 테크기업 종사자와 투자자 중에는 **Panda Hugger** 성향을 보이는 경우가 적지 않습니다. 이유는 간단합니다. 중국이 인구수 14억 명의 세계 최대 소비 시장이기 때문이죠.

*slugger: 주먹 센 사람, 강타자

미국은 **G7** 및 유럽연합과 공동전선을 구축하며 중국을 압박하고 있습니다. 그런데 **Anglosphere** 영어를 사용하는 백인 주류 국가로서 영어를 모국어로 쓰는 미국, 영국, 캐나다, 호주, 뉴질랜드와는 다르게 독일과 프랑스는 미국이 주도하는 길을 순순히 따르지 않습니다. 영어권 국가가 아니기 때문이죠. 이 두 나라는 미중 갈등의 틈바구니에서 어떻게 해서든 중국 내 자국 기업들의 입지를 높이려는 의도를 숨기지 않습니다. 2021년 6월 영국에서 열린 **G7 Cornwall Summit** 콘월 서밋의 공동성명에서 **G7**은 중국의 인권탄압과 홍콩 민주화 이슈 등을 강하게 지적했지만, 프랑스의 마크롱 대통령은 "G7은 중국에 적대적인 모임이 아니다. 민주진영인 G7은 중국의 협력을 원한다."라며 향후 중국과의 관계를 의식하여 살짝 발을 빼는 모습을 보였습니다. 독일과 이탈리아의 중국 구애작전도 만만치 않고요. 지금부터 나올 용어 설명에서는 중국과 관련된 증시 용어를 살펴보겠습니다.

중국, 홍콩 증시 관련 용어

395 **American Depository Receipt(ADR)** 미국 증시 거래용 예탁증서

미국 투자자들은 미국 내 상장기업 이외에 유럽, 중국 등에 있는 해외 우량기업에도 관심이 많습니다. 그렇다고 해서 외국 기업들이 미국에서 정식 IPO 기업공개를 통해 상장하자니 절차가 복잡하고 비용이 많이 드는 단점이 있습니다. 이 경우 다음 4단계를 거치면 문제를 해결할 수 있습니다. ① 외국 기업은 자국 내 Custodian Bank 증권보관은행 (국내의 경우 증권예탁원)에 주식을 담보로 맡긴다. ② Custodian Bank는 이를 기초로 Receipt 영수증를 발행한다. ③ 미국 내 Depository Bank 영수증 인수 후 DR을 발행하는 은행는 이 영수증을 담보로 Depository Receipt 예탁증서를 발행한다. ④ Depository Bank는 이 예탁증서를 미국 증시에 상장시켜 미국 투자자들이 구입하게 한다.

DR은 Underlying Share 원주와 동등한 자격을 가지며 배당도 지급되는 사실상의 주식입니다. 보통 ADR 또는 ADR Stock으로 불리는데, 중국의 Alibaba Group Holding이 NYSE에 상장한 코드명 BABA 역시 ADR입니다.

---

396 **N Shares** 중국 기업의 미국 증시 상장주 / **H Shares** 홍콩 증시 상장주
A Shares 중국본토 증시 상장주

중국 기업 주식은 상장하는 거래소에 따라 크게 N Shares 미국 증시 상장주, H Shares 홍콩 증시 상장주, A Shares 중국본토 증시 상장주로 나뉩니다. B Shares도 있지만 비중이 적고 미국과 관련이 없어서 설명을 생략합니다. 미국에 ADR 미국 증시 거래용 예탁증서로 상장되는 중국 기업 주식을 N Shares라고 합니다. N은 NYSE와 NASDAQ이 있는 New York을 의미합니다. H는 짐작하듯이 Hong Kong을 상징하고, A는 Mainland

China중국본토를 의미하는데 Shanghai 증시와 Shenzhen심천 증시로 나뉩니다.

미국 주식에 관해 설명하면서 왜 중국 주식을 언급하느냐고요? 미국 ETF 중에 N/H/A Shares를 전문으로 하는 ETF가 Leveraged ETF와 Inverse ETF를 제외해도 34개나 있기 때문입니다. BlackRock이 운용하는 iShares MSCI China ETF(티커: MCHI)와 iShares China Large-Cap ETF(티커: FXI)는 AUM운용자산 기준으로 1등과 2등인 중국 기업 전문 ETF입니다. ETF 이름에 MSCI가 있으면 N Shares와 H Shares의 혼합형이고, China라는 표현만 있으면 H Shares로만 구성된 ETF입니다. A Shares 전문 ETF에는 CSI나 A Shares라는 표현이 들어 있습니다. 그런데 이들 ETF는 NYSE가 아니라 NYSE의 자회사인 NYSE Arca라는 ETF와 Option옵션 전문 거래소에서 사고팔 수 있습니다. NYSE처럼 별도로 물리적인 공간까지 겸비한 거래소가 아니라 NASDAQ 같은 Electronic Marketplace전자 시장입니다.

397 Dual Class Stock 차등의결권 주식

Google 주식에는 Alphabet A, B, C의 세 종류가 있습니다. A주 하나에는 의결권이 하나, B주 하나에는 의결권이 열 개 있고, C주에는 의결권이 없습니다. B주는 비상장이고 창업자와 핵심임원 몇 명만 소유하고 있죠. 이렇게 1주의 의결권이 서로 다른 주식을 Dual Class Stock이라고 하는데, 이런 제도를 도입한 이유는 기업이 단기적인 경영성과에 집착하는 일반 주주들의 압박으로부터 벗어나 중장기적인 계획과 비전을 마음껏 시도하기 위해서입니다.

Google뿐만 아니라 Alibaba, Facebook, Berkshire Hathaway 등도 형식과 내용은 조금씩 다르지만 Dual Class Stock을 채택하고 있습니다. 2014년 Alibaba가 홍콩 거래소가 아닌 뉴욕 거래소를 선택한 주된 이유는 뉴욕이 주는 프레스티지 이미지보다는 뉴욕 거래소의 차등 의결권 허용 때문이었습니다. Dual Class Stock은 Governance Risk지배구조의 위험를 높이기 때문에 원론적으로는 바람직하지 않지만, 외부 입김을 최소화하며 기술혁신과 그에 따른 고성장 추구에 집중할 수 있다는 장점이 있어서 Start-Up과 Big Tech 기업을 막론하고 기술 관련 기업들에게 환영받고 있습니다.

398 NASDAQ-GS 나스닥 GS

Google과 Yahoo Finance의 검색창에 기업명 Apple이나 Ticker인 AAPL을 입력하면 Google에는 'NASDAQ: AAPL'이 나오는데 Yahoo Finance에는 'NASDAQGS: AAPL'로 소개됩니다. 도대체 NASDAQ GS(또는 NASDAQ-GS)는 뭘까요? NASDAQ에는 3,300개 이상의 기업이 상장되어 있습니다. NASDAQ 본사는 이들을 시총규모에 따라 3 Tiers3개 등급로 나눕니다. 시총 상위 1,200개인 Large Cap라지캡(시가총액 100억 달러 이상)에는 NASDAQ-GS, 다음 1,450개인 Mid Cap미드캡(20억~100억 달러 미만)에는 NASDAQ-GM, 나머지 Small Cap스몰캡(20억 달러 미만)에는 NASDAQ-CM이라는 구체적인 명칭을 씁니다. GS, GM, CM은 각각 Global Select, Global Market, Capital Market의 약자입니다. ETF 종목의 이름에도 자주 등장하는 Select는 '정선된 종목'이라는 뜻입니다. 그러므로 Yahoo Finance로 기업을 검색하면 해당 기업의 규모를 즉시 어림짐작할 수 있는 장점이 있죠. GS라는 꼬리표가 붙으려면 단순히 시총만이 아니라 더 엄격한 재무적인 잣대와 원활한 유동성 여부도 따져야 합니다. 그런데 NASDAQ-GS와 중국이 무슨 관련이냐고요? NASDAQ 100에 포함되는 중국 기업뿐만 아니라 팬데믹과 관련하여 자주 듣는 중국의 Sinovac Biotech가 NASDAQ-GS에 있기 때문입니다. Sinopharm은 NASDAQ에 없냐고요? 다행히(?) 미국이 아닌 홍콩에 상장된 H Share입니다.

---

399 Reshoring 리쇼어링

해외에 진출했던 자국 기업이 다시 국내로 들어오는 현상이나 정책이 Reshoring입니다. 반대로 값싼 생산비를 보고 해외로 진출하는 것이 Offshoring오프쇼어링입니다. Offshoring의 주요 대상국은 다들 알 듯이 중국, 인도, 베트남, 말레이시아입니다.

현재 미중 갈등과 중국 견제를 목적으로 진행되고 있는 미국 기업의 Reshoring을 대신하는 미디어의 단골 표현으로는 Decoupling Us-China Supply Chains미중 공급망 연결고리 끊기가 있습니다. 엄밀하게 계산기만 두드린다면 아직도 Offshoring이 미국에 더 이익입니다. 하지만 현재 Reshoring의 근본적인 원인이 중국 견제다 보니 미국 내

생산은 장단점을 동시에 드러내고 있습니다. 그중 단점은 역시 비싼 인건비입니다. 그래서 요즘은 첨단기술업종이 아닌 한 미국 내가 아니라 멕시코와 인근의 중미 저개발국가에 생산기지를 두는 Nearshoring 니어쇼어링이 Reshoring보다 먼저 검토되고 있습니다.

400 Fleecing the Flock 양털깎기 이론

유튜브에 Sheep Shearing 양털깎기으로 검색하면 풍성한 털로 뒤덮인 양이 전기 '바리깡'에 의해 몇 분 만에 털 없는 불쌍한 모습으로 바뀌는 과정을 볼 수 있습니다. Fleecing the Flock 직역: 양떼의 털깎기은 현재 미국에서 파생금융상품 전문가로 활동 중인 쑹홍빙이라는 중국계 미국인이 쓴 《Currency Wars 화폐전쟁》라는 책에 나와서 유명해진 표현입니다.

양털깎기 작전은 다음과 같은 과정으로 진행됩니다. 국제투기자본이 경제적 취약점이 있는 이머징 국가에 풍부한 자금을 갖고 들어와 일부 금액은 직접 증시와 부동산 시장을 예열하는 데 쓰고, 또 상당 금액은 기업과 개인에게 빌려주며 주식과 부동산을 매입하도록 유도합니다. 이들은 자산가격이 목표 수준에 도달하면 매입한 자산을 팔아서 이익실현을 하고, 남아 있던 자금과 합쳐서 외환 시장을 교란시켜 환율과 경제를 불안하게 만듭니다. 빌려준 돈을 일시에 회수하겠다고 다그쳐서 급매물을 유도하여 자산가격을 폭락시킨 뒤, 폭락한 자산을 대량 매입하여 다시 오르면 되팔고 그 나라를 떠납니다. 투기자본이 환율이 아닌 금리를 조절한다는 무지한 주장이 일부 있는데, 인위적인 금리 조절은 중앙은행의 막대한 실탄이 필요한 대형 작업이므로 잘못된 주장입니다. 주로 외환시장을 공략합니다. 이것이 쑹홍빈이 주장하는 Fleecing the Flock의 골자입니다.

얼핏 읽으면 그럴싸하지만, 국제투기세력이 한둘이 아니어서 이들이 일사불란하게 한마음, 한뜻으로 이런 거사를 추진하기도 힘들고, 추진한다 해도 당초 시나리오대로 작전이 순조롭게 진행되는 않을 때가 많습니다. 이 이론은 현실성 없는 가설에 불과합니다.

401 Dual Circulation 중국의 쌍순환 전략

외순환인 수출과 내순환인 내수경제의 균형으로 성장을 지속하겠다는 것이 중국의 쌍순환 전략이지만, 무게중심은 내수경제에 있습니다. 미국의 중국 때리기에 맞서려면 내수 위주의 자립경제를 확립해야 한다는 것이 쌍순환의 목표입니다. 미국 미디어에서는 중국의 쌍순환을 China's Way of Reshoring이라고 부연설명하기도 합니다. 정확한 설명은 아니지만 Reshoring리쇼어링이 내수 강화를 의미한다면 아주 틀린 설명은 아닙니다. 쌍순환은 결국 향후 있을 수 있는 US-China Decoupling미중 교역규모의 대폭 축소의 대비책이라고 볼 수 있습니다.

---

402 GDP by component 경제주체별 GDP 구성비

'GDP국내총생산 = 민간소비 + 정부지출 + 기업소비(투자) + 순수출'이라는 등식이 있습니다. 등식이지만 보통 검색창에 GDP by Component를 국명과 함께 입력하면 국가별 구성비율이 나옵니다. 구성비율은 나라마다 차이가 있는데, 2020년 기준으로 미국은 민간소비가 68.4%(중국 39.1%), 투자는 17.2%(중국 42.7%)로 양국의 경제구조가 크게 다름을 알 수 있습니다. 중국의 투자가 40%대로 높은 것은 FDIForeign Direct Investment, 외국인 직접투자 때문입니다. 두 나라의 정부지출은 10%대 중반으로 별 차이가 없지만 순수출은 미국이 마이너스입니다.

미국의 China Bashing중국 때리기에 중국이 긴장하는 이유는 민간소비 비율이 39.1%로 아직 허약체질이기 때문입니다(참고로 일본은 55.5%). 중국의 경제구조는 미국에 수출을 해야만 성장이 지속되는 구조입니다. 반면에 미국은 수출보다 수입이 더 많은 무역적자국이죠. 그런데 수입품목의 대부분이 중국의 값싼 노동력에 기반을 둔 공산품입니다. 이것은 값싼 중국산 소비재 덕분에 미국 물가가 안정적으로 유지되고 있다는 중요한 함의를 내포합니다. 이렇게 미국과 중국의 GDP 구성비율을 분석해 보면 미국과 중국은 아직 이혼(?)할 때가 아니라는 것을 알 수 있습니다. 중국은 성장을 위해 미국이 필요하고, 미국은 물가안정과 그에 따른 FED의 효과적인 금융정책을 위해 중국이 필요한 상황입니다.

403 China Engager 중국에 관심을 가질 수밖에 없는 사람들

직업적인 이유로 중국에 관심을 가질 수밖에 없는 사람들을 China Engager라고 부릅니다. 보통 Panda Hugger주로 친중국 성향의 사업가, Panda Slugger주로 반중국 성향의 정치평론가와 미디어 종사자, Sinologist고고학, 역사학, 사회학, 정치학 등 인문계열 전공의 중국학자, Diplomat중국 전문 외교관의 네 부류가 여기에 해당합니다. 이 챕터의 서두에서도 언급했지만, 미국의 기술자본가와 금융자본가에게 중국은 결코 포기할 수 없는 거대 시장입니다. 참고로 Panda Slugger와 거의 동의어로 Dragon *Slayer가 있습니다. 판다와 함께 용이 중국의 상징물로 쓰이는 관행이 있어서 생긴 표현입니다.

*slay: 살해하다

404 Greater China 중화권

전 세계를 영업권으로 하는 Procter & Gamble(P&G)의 지역 구분을 살피다 보면 Greater China라는 영업지역을 만나게 됩니다. 중화권이라는 뜻인데, 사전의 정의는 Areas Sharing Commercial and Cultural Ties with the Han Chinese한족과 상업적 문화적 관계를 공유하는 지역입니다. Mainland China중국본토, Hong Kong, Macau, Taiwan은 확실한 Greater China이고 중국어가 공용어인 Singapore가 포함되기도 하고 안 되기도 합니다.

405 Emerging Market 이머징 마켓

Emerging Country이머징 국가와 Emerging Economy이머징 경제도 같은 뜻으로 사용됩니다. Developed Market선진시장으로 분류하기에는 적게는 5~10%에서 많게는 20~30% 부족한, 그러나 경제성장률은 선진국의 공격적인 투자기관들을 만족시키는 국가를 가리킵니다. 대표적인 이머징 국가는 중국, 타이완, 인도, 멕시코, 브라질, 터키, 체코, 모로코 등 25개국 전후입니다. IMFInternational Monetary Fund, 국제통화기금와 Morgan Stanley 등 기관에 따라 포함시키는 국가는 조금씩 다른데, 참고로 Morgan

Stanley가 관리하는 MSCI Emerging Market Index MSCI 이머징 마켓 지수에는 한국이 포함됩니다. 일부 대학연구소를 제외하면 Morgan Stanley는 한국을 Emerging Market에 포함시키는 사실상 유일한 기관입니다.

406 Splinternet 인터넷의 분열

Splinter 파편, 깨진 조각와 Internet의 합성어인 Splinternet은 전 세계 인터넷망이 통합되지 않고 쪼개지며 분리되는 현상을 의미합니다. 인터넷은 전 세계가 참여하는 하나의 거대한 사이버 네트워크지만, 사실상 국가 또는 지정학적 단위의 네트워크로 분화되려는 조짐을 보이고 있습니다.

Splinternet은 중국이 별도의 인터넷 체계를 유지하기 위해 이른바 Great Firewall 거대한 방화벽, 즉 인터넷판 만리장성을 구축하며 알려지기 시작한 용어입니다. 중국은 미국이 주도하는 전 세계 인터넷 질서에 편입되는 대신 독자적인 인터넷 생태계를 만들어서 자국 내에 YouTube나 Google 등이 접근하는 것을 막고 Weibo 등 자국 소프트웨어만 활용하도록 제한하고 있습니다. 이런 조치는 중국식 사회주의 이념과 반대되는 사상이나 체제가 유입되는 것을 막는 것이 일차적인 목적이지만, 더 나아가 미국과의 기술패권 전쟁에서 미국이 잘하는 영역이 중국에서 자리 잡지 못하게 하여 주도권을 빼앗기지 않으려는 의도도 있습니다.

20장 비트코인, 달러를 위협할 존재인가?

Bitcoin비트코인을 정확히 이해하려면 일단 그 설계도인 Blockchain블록체인 (가상 화폐로 거래할 때 해킹을 막기 위한 기술)을 이해해야 합니다. Blockchain은 여러 개의 Block정보보관 상자이 Chain사슬으로 서로 연결되어 있다는 의미입니다. 각 Block에는 일정량의 정보가 담기며, Block이 꽉 차면 새로운 Block이 만들어져 이전 Block과 Chain으로 연결되어 모든 참가자에게 동시에 배포됩니다. 이 방식이 바로 해킹을 불가능하게 만드는 핵심기술인데요. 만약 해커가 Block A의 100달러 거래기록을 1,000달러로 고치더라도 이미 모든 참가자가 가진 Block A의 기록에 100달러로 기록되어 있기 때문에 1,000달러라는 조작된 기록이 담긴 Block은 인정받지 못하고 폐기됩니다. 같은 기록을 가진 참가자가 많을수록 해커가 조작한 기록의 신뢰도는 더 낮아집니다.

Bitcoin은 Satoshi Nakamoto사토시 나카모토라는 가명을 쓰는 개인 또는 복수의 프로그래머가 이전부터 존재하던 Blockchain 기술을 기반으로 만든 Cryptocurrency암호화폐[(P2P: Peer-to-Peer) 네트워크에서 안전한 거래를 위해 암호화 기술(Cryptography)을 사용하는 전자 화폐]로, 2009년부터 조금씩 알려지며 사용되기 시작했습니다. Bitcoin의 특징을 몇 가지 키워드로 요약하면 Decentralized

Finance탈중앙화된 금융, Peer-to-Peer Network개인 대 개인 네트워크, Public Distributed Ledger공공분산장부, Scarcity Premium희소성 프리미엄, Limited Scalability제한된 확장성입니다.

Decentralized탈중앙화된는 금융거래기록이 은행 같은 금융기관에 의해서 독점적으로 관리되지 않고, 기반 기술인 Blockchain의 작동원리에 따라 정보가 동시다발적으로 공유·검증됨으로써 보안이 이루어짐을 의미합니다. 더 간단히 설명하면 은행 등 Intermediary중개기관를 제거하여 직거래하는 것이 Decentralized입니다. 이렇게 되면 거래비용이 줄어들거나 없어지는 효과도 있지만, 무엇보다도 거래 정보가 집중되어 있는 Intermediary 서버에 대한 해킹이 발생하지 않기 때문에 시스템 전체의 보안수준이 높아지는 장점이 생깁니다. 이렇게 중앙에서 통제하거나 중개하는 기관이 없는 이용자 자율운영방식의 금융시스템을 Decentralized Finance탈중앙화된 금융라고 부르며 줄여서 Defi라고 합니다. 그리고 Blockchain 기술이 Defi의 선두주자이기 때문에 Blockchain으로 운영되는 모든 금융 네트워크와 애플리케이션을 편의상 Defi로 통칭합니다.

Bitcoin 거래가 발생하면 이 기록은 Ledger(거래 내역을 적은) 원본장부에 기록되는데 이 Ledger가 하나가 아닙니다. Node노드로 불리는 전체 참가자(이들이 결국에는 코인 채굴자)가 같은 내용의 Ledger를 공유합니다. 앞서 언급한 대로 '인해전술' 방식으로 다수가 정보를 공유하면 한두 개의 Ledger가 위·변조되더라도 솎아내기 쉽습니다. 그래서 Bitcoin의 Ledger를 Public Distributed Ledger공공배부원장라고 부릅니다. Public은 참여자 누구나 공개

열람할 수 있다는 의미이고 **Distributed**는 같은 내용의 정보를 참여자 모두가 동기화하여 보관한다는 뜻입니다.

Bitcoin의 **Supply Cap**최대 공급량(Cap은 Capacity의 줄임말)은 2,100만 개로 설계되어 있다고 알려져 있으며, 이것을 믿는 투자자들은 **Scarcity Premium**희소성 프리미엄을 지불해도 그만한 가치가 있다고 믿습니다. 2021년 4월 기준으로 **Supply Cap**의 88%인 약 1,850만 개가 발행되었습니다. 더구나 잔여량인 약 250만 개의 채굴 속도가 4년의 반감기 때문에 계속 느려지고 있다는 점도 **Bitcoin**의 수급에 추가로 영향을 주고 있습니다.

현실에서는 **Bitcoin**을 거래하는 데 제약이 있는데, 그 이유는 다음과 같습니다. 만약 **Bitcoin**으로 스파게티를 주문한다면 10분이 지나야 거래가 잠정 확정되므로(최종 확정에는 약 1시간 소요) 그때부터 주방에서 요리가 시작될 것입니다. 이렇게 오래 걸리는 이유는 거래정보를 기록하는 **Block**이 만들어지는 데 평균 10분이 걸리고, 1개 **Block**의 크기가 1 **Megabyte**메가바이트로 저용량이기 때문입니다. 한마디로 거래의 처리속도가 낙제점입니다. 따라서 이 문제 하나만으로도 **Bitcoin**은 일상 상거래에서 광범위하게 사용되기 어렵습니다. 이렇게 사용의 **Scalability**확장성에 제약이 있다 보니, 이제 **Bitcoin**은 거래 목적의 **Currency**화폐가 아니라 가치저장과 투자를 목적으로 하는 **Alternative Asset**대체자산으로 분류되고 있습니다. 대체자산이란 부동산, 금, 광물, 원유, 미술품처럼 주식과 채권이 아닌 비전통적인 투자대상을 의미합니다.

자산운용사 **Bridgewater Associates**의 창업자인 **Ray Dalio** 레이 달리오는 **Bitcoin**을 **One Hell of An Invention** 대단한 발명품이라고 평가하고, **Debasement of Fiat Money** 법정화폐의 가치하락를 어느 정도 상쇄할 수 있는 안전장치로 바라볼 필요가 있다고 말했습니다. 하지만 **Bitcoin**의 작동방식과 처리속도는 이미 고정되어 있기 때문에 이보다 신뢰성이 더 높은 고성능의 암호화폐가 등장한다면 **Bitcoin**의 미래가 그리 밝지만은 않을 것이라고 지적하며 다음과 같은 우려 또한 잊지 않았습니다: "**I suspect that Bitcoin's biggest risk is being successful, because if it's successful, the government will try to kill it.** Bitcoin이 너무 잘나가면 달러에 명백한 위협이 될 것이고, 미국 정부는 이를 좌시하지 않을 것이다."

　Paypal(온라인 간편결제)과 **Palantir**(빅데이터 관련)의 창업자 중 한 명인 **Peter Thiel** 피터 틸도 자신을 **Pro-Bitcoin Maximalist** 비트코인을 지지하는 강경론자라고 밝히면서도, **Bitcoin**이 **Fiat Money** 명목화폐, 특히 달러를 위협하고 있다고 주장했습니다. 물론 이들의 주장은 **Bitcoin**이 달러처럼 사용되는 것을 전제로 했는데, 실제로 미국 정부가 **Bitcoin**을 바퀴벌레 잡듯이 탄압할지는 알 수 없습니다. 만약 일상생활 속에서 화폐로 기능하지 못하고 단순히 금의 경쟁자 정도 지위가 **Bitcoin**의 최대치라면 달러가 겁먹을 이유는 없겠죠.

암호화폐, 비트코인 관련 용어

407 Altcoins 비주류 암호화폐

Alternatives대안투자대상 to Bitcoin비트코인을 줄여 쓴 표현으로, 대세가 된 Bitcoin 이외의 모든 암호화폐를 가리킵니다. 2021년 봄 기준으로 약 9,000개의 Altcoins가 있는 것으로 알려져 있습니다.

408 Network Effect 네트워크 효과

이용자나 참가자가 많아져서 특정상품이나 서비스의 이용과 유통이 원활해지고 결과적으로 상품이나 서비스의 가치가 높아지는 현상입니다. 예를 들어 카카오톡보다 더 우수한 기능을 갖춘 메신저가 출시돼도 카카오톡을 이기기가 쉽지 않은데, 그 이유는 카카오톡이 이미 대다수의 이용자를 선점하여 강력한 Network Effect를 발휘하고 있기 때문입니다. 이와 마찬가지로 Bitcoin비트코인이 Altcoins비주류 암호화폐 대비 네트워크 효과를 갖고 있는 것은 분명합니다.

409 Bigger Fool Theory 더 큰 바보 이론

내가 산 상품을 더 높은 가격에 매수해줄 사람, 즉 바보가 있다는 믿음과 확신으로 거래에 참여한다면 상품의 내재가치 논쟁은 전혀 의미가 없습니다. 시장 참가자 모두가 이런 생각을 갖고 '폭탄 저글링' 식으로 매수와 매도를 반복하며 가격을 상승시킬 때 Bigger Fool Theory가 작동한다고 말합니다.

410 Ponzi Scheme 폰지 사기

투자자로부터 받은 투자금을 이전 투자자에게 수익금이나 이자로 지급하는 방식으로 진행되는 전형적인 '아랫돌 빼서 윗돌 괴기' 식 금융사기가 Ponzi *Scheme입니다. 이런 방식의 사기는 예전부터 있었지만 미국에서 활동하던 Charles Ponzi 찰스 폰지라는 이탈리아 출신 사기꾼이 워낙 유명하다 보니, 1920년대부터 Ponzi Scheme이라는 용어가 일반명사처럼 쓰이게 되었습니다. Bitcoin 비트코인은 Ponzi Scheme과 관련이 없습니다. 하지만 Altcoins 비주류 암호화폐의 한 종류에는 Dine and Dash Scam 먹튀 사기의 위험성이 분명히 있습니다. Dine And Dash는 원래 식당의 무전취식을 의미하지만 Ponzi 유형의 먹튀 사기에도 사용됩니다.

*scheme: 음모, 계획

411 ICO 신규 암호화폐의 최초 공개판매

Initial Coin Offering(Coin 대신 Currency도 사용)의 약자로 신규 암호화폐의 론칭·판매입니다. 주식 시장의 IPO Initial Public Offering, 기업공개를 흉내 내서 격을 높여보려는 의도가 있는 표현에 불과합니다. 기업은 IPO를 위해 SEC 증권거래위원회와의 까다로운 면담과정을 거쳐야 하고 요건을 충족한 다양한 서류도 제출해야 합니다. 하지만 ICO에는 이런 절차가 전혀 없죠. 이름만 그럴싸하게 포장한 상술적 용어일 뿐입니다.

412 Proof of Work 작업 증명

거래내역은 참가자인 Node 노드(결국 채굴용 컴퓨터를 의미) 모두에게 배포됩니다. 그러나 특정 Node가 내역을 위조할 수 있기 때문에 참가자 모두가 내역을 10분간 상호비교하게 되고, 이 과정에서 거짓 내역은 자동으로 폐기됩니다. 다수결의 원칙에 따라 전체 Node 중 51% 이상이 같은 내용으로 갖고 있는 내역이 참인 정보로 인정됩니다. 참인 정보의 인정과 탄생을 Consensus 합의라고 합니다. 이렇게 Node가 참/거짓을 검증하는 작업에 참여한 것을 네트워크가 확인해 주는 것이 Proof of Work입니다. 이

제 다들 작업하느라 수고했으니 네트워크는 보상을 하려고 합니다. 하지만 특정 Node 를 편애하거나 지정하여 보상할 수 없는 Decentralized 탈중앙화된 네트워크이기 때문 에, 계산하는 데 시간이 오래 걸리는 일종의 산수문제를 출제하여 제일 먼저 답을 맞히 는 Node에게 그 보상으로 Bitcoin 비트코인을 지급합니다. 이것이 채굴입니다. 참으로 인정받은 내역은 새로 만들어진 Block 정보보관 상자에 담기는데, Block을 닫고 암호키로 잠가야 이전에 만들어진 여러 Block에 Chain 사슬으로 연결됩니다. 이 암호키는 문제 를 가장 먼저 풀어 Bitcoin을 받은 Node에게 지급되고 이 Winner Node 승리한 노드가 Block 연결을 담당합니다.

413 Bitcoin Mining 비트코인 채굴

앞서 설명한 대로 Proof of Work 작업 증명를 완료한 참가자인 여러 Node 노드에게 네 트워크는 질문을 던지고, 그 정답을 제일 먼저 맞히는 Node 하나에게만 보상으로 Bitcoin 비트코인을 지급합니다. 이 정답을 맞히는 과정이 채굴입니다.

가령 네트워크가 $y = 2x + 3$이라는 함수를 제시하면서 "y값의 끝자리가 1이 되도록 하 는 가장 작은 자연수 x는 무엇인가?"라는 질문을 한다면? 별수 없습니다. x에 1, 2, 3, 4, 5…를 입력하여 여러 개의 y값을 나열해 보면 x가 4일 때 y가 11(끝자리가 1)이 됨을 알 수 있습니다. 네트워크에서는 임의의 x값을 Nonce, 그에 따른 y값을 Hash, 함수식 을 Hash Function 해시 함수이라고 부릅니다. $y = 2x + 3$이라는 함수를 예로 들기는 했 지만 네트워크는 Hash Function을 알려주지 않고 Nonce와 Hash라는 빈칸만 보여 줍니다. Nonce라는 명칭의 빈칸에 1, 2, 3, 4 등 임의의 수를 입력하면 그에 따라 각기 다른 Hash가 나타납니다. CPU보다 단순 연산을 더 잘한다는 GPU 그래픽 처리장치까지 장착한 컴퓨터로 Nonce에 여러 숫자를 랜덤으로 입력해서 변하는 Hash를 보며 정답 을 찾는 '노가다' 작업이 Bitcoin 채굴입니다. Hash Function이 복잡하고 질문이 어 려울수록 컴퓨터의 수와 성능을 보강하여 24시간 가동해야 하므로 채굴과정에서 소모 되는 엄청난 전기량이 환경 관점에서 비판의 대상이 되고 있습니다.

414 51% Attack 51% 공격

누군가가 해킹 의도를 갖고 Node노드로 해킹에 참여할 가능성은 얼마든지 있습니다. 만약 전체 Node의 51%가 조작된 거래내역을 갖고 있다면, 51% 다수결의 원칙에 의해서 거짓내역이 참으로 잘못 판단되어 새로 생성된 Block정보보관 상자에 담기게 됩니다. 이것이 51% Attack입니다. 이런 일이 실제로 발생한다면 Blockchain블록체인의 보안성은 낙제 수준이겠죠. 하지만 Node 참가자가 너무 많기 때문에 비용을 들여 컴퓨터를 더 사고 자기 편의 Node를 더 만들어도 51%의 지위를 얻기는 쉽지 않습니다. 비용이 너무 많이 들어 제품에 해킹을 포기하게 되죠. 결국 51% Attack은 이론적으로는 가능하지만 현실적으로는 불가능합니다.

415 Bitcoin Halving 비트코인 반감기

Bitcoin Half Life도 같은 뜻입니다. Bitcoin비트코인 채굴에 따른 보상은 4년마다 절반으로 줄어들도록 설계되어 있습니다. 2012년에 1차로 반감되어 25BTC를 지급하더니, 2016년에는 12.5BTC로 줄었고, 2020년 5월부터는 6.25BTC를 지급하고 있습니다. 2024년에는 3.125BTC만 주겠죠. 일부 Bitcoin 전문가와 투자자는 이 반감기가 Bitcoin 유통물량의 희소성을 더 높여서 가격이 높은 수준으로 유지되는 데 일조한다고 말합니다. 어느 정도 일리가 있는 주장입니다. 하지만 시간이 더 지나 1회 채굴로 받는 보상이 1BTC를 지나 0.1BTC 이하로 내려가면 Node노드는 컴퓨터를 돌리는 전기료도 건지지 못하는 적자상태가 됩니다. 이때부터는 Proof of Work작업 증명에 참여하고 채굴할 이유가 없어지는 거죠. 그러면 아무리 거래가 많이 발생해도 그 내역에 대한 참/거짓의 검증과 합의가 이루어지지 않을 것이고, 결국 Bitcoin 네트워크는 더 이상 정상적으로 작동하지 않게 될 것입니다.

416 Bitcoin Whale 비트코인 대량 보유자

잠재적으로 가격조작이 가능할 만큼의 Bitcoin 비트코인 대량 보유자를 일컫는 표현입니다. Satoshi Nakamoto 사토시 나카모토, Winklevoss 윙클보스 형제, 몇몇 벤처 자본가들이 대표적인 Bitcoin Whale입니다. 그렇다고 특정 지분이나 수량을 정해 놓고 Whale 대량 보유자 여부를 판단하지는 않습니다. Whale이라는 표현은 비단 암호화폐에만 국한된 표현은 아닙니다. 2020년 3월 이후 NASDAQ 선물의 기술주 Call Option을 대량으로 매입한 SoftBank를 미디어에서 NASDAQ Whale로 부르기도 했습니다. 또한, Bitcoin 이야기는 아니지만 Whale Index 100이라는 지수도 있습니다. 1억 달러 이상의 고객자산을 관리하는 자산운용사는 SEC에 13F라는 양식으로 Holdings 보유종목를 분기마다 공개해야 합니다. 이 중에서 Hedge Fund 전문 운용사가 보유하고 있는 Mid cap 미드캡(시가총액 20억~100억 달러 미만), Small Cap 스몰캡(20억 달러 미만), Micro cap 마이크로캡 각각 100개 종목을 지수화한 것이 Whale Index 100입니다. 가령 Mid cap의 경우 Whale Index 100 Mid cap이라고 합니다. 중소형주와 극소형주에 관심 있는 일반 투자자에게 꽤 인기 있는 지수입니다.

---

417 Non-Fungile Token(NFT) 대체불가능한 토큰

Non-Fungible 대체불가능한은 디지털 업계에서는 복제가 불가능하여 대체가 불가능하다는 의미입니다. 예를 들어 디지털 음원은 복제가 가능하므로 누구나 다운로드하면 들을 수 있지만, Blockchain 블록체인 암호화 기술로 복제가 불가능하게 제작된 음원은 오직 소유자 자신만 들을 수 있습니다. 그러므로 희소성이 보장되어 자산가치가 높습니다. 음원뿐만 아니라 미술품 또는 게임 속 어느 집에 대해서도 배타적인 디지털 소유권을 주장할 수 있습니다. 그래서 지금도 Cryptocurrency 암호화폐, Carbon Credits 탄소배출권, Winery 와인 양조장 등 비전통적인 자산에까지 투자하는 일부 Hedge Fund들이 NFT(Non-Fungile Token의 약자)에 관심을 갖기 시작했습니다. 복제를 불가능하게 하는 Blockchain 암호화 기술이 더 완벽해지면 NFT도 일부 자산운용사의 투자대상이 될 가능성이 높습니다.

21장 헷갈리는 주식 용어 비교

지금까지 주식 관련 용어를 배우며, 비슷한 것 같지만 의미가 다른 용어가 꽤 많다는 것을 느꼈을 것 같습니다. 아마 '주린이'가 주식 공부를 하며 만나게 되는 첫 번째 걸림돌은 비슷한 용어와 그 개념의 혼동일 것입니다.

Enterprise Value 기업가치와 **Market Value** 시장가치를 예로 들면 "그게 그거 아닌가?" 싶은데 다르다고 합니다. 그 차이를 간신히 이해했더니 이제는 **Fair Value** 공정가치라는 용어가 등장해서 머릿속을 쑥대밭으로 만들어 놓습니다.

또 헷갈리는 용어로 영업이익(**OP**), 잉여현금흐름(**FCF**), 영업현금흐름(**OCF**), **EBIT**, **EBITDA**도 있겠네요. 영업이익은 영업을 통해서 번 이익 같은데, 눈과 귀에 낯선 단어들은 서로 뒤죽박죽이 되어 머리 밖으로 하나씩 빠져나갑니다. 이들이 서로 어떻게 다른지, 각각의 용도는 무엇인지 정리하려니 쉽지 않습니다.

이 챕터에서는 이렇듯 헷갈리는 용어 50여 가지를 둘씩 짝지어 소개하고 숙지해야 할 이유를 설명합니다. 기업과 투자자의 최대 관심사는 실적, 그에 따른 현금 보유액, 주가입니다. 따라서 현금과 관련된 용어와 주가와 밀접한 관련이 있는 가치에 관한 용어를 먼저 설명하고, 뒤로 갈수록 가볍게 읽을 수 있는 쉬운 용어를 설명하겠습니다.

418 **OCF vs. FCF** 영업현금흐름 vs. 잉여현금흐름

현금흐름표의 세 가지 항목(영업활동현금흐름, 투자활동현금흐름, 재무활동현금흐름) 중 첫 번째 항목인 영업활동현금흐름에서 쉽게 확인할 수 있는 금액이 Operating Cash Flow(줄여서 OCF)입니다. OCF에서 설비투자금액인 Capex설비 투자(Capital Expenditures의 줄임)를 빼면 Free Cash Flow(줄여서 FCF)가 나옵니다. 당연히 OCF가 FCF보다 더 크겠죠. 그러면 각각의 용도는 무엇일까요? OCF는 기업의 영업활동에 의한 현금보유액을 추정할 때 사용되고, FCF는 여기에 배당금 지불능력과 자사주 매입 여력까지 포함하는 잣대입니다.

419 **OCF vs. Operating Income** 영업현금흐름 vs. 영업이익

OCF는 영업활동으로 벌어들인 현금의 규모를 측정할 때 도움이 되고, Operating Income은 순수하게 영업능력을 알고 싶을 때 사용됩니다. 회계원칙의 속성상 OCF보다 Operating Income이 항상 더 크게 나옵니다. OCF에는 외상매출금이 포함되지 않지만 Operating Income에는 포함되기 때문입니다. 단, 감가상각액이 매우 크면 OCF가 더 클 수도 있습니다.

420 **EBIT vs. EBITDA** 영업이익의 근사치 vs. 영업현금흐름(OCF)의 근사치

Earnings before Interest and Tax이자 및 세전이익의 약자인 EBIT은 쉽게 설명하면 '당기순이익＋이자비용＋세금'입니다. 영업이익의 Proxy대용치죠. EBIT은 1970년대

중반에 여러 국가에 사업장을 가진 다국적 기업(예 Coca-Cola)에서 내부 평가용으로 고안되었습니다. 국가마다 이자율과 세율이 다르므로 여러 사업장의 성과를 비교평가할 때 이자율과 세율의 영향을 제거하고, 오직 실적만으로 각국 사업장 순위를 매기기 위해 EBIT을 사용하기 시작했죠.

Earnings before Interest 세전이익, Tax 세금, Depreciation and Amortization 감가상각비의 약자인 EBITDA는 'EBIT + 감가상각비'입니다. 현금지출이 없지만 비용으로 처리한 감가상각비를 영업이익의 근사치인 EBIT에 더한 금액입니다. 영업으로 번 돈인 EBIT과 감가상각비를 합친 사실상의 보유현금액이므로 OCF 영업현금흐름와 근사한 값이 나옵니다. 즉, EBITDA는 OCF의 Proxy 대용치입니다. 일반적으로 OCF가 EBITDA보다 현금보유액을 더 잘 반영합니다. OCF는 현금이 아닌 재고자산과 외상매출금을 제외하지만, EBITDA는 이 둘을 포함하기 때문입니다.

OCF는 정밀하게 계산된 보유현금 추정치이고, EBITDA는 회계사가 아닌 M&A 기업인수합병 전문가들이 인수대상 기업의 현금보유액을 추정하기 위해 만들어낸 일종의 Quick Fix 임시변통 개념입니다. 또한, 영업이익과 OCF는 GAAP 일반 회계원칙 용어이고, EBIT과 EBITDA는 Non-GAAP 비일반적 회계원칙 용어라는 차이점도 알아둬야 합니다.

---

421 Enterprise Value vs. Market Cap 기업가치 vs. 시가총액

줄여서 EV인 Enterprise Value는 은행 등 채권자의 영향력을 0으로 만들며 인수기업이 명실상부한 피인수 기업의 주인이 되기 위해 필요한 자금입니다. 만약 기업 A가 기업 B의 Market Cap을 100% 매입한다면, A는 B의 자산에 대한 소유권과 동시에 부채에 대한 소유권(결국 부채상환의무)도 갖게 됩니다. 비록 B의 채권자인 은행 등에는 B에 대한 소유권은 없지만 Stake 이해관계는 있습니다. 만약 A가 채권자의 Stake를 제거하여 B를 온전하게 100% 소유하려면? 시가총액뿐만 아니라 부채 전액을 갚을 수 있는 추가자금이 필요합니다. 그나마 B의 통장에 현금이 있다면 그것으로 부채의 일부를 갚을 수 있겠죠. 그러므로 A의 B 인수 필요자금인 EV는 'Market Cap + 부채 − 현금'으로 계산할 수 있습니다. 'EV = Market Cap'으로 오해하면 안 됩니다. 실제로 EV는 M&A 기업인수합병 과정에서 중요하게 고려되는 개념입니다.

422 Yield vs. Return 수익률 vs. 이익금

Yield는 Percentage 개념이고(이익금/투자금 × 100) 주로 이익이 났을 때 사용하지 손해가 나면 거의 사용하지 않습니다. 반면에 Return은 이익(또는 손해)의 절대금액입니다. 또한, Yield는 예상 채권 수익률처럼 Forward-Looking 향후 발생할 결과값을 예상하는 성격이 강하고, Return은 Backward-Looking 이미 발생한 결과를 계산하는 개념입니다.

423 Beta vs. Beta Return 베타 vs. 베타 수익률

성격이 Volatile 휘발성 있는하다는 것은 기분이 변화하는 폭이 크고 예측 불가능한 행동 패턴을 자주 보인다는 의미입니다. 주식의 Volatility 변동성(휘발성보다는 변동성으로 번역)도 같은 뜻인데 Beta라는 값을 기준으로 측정합니다. 일반적으로 S&P 500 Index의 변동성을 Beta라고 합니다. 더 정확하게는 상장된 종목 전체의 변동성을 가중평균한 값이 Beta인데, 이 계산은 너무 복잡하고 번거로우므로 Benchmark Index 벤치마크 지수로 대신합니다. 특정 종목의 Beta가 1.0이라면 S&P 500 Index와 변동성이 같다는 의미이고, 1.3이면 위아래로 등락폭이 S&P 500 Index보다 30% 더 높거나 낮다는 의미입니다. Beta는 결국 시장 전체의 출렁임(변동성을 의미함)인 Systematic Risk 체계적 위험와 사실상 같습니다. Market Beta도 같은 뜻이며, Beta를 학술적으로 표현한 용어가 Beta Coefficient 베타계수입니다.

시간이 흐르면서 Beta와 Return 수익률이 결합된 Beta Return이라는 표현이 만들어졌습니다. 쉽게 말해서 S&P 500 Index의 변동성이 가져다주는 수익률이 Beta Return입니다. 그런데 언제부터인지 Return을 빼고 Beta만으로 시장평균 수익률을 의미하게 되었습니다. 정리하면 원래 Beta는 시장평균 변동성인데 요즘은 시장평균 수익률의 의미로 더 많이 쓰입니다.

424 Financial Investor vs. Strategic Investor
재무적 투자자 vs. 전략적 투자자

Financial재무적과 Strategic전략적이라는 수식어에서 이미 그 차이가 분명히 드러납니다. Financial Investor는 경영권 장악이나 경영참여에는 관심 없고 오직 Financial Return투자수익과 Exit투자금의 안전한 회수만을 목표로 하는 투자자입니다. 은행, 보험사, 증권사뿐만 아니라 보수적인 자산운용사, Hedge Fund헤지 펀드 운용사 등 다양한 형태와 종류의 금융기관과 펀드사가 이런 방식으로 투자합니다. 반면에 Strategic Investor는 자본투자는 기본이고, 이미 갖고 있는 사업체의 인적자원과 사업노하우까지 투입하여 경영에 참여한 후 중장기적으로 유무형의 시너지 효과를 증대하는 것을 목표로 합니다.

---

425 Principal Investment vs. Prop Trading
자기자본 투자 vs. 프랍 트레이딩

금융기관이 고객의 돈이 아닌 자기 돈을 주식, 채권, 부동산, M&A 등에 투자해 수익을 얻는 것이 *Principal Investment입니다. Principal Investment는 투자기간이 상대적으로 길고, 투자 대상기업의 경영권에 직접 또는 간접적으로 관여하여 기업가치를 올리려는 전략적인 목표를 갖고 있습니다. 고객의 돈이 아닌 자기 돈을 쓰는 것은 Prop Trading도 마찬가지입니다. 하지만 Prop Trading은 부동산과 M&A 등 장기로 투자하는 것이 아니라 주식, 채권, 파생상품, 통화 등을 단기적으로 거래하는 경우에 쓰는 용어로 *Proprietary Trading자기자본 투자의 줄임말입니다. 참고로 환율이 요동치면 뉴스에 단골로 나오는 분주한 외환거래실을 Prop Desk프랍 데스크라고 합니다.

*principal: 자본금의 | proprietary: 자기 소유의

---

426 Index Fund vs. ETF 인덱스 펀드 vs. 상장지수 펀드

Index Fund와 ETF는 특정지수(예 S&P 500 Index)를 추종하는 점은 같지만, 기본

적으로 Index Fund는 Mutual Fund에 속하므로 주식 시장에 상장되어 있지는 않습니다. 반면에 ETF는 상장된 펀드이기 때문에 사고파는 과정 자체가 곧 펀드 가입과 환매(탈퇴)입니다. Index Fund는 다양한 Mutual Fund 상품 중에서 Passively Managed Mutual Fund수동적으로 운용되는 뮤추얼 펀드(일명 Passive Fund)로 분류됩니다. 펀드 매니저가 편입종목과 구성비율을 직접 결정하는 Actively Managed Mutual Fund능동적으로 운용되는 뮤추얼 펀드(일명 Active Fund)와 구분되죠. ETF는 몇백 달러로 투자가 가능하지만 Index Fund는 최소 몇천 달러 이상이어야 가입할 수 있습니다. 참고로 ETF의 티커는 3자리(예 VOO, SPY 등)이고, Index Fund의 티커는 5자리(예 VFIAX, FXAIX 등)입니다.

---

427 Commodities vs. Materials 상품 vs. 원자재

Commodities 안에 Materials(Basic Materials를 줄인 것)가 포함된다고 보면 됩니다. 원유, 천연가스, 금, 구리 등 광업 생산물에서 Natural Rubber천연고무와 Log원목 등 Forest Resources임업자원까지 주로 Mining채굴과 Gathering채집, 채취으로 얻는 아이템을 Materials로 분류합니다. 여기에 인간의 노력이 들어가는 각종 농산물, 가축, 가공품(예 휘발유, 등유, LPG, 플라스틱 재료)과 심지어 탄소배출권까지 포함하는 광범위한 아이템을 Commodities(주로 복수로 표현)라고 합니다. 지금은 아니지만 1960년대까지도 CBOT시카고 상품거래소에서는 달걀도 취급했습니다. 달걀을 원자재로 분류할 수는 없죠. 그렇다고 주식 시장의 11개 Sectors가 이 기준을 엄격히 따르는 것은 아닙니다. 원유와 원유 가공품은 Energy Sector 소속이고, Materials Sector에는 Chemicals화학 물질, Building Materials건축용 자재와 Paper Products종이 제품가 포함되어 있습니다. Materials Sector의 Materials는 원자재보다는 소재로 번역하는 것이 적절합니다.

428 RSU vs. Stock Option 양도제한 조건부 주식 vs. 스톡옵션

Restricted Stock Units의 약자인 RSU는 정해진 성과를 달성한 임직원에게 기업이 보상으로 지급하는 주식입니다. Restricted제한된는 Vesting성과달성 조건이나 최소 근속연수 조건 등의 충족이 되어야 권리행사를 할 수 있고 Vesting 전에는 타인에게 양도할 수 없다는 뜻입니다. RSU와 유사한 제도로 Stock Option이 있는데, 이는 임직원이 미리 정해진 가격으로 주식을 매수할 권리인 주식매수청구권을 부여받는 제도라서 권리행사 시점에 주가가 매수가격보다 낮으면 보상의 의미가 없어지는 단점이 있습니다. 반면에 RSU는 회사가 증시에서 주식을 사들인 후 무상으로 지급하기 때문에 임직원 입장에서는 주가의 등락에 크게 신경 쓸 필요가 없는 장점이 있습니다. 국내에서는 생소한 제도이지만 Google, Apple 등 Silicon Valley 기업 사이에서는 일반적인 보상 시스템입니다.

429 Stock Market vs. Equity Market (둘 다) 주식 시장

Equity Market은 기본적으로 Stock Market과 같은 뜻이지만 좀 더 포괄적이고 뉘앙스도 다릅니다. 단기금융 시장, 채권 시장, 외환 시장, 파생상품 시장 등 주식과 성격이 다른 시장과 비교할 경우에는 Equity Market을 더 많이 쓰는 경향이 있습니다. 또한, Stock주식을 쓰면 Trading거래, 매매의 의미가 더 강하고 Equity자본를 쓰면 Ownership소유권이 암시적으로 더 강조됩니다.

430 Stock vs. Share (둘 다) 주식

Stock은 Stock Market주식 시장, Growth Stock성장주처럼 포괄적이고 일반적인 의미의 주식에 사용됩니다. 반면에 10 shares of Tesla테슬라 10주와 Earnings Per Share주당순이익처럼 특정 종목을 지칭하는 구체성과 사전적 의미의 Share몫, 즉 n분의 1의 성격이 강할 경우에는 Share를 많이 씁니다. 물론 Common Stock과 Common Shares(둘 다 보통주)처럼 어느 것을 써도 되는 중간 영역도 있습니다. 단, 이 경우에

Share는 일반적으로 복수형을 씁니다.

431 Equity vs. Equity Capital 자본 vs. 자기자본

B/S 대차대조표상의 Total Assets 총자산에서 Total Liabilities 총부채를 뺀 금액이
Equity 자본입니다. 주주의 돈이라는 의미여서 Shareholder Equity 주주 지분 또는
Owner's Equity 소유주 지분라고 합니다. Equity에 속하는 몇 가지 소항목 중에 Equity
Capital(=Share Capital, Capital Stock)자본금과 *Retained Earnings 이익잉여금 또
는 유보이익가 있습니다. 전자는 주식판매 대금 즉, 유상증자 납입금이고, 후자는 영업활
동으로 발생한 Net Income 당기순이익에서 배당하고 남은 금액입니다. 국내에서는 자
본, 자본금, 자기자본을 별생각 없이 섞어 쓰는 경우가 있기 때문에 Equity인지 Equity
Capital인지 정확히 확인해야 합니다.

*retain: 보유하다

432 Liabilities vs. Liability 부채 vs. 법적 책임

Liabilities는 경영상의 모든 의무입니다. 발행된 채권과 빌린 돈인 Debt는 물론이고,
상품권 발행액, Accounts Payable 외상매입금, Advance from Customers 선수금, 퇴
직급여 충당금 등도 부채입니다(드물게 Liability로 쓰기도 함). 단수인 Liability는 실수
나 고의로 발생한 손해에 대한 법적인 책임입니다.

433 Corp. vs. Inc. (둘 다) 주식회사

각각 Corporation과 Incorporated의 줄임말이고 둘 다 주식회사라는 뜻입니다. 하
지만 함부로 바꿔 쓰면 안 되고, 관계당국에서 사명변경 절차를 밟아서 Corp.를 Inc.
로(또는 반대로) 바꿀 수 있습니다. 유일한 차이라면 Corp.는 전 세계 범용 표현이
고 Inc.는 북미에서 주로 쓰인다는 것입니다. 또한, 미국 기업 중에서도 US Steel과

ExxonMobil처럼 오래된 회사들이 Corp.를 쓰는 것을 확인할 수 있습니다. 참고로 Incorporation은 '법인화 및 주식회사 설립'이라는 뜻입니다.

434 Affiliate vs. Subsidiary 계열사 vs. 자회사

Holding Company지주회사가 Minority Interest50% 미만의 지분를 갖고 있어서 이 사회에 제한적인 영향만 미치면 Affiliate이고, Controlling Interest50% 이상의 지분를 갖고 있으면 그 회사는 Subsidiary입니다. 하지만 Minority Interest여도 Cross Ownership교차소유 또는 순환출자 방식으로 Affililiate를 얼마든지 장악할 수 있기 때문에 계열사와 자회사의 기준이 명확한 것은 아닙니다. Associate제휴사는 상호이익을 위하여 협력관계에 있는 기업입니다. 지분관계는 중요하지 않습니다.

435 Shell Company vs. Shelf Company
서류상의 회사 vs. 비활동 기업

보통 Paper Company로 잘못 알고 있는 회사가 Shell Company입니다. 껍데기만 있고 알맹이는 없는 죽은 소라의 껍질인 Shell에 비유한 용어죠. Shell Company는 주로 카리브해에 위치한 바하마 제도, 버뮤다섬, 케이먼 제도 같은 Offshore Tax Haven역외 조세피난처에 설립됩니다. 참고로 Paper Company는 종이를 만드는 제지회사라는 뜻입니다. Shelf Company는 설립이력은 길지만 최근 몇 년간 영업활동이 별로 없는 사실상의 휴면기업입니다. on the shelf보류된, 선반에 그냥 있는라는 관용어구에서 유래한 표현입니다. 가끔 이런 기업을 인수하려는 경우가 있는데 회사의 높은 자산가치를 탐내거나, 창업보다는 인수를 택해 소비자에게 오래된 기업으로 보이는 것이 유리하다고 판단한 데 따른 것입니다.

436 GP vs. LP 무한책임사원 vs. 유한책임사원

금융권 용어로 제한하여 설명하면(법률회사에도 GP와 LP가 있음), PEF Private Equity Fund, 일명 사모 펀드에서 Pooled Capital 다수 투자자로부터 모집한 자본을 운영하는 금융회사가 GP(General Partner)이고, 돈을 내는 투자자가 LP(Limited Partner)입니다. GP도 투자하여 LP까지 할 수 있습니다. PEF는 Limited Partnership 합자조합 또는 투자조합이라는 조합 형식의 기업입니다. 이런 기업에는 법적으로 GP가 반드시 최소 1명은 있어야 합니다. General은 운영하며 발생하는 모든 피해에 대하여 법적인 책임을 진다는 의미이고, Limited는 출자한 돈만큼의 경제적 손해에 대해서만 책임진다는 의미입니다.

437 Convertible Bond vs. Convertible Note
전환사채 vs. 오픈형 전환사채

Convertible Bond(줄여서 CB)는 일정 시간 경과 후 액면금액 전체를 주식으로 전환할 수 있는 권리가 부여된 채권입니다. 반면에 Convertible Note는 Conversion Ratio 주식전환비율가 정해지지 않은 신종 오픈형 전환사채입니다. Silicon Valley의 Start-Up들이 선호하는 투자유치 방식으로, 정확한 기업가치 판단이 힘든 사업초기에 투자자와 기업 간의 소모적인 지분율 신경전을 줄이려는 의도에서 생겼습니다. 일단 투자하고 향후 가시적 성과가 나왔을 때 전환비율을 정하는 것이 이 사채의 특징입니다. 참고로 전환사채와 혼동하기 쉬운 사채가 Bond with Warrant 신주인수권부 사채(줄여서 BW)입니다. 약속된 시점에 약속된 가격으로 주식으로 전환되면(convert) CB이고, 추후 신규 발행될 주식을 살 수 있는 권리가 주어지고 기존 채권에 대한 권리는 그대로 유지되면 BW입니다. 금융용어로 Warrant는 '특정 권리가 추가로 보장되어 있음 또는 그런 조건의 증권'이라는 뜻입니다.

438 Director vs. Officer 이사 vs. 임원

주주총회에서 선정된 Director들은 Board of Directors이사회를 구성합니다. 이사회는 정관의 변경, 합병, 자산의 매각, 청산 등 매우 중요하지만 non-daily한 업무를 제안하거나 결정합니다. 중요하지만 Daily한 업무는 이사회에서 임명하고, 이사들의 업무를 위임받은 대리인인 Officer임원가 매일 출근하여(즉, 상근하여) Director들의 업무를 대신합니다. 회사에 따라 Director인 동시에 Officer인 경우도 드물지 않습니다. 참고로 Chief People Officer인사담당 최고경영자와 Chief Accounting Officer회계담당 최고경영자처럼 직급명칭에 Chief가 붙으면 Chairman회장에게 직접 보고하는 사장급 Officer입니다.

---

439 Spin-Off vs. Split-Off 인적분할 vs. 물적분할

Spin-Off는 자회사를 설립한 후 기존기업(모회사)과 신설기업(자회사)의 주식분할 비율을 정하여 쪼개는 독립형 기업분할입니다. 가령 분할비율이 7:3이라면 100주 가진 주주는 기존기업 주식 70주와 신설기업 주식 30주를 새로 받습니다. 이 경우 자회사는 별도로 상장합니다. 회사규모가 지나치게 커져서 분할하는 것이 더 효율적이라고 판단될 때 Spin-Off를 실시합니다. Split-Off는 독립법인으로 자회사를 설립하지만 모회사가 자회사 지분을 100% 소유하는 종속형 기업분할입니다. 구조조정을 목적으로 실행하는 경우가 많죠. 그 이유는 실적이 나쁜 사업부문을 물적분할로 일단 떼어놓으면 일정 시간 경과 후 매각이 쉽기 때문입니다. Split-Off의 또 다른 목적은 Equity *Carve-Out분할 후 기업공개입니다. 기업의 특정 사업부문을 Split-Off한 후 신규투자를 유치하여 IPO기업공개를 하는 것이 Carve-Out입니다. 외부자본의 수혈로 기업가치를 높이는 것이 주목적입니다.

*carve out: 베어 내다

440 Sovereign Risk vs. Country Risk
소버린 리스크 vs. 컨트리 리스크

*Sovereign Risk는 정부가 조달한 해외차관과 정부가 발행한 국채의 Default 채무불
이행 가능성입니다. 반면에 더 넓은 의미인 Country Risk는 전쟁 가능성, 사회 · 종교
적 갈등으로 인한 투자재산의 피해 가능성, 환율의 변동성, 지식재산권 보호의지 등 투
자자 입장에서 우려되는 포괄적인 불확실성입니다. 물론 Sovereign Risk도 Country
Risk에 포함됩니다.

*sovereign: 국가의

441 Bubble vs. Froth 거품 vs. 좁쌀거품

미디어의 헤드라인이나 기사 본문에 거품이라는 의미로 이 두 단어가 등장할 경우, 의
미에 차이가 있다는 것을 분명히 알고 읽어야 합니다. 둘 다 거품인 건 맞습니다. 하지
만 Bubble은 제대로 형성된 거품이고, Froth는 좁쌀처럼 작은 Bubble 알갱이들이
뭉쳐 있는 모습(a mass of small bubbles in liquid)입니다. 보통 Frothy Market
또는 Market Froth는 Precursor to Market Bubble 시장버블의 전조증상로 해석됩니
다. 또한, FED의 책임자들은 Bubble이라는 단어의 사용을 극도로 자제합니다. 이
들이 Bubble 대신 사용하는 것이 보수적이고 덜 자극적인 어감의 Froth입니다.
synonym 유사어이긴 하지만 100% 대체하여 쓸 수 있는 건 아닙니다.

442 Disinflation vs. Deflation
인플레이션 속도의 진정 vs. 물가의 지속적 하락

Disinflation은 Inflation의 일부분으로 물가의 상승속도가 둔화되는 상태를 의미합니
다. 예를 들어 지난 4개월간의 월간 물가상승률이 4%, 3%, 2%, 1%라면 물가가 매달 오
른다는 측면에서는 Inflation이지만 그 속도가 진정되고 있기 때문에 별도로 구분하여
Disinflation이라고 부릅니다. 반면에 Deflation은 물가상승률이 중장기적으로 마이너스인
상태입니다. 이런 상태가 계속되면 기업은 생산과 신제품 출시에 대한 의욕을 잃게 됩니다.

443 Market Depth vs. Market Breadth 시장의 심도 vs. 시장의 폭

큰 호수나 바다에는 자동차만 한 바위를 던져도 금방 평온해지지만, 개천에 바위를 던지면 개천 자체가 망가집니다. Market Depth도 이와 비슷합니다. 몇백, 몇천 주만 거래돼도 가격이 크게 출렁일 정도로 거래 참가자의 수와 Volume 거래량이 적은 실개천 같은 시장을 Thin Market 깊이가 얕은 시장이라고 부릅니다. 당연히 Volatility 변동성가 크겠죠. 반대로 참가자도 거래량도 많은 시장은 Deep Market 깊이가 깊은 시장입니다. 이런 시장에서는 종목당 매수호가와 매도호가가 다양하고도 촘촘하며(이것을 Spread가 적다고 표현함) 주문수량도 많아서 돌발악재가 아닌 한 가격의 급등락이 거의 없습니다. 반면에 Market Breadth는 Advancing Stocks 상승 종목의 수와 Declining Stocks 하락 종목의 비율로 Market Sentiment 시장심리를 측정하는 가장 기본적인 지표입니다.

444 Money Market vs. Capital Market 단기금융 시장 vs. 자본 시장

개인과 마찬가지로 은행, 증권사, 보험사 같은 금융회사에도 일시적으로 자금이 부족하거나 남는 경우가 발생합니다. 이 때문에 짧게는 하루, 길게는 일 년 이내의 만기로 돈을 빌려주고 받는 시장이 형성되는데 이를 Money Market이라고 합니다. 여기서 거래되는 대표적인 금융상품은 T-Bill(만기 1년 이하 국채), Repurchase Agreement 환매조건부채권, Commercial Paper 기업어음입니다. Money Market은 금융권의 실핏줄이나 윤활유 기능을 담당하는 시장입니다. 반면에 기업의 시설자금 조달을 위한 금융권의 중장기 대출 시장과 증권(주식과 채권) 발행 시장은 Capital Market이라고 합니다.

445 Addressable Market vs. Available Market
전체 시장 vs. 유효 시장

Addressable이 낯선 표현일 수 있는데, 이해하기 쉬운 유사어가 Accessible입니다. 중저가 TV 생산업체를 예로 들면, 이들에겐 TV 시장 전체가 Addressable

Market이고, 이 중에서 중저가 TV 시장규모가 Available Market입니다. Available Market 중에서 이 업체가 가질 수 있는 현실적인 점유율의 최대치가 Obtainable Market수익 시장입니다. 사업 초기 단계인 Start-Up 업계에서 시장규모를 추정할 때 TAM(Total Addressable Market)전체 시장, SAM(Service Available Market)유효 시장, SOM(Service Obtainable Market)수익 시장이라는 표현을 자주 씁니다.

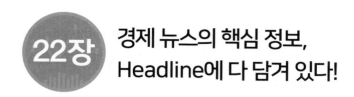

22장 경제 뉴스의 핵심 정보, Headline에 다 담겨 있다!

미국 증시의 다양한 소식을 접하려면 어느 미디어가 적합할까요? **Wall Street Journal** 같은 **Quality Paper**고품격 정론지도 있고 가입 비용이 비싼 **Bloomberg**도 있지만, 무료이면서 속보성이 뛰어난 **CNBC**를 추천합니다. **CNBC**는 논조도 중도 또는 중도 좌파로 분류되기 때문에 미국에서 **Bias**편파성가 가장 적은 언론사 중 하나로 꼽힙니다. 다만 정보 제공의 신속함을 추구하다 보니 심층 분석은 약하다는 평입니다.

꼭 **CNBC**가 아니어도 실시간으로 미국 주가를 제공하는 **Yahoo Finance**도 좋고, **Investing.com**에서도 주식 관련 정보와 기사를 쉽게 접할 수 있습니다. 아마 뉴스 기사를 본문 포함해서 다 읽는 사람들은 많지 않을 것입니다. **Headline**을 쭉 훑어보다가 관심 있는 기사만 본문을 정독하면 되니까요. 한 시가 아까운데 **Headline**과 **Subheading**부제목만 읽어도 짧은 시간에 많은 내용을 요약하여 파악할 수 있습니다. 단, **Headline**을 빠르고 정확하게 읽을 실력이 되어야 할 텐데, 그러려면 무엇보다 기사 **Headline**에 자주 나오는 표현에 익숙해져야 합니다.

그래서 이번 챕터에서는 **CNBC**의 **Headline**과 **Subheading**에 등장한 어휘 중 미국 증시를 이해하는 데 직간접적으로 도움이 되는 표현을 모아 놓았습니다. 앞선 여러 챕터에서 다뤄야 할 용어가 꽤 많다 보니 부득이하게 누락할 수밖에 없었는데, 독자들에게 하나라도 더 알려주고 마음에 이렇게 별도 챕터로 소개합니다. 이 챕터를 학습한 후 **CNBC, Yahoo Finance, Investing.com**의 기사를 살펴보면 아마 꽤 많은 단어들이 눈에 들어올 테니 투자에 꼭 참고하세요.

CNBC Headline에서 뽑은 주식 용어

446 VIX 빅스

CBOE 시카고 옵션거래소의 여러 옵션 종목 중에는 S&P 500을 기반으로 한 옵션이 많습니다. 어느 교수가 이 옵션들의 향후 30일간 변동성을 예측하기 위해 만든 지수가 VIX입니다. 전체 이름은 CBOE VIX입니다. VIX의 V는 Volatility 변동성이고 IX는 Index를 의미합니다. 그러므로 VIX Index나 VIX 지수라고 하면 지수를 두 번 말하는 셈이 됩니다.

시황이 안 좋을수록 VIX 값은 오릅니다. 평소 VIX는 25 전후인데, 특이한 점은 이 값이 급등장에서는 조금만 내리고 급락장에서는 큰 폭으로 오르는 비대칭성을 지닌다는 것입니다. 그 이유는 옵션이라는 파생상품 시장에는 Bear를 이용해서 이익을 얻으려는 Put Option의 거래량이 Bull을 이용해서 돈을 벌려는 Call Option보다 몇 배 더 많기 때문입니다. 상승장이 예상되면 일반 주식을 사지 굳이 Call Option을 선택하는 투자자는 그리 많지 않습니다. 그래서 Fear Index 공포지수라는 별명까지 얻었으며 코로나19의 피해가 극심했던 2020년 3월에는 VIX 값이 82까지 올랐습니다.

447 Market Jitters 시장의 신경성 불안증세

증시의 불확실성이 커지고 중소규모의 Correction 조정장을 몇 차례 겪으며 대다수의 시장 참가자들이 느끼는 Jitter 신경질적이며 예민한 불안감입니다. 이럴 때 부정적인 Material Catalyst 무게감 있는 촉매제 '한방'이 터지면 Herding Effect 양떼 같은 무리행동 성격의 투매가 일어납니다.

448 MSCI Index MSCI 지수

MSCI는 Morgan Stanley Capital International의 약자이며, 주식·채권·헤지 펀드 관련 각종 지수와 투자분석도구를 개발·관리·판매하는 금융서비스 기업입니다. 투자은행인 Morgan Stanley가 대주주이고, 이 기업의 모태인 Capital International은 소액주주로 남아 있습니다. 이 기업이 발표하는 MSCI 지수는 1,000개가 넘으며 전 세계 기관투자가들은 이 지수를 우선순위로 참고하여 국가별·업종별 투자전략을 짭니다. 가장 유명한 지수는 MSCI Country Index MSCI 국가 지수이고 개인 투자자 입장에서는 매년 2, 5, 8, 11월에 진행되는 Rebalancing 편입종목 재조정을 유심히 관찰할 필요가 있습니다. 편입과 퇴출에 따라 해당 종목에 대한 기관투자가들의 매수와 매도가 뒤따르기 때문입니다.

449 FTSE 100 Index FTSE 100 지수

LSE London Stock Exchange, 런던 증권 시장에 상장된 1,100여 개 기업 중 시가총액 Top 100 기업의 주가와 시총을 기초로 산출한 Index입니다. 이들 100개 기업의 시총은 미국 S&P 100의 11%에 불과하지만(KOSPI 시총보다 약간 큰 정도) 유럽 증시에서는 중요하게 참고하는 지수입니다. FTSE는 Financial Times와 London Stock Exchange의 합성어이고, FTSE Index는 이 두 기업이 합작하여 만든 기업인 FTSE International이 관리합니다.

450 OTC Market 장외 시장

규제당국의 승인요건을 충족한 Official Exchange 공식 거래소가 아닌 거래소를 의미합니다. 좀 과장하면 부동산 시장의 '떴다방'처럼 오직 거래 당사자들 간의 신용과 협상력에 의해 거래가 이루어지는 시장이 OTC Market입니다. 도시별로 소규모 Official Exchange가 있긴 하지만, 간단하게 이해하려면 NYSE와 NASDAQ이 아닌 대부분의 거래소가 미국 주식의 OTC Market이라고 보면 됩니다. 현재 OTC Markets

Group이라는 기업이 1만 개 이상 비상장 주식의 장외거래를 관리하고 있습니다.

451 OTC Pink 장외 잡주 거래소

OTC Markets Group은 장외거래주를 3-Tier 3등급로 나눠서 분리 운영합니다. 1등급 주식과 2등급 주식은 각각 OTCQX와 OTCQB에서 거래됩니다. 3등급 잡주들이 거래되는 곳이 OTC Pink(=Pink Open Market)입니다. 과거에는 이런 잡주 거래에 분홍색 용지를 사용했습니다. 그래서 3등급 주식을 Pink Sheet라는 별명으로 불렀습니다. 이런 주식들은 오늘 당장 망해도 전혀 이상하지 않은 소기업의 주식입니다. 거래가도 몇 달러보다는 몇십 센트가 더 많고, OTC Markets Group에 의무적인 보고사항이 거의 없는 부실주 집합소입니다.

452 OTCQX 1등급 장외주식 거래소

OTC에서 거래되는 주식의 4%만이 OTCQX 소속입니다. OTC '범생이' 주식 또는 상장 예비군 주식으로 보면 됩니다. Facebook도 한때 OTCQX 소속이었습니다. 이곳 소속 기업은 OTC Markets Group에 반드시 재무정보를 보고해야 합니다. 반면에 OTCQB에는 초기단계의 벤처기업, Shell Company 소위 페이퍼 컴퍼니, 상장요건 미달로 공식 거래소에서 좌천된 기업의 주식이 뒤섞여 있습니다. OTCQX 소속 주식보다는 보고 의무가 약합니다.

453 Penny Stock 5달러 미만의 저가주

SEC는 5달러 미만으로 거래되는 주식을 Penny Stock으로 규정하고 있습니다. 과거에는 1달러 미만이었는데 물가상승 요인으로 기준이 대폭 올랐습니다. NYSE와 NASDAQ에도 적지만 Penny Stock이 일부 있습니다. 물론 조만간 Delisting 상장폐지될 운명을 맞겠죠. Penny Stock을 쉽게 만날 수 있는 곳은 역시 OTC Market 장외 시장입니다. 이런 주식은 거래량이 적은데도 가격이 급등락할 만큼 높은 변동성이 특징입니다.

454 Secular Growth 혁신에 의한 큰 성장
Cyclical Growth 경기주기 변화에 의한 작은 성장

피처폰에서 스마트폰으로, 내연기관 자동차에서 전기 자동차로 바뀌면서 관련 기업들이 얻는 대규모 성장이 Secular Growth입니다. 기술혁신 등 큰 변화로 인해 발생하는 강력한 신규수요가 이런 성장의 원동력이죠. Secular에는 '세속적인'과 '장기적인'이라는 뜻이 있습니다. 이 중에서 후자의 뜻이 그나마 Secular Growth의 설명에 부합합니다. 주기적인 변화가 아니라 큰 물줄기의 장기적인 변화로 이해하면 됩니다. 이와는 대조적으로 경기침체에서 회복기와 확장기로 넘어가면서 얻는 주기적인 성장기회는 Cyclical Growth입니다.

455 Unlocking Shareholder Values 잠겨 있던 주주가치의 해방

Activist Investor행동주의 투자자 또는 Activist Shareholder로 불리는 '운동권' 분위기의 적극적 투자자는 특정 기업의 지분을 매집한 후 경영권에 개입하여 지배구조의 변화, 주주배당 확대 등 주주이익 제고를 강력하게 요구하는 투자자입니다. 드물지만 Divestment특정 국가에서의 사업철회까지 요구하는 경우도 있습니다. 이렇듯 주주 몫을 제대로 챙기려는 노력과 그 과정을 Unlocking Shareholder Values라고 합니다. Carl Icahn칼 아이칸, Bill Ackman빌 애크먼, Nelson Peltz넬슨 펠츠 등이 대표적인 행동주의 투자자입니다. 이들은 요구사항을 관철하기 위해 자신들이 영향력을 갖고 있는 Hedge Fund와 지주회사를 주요 수단으로 이용합니다.

456 Selective Disinvestment 선별적 투자철회

기업의 비재무적 성향과 품질을 측정하는 핵심 지표인 ESG Environmental 환경, Social 사회, Governance 지배구조를 기업이 수용하고 지키는 정도와 적극성을 ESG *Compliance ESG 준수라고 합니다. 그러면 ESG를 무시하거나 생색내는 정도로만 준수하는 기업에는 시장이 어떻게 대응해야 할까요?

자산운용사의 내부 기준과 투자자들의 압박에 의해서 해당 기업 주식의 펀드 편입을 취소하거나 제한하는 것이 가장 효과적인 대응책입니다. 꼭 펀드가 아니더라도 해당 기업 주식에 대한 거래금지까지도 가능합니다. 이러한 대응방식을 Selective Disinvestment라고 합니다. 다국적 기업의 지분참여와 경영제휴 철회도 여기에 포함됩니다. 1970년대에 남아공의 인종차별 정책인 Apartheit를 무력화하기 위해 서구의 대기업들이 남아공 투자를 기피하거나 철회한 것이 지금까지 가장 유명하고 조직적인 Selective Disinvestment로 알려져 있습니다. 요즘은 중국을 효과적으로 견제하는 카드로서 사용될 가능성도 자주 언급되고 있습니다.

*compliance: 준수

---

457 Alternative Data 대안(대체) 정보

금융용어에 Alternative 대체가능한라는 수식어가 붙으면 Unconventional 비관습적인, 기존의 틀을 벗어난을 의미합니다. Alternative Investment 대체투자는 주식과 채권 등 일반적인 금융상품이 아닌 골동품, 우표, 와인농장 등을 투자대상으로 합니다. 이와 비슷한 맥락에서 Alternative Data는 기업의 재무정보나 실적과 관련해 수치로 된 정보가 아니라 위성사진, 특정지역 교통량, SNS 관련 데이터 등 투자와 직접적인 관련은 없거나 적지만, 결국에는 주식 시장에 영향을 줄 수도 있는 각종 정보입니다. ESG Compliance ESG 준수도 여기에 포함됩니다. 시장의 큰 그림을 보려는 주식 고수들은 이런 데이터를 유료서비스로 이용하면서 투자 인사이트를 얻기도 합니다. 줄여서 Alt-Data라고 합니다.

458 Corporate Governance 기업지배구조

Corporate는 좁은 의미로는 '기업'이지만, 범위를 넓히면 국가, 학교, 비영리단체 모두를 포함합니다. Governance의 사전적인 뜻은 '지배, 운영'이지만, Corporate Governance의 Governance는 구체적으로 '운영구조와 방식, 운영의 책임성'을 의미합니다. 특히 책임성은 수동적 의미의 Obligation의무이나 Responsibility책임가 아니라 Willingness적극적 의지까지 포함하는 능동적 책임인 Accountability를 뜻합니다. 주주권리, 이사회 운영, 심지어 배당정책까지 Governance의 대상이 되는데, 이 모든 것을 아우르는 표현이 Corporate Democracy기업 민주화입니다.

459 Proxy Fight 주총의 위임장 확보 힘겨루기

주주총회에 모든 주주가 직접 나와 의결권을 행사할 수 없기 때문에 대부분의 주주들은 대리인에게 Proxy위임장, 대리투표권를 써주고 대신 투표하게 합니다. 이런 대리투표를 Proxy Voting이라고 부르죠. Proxy를 확보하려는 반대세력 간의 쟁탈전이 Proxy Fight 또는 Proxy Battle입니다. 반대세력 중에는 Corporate Governance기업지배구조 확립을 목표로 하는 Activist Investor행동주의 투자자도 있고 Hostile Takeover적대적 인수 의도를 가진 M&A 세력도 있을 수 있습니다.

460 Shareholder Proposal 주총안건 제안서

주주총회를 앞두고 주주가 회사에 제출하는 제안서입니다. 심지어 소액주주인 Corporate *Gadfly주총꾼도 제안서를 내며 경영진의 약점을 건드립니다. 이 제안서에 들어갈 내용을 전문적으로 작성해 주는 업체도 있는데 Proxy Firm이라고 합니다. SEC 규정과 회사정관에 따라 일정 지분 이상 소유한 주주가 제출한 제안서는 Proxy Statement주총안건 포함 주총 안내서에 포함됩니다.

*gadfly: 날파리, 잔소리꾼

461 Stakeholder 이해관계자 또는 이해공유자

General Electric과 Sony 등 일부 기업들은 Annual Report연례 보고서의 첫머리에 소개되는 A Letter from CEO에서 'Dear Shareholders and All Stakeholders친애하는 주주 및 모든 이해당사자들'라는 문구를 쓰거나 썼던 것으로 유명합니다. Shareholder는 주주인데 Stakeholder는 누구일까요?

Stake에는 주식의 소유지분과 이해관계라는 두 가지 뜻이 있습니다. Minority Stake(=Minority Interest)는 소유지분 50% 미만을 의미하고, Stakeholder는 이해관계자입니다. 더 세련되고 깊은 의미인 이해공유자로 번역하기도 합니다. 기업의 Stakeholder는 고객, 종업원, 거래기업, 시민단체, 지역사회 주민, 정부 등입니다. 주주보다는 직접적인 관련성과 중요도가 떨어진다고 볼 수 있지만, 가볍게 여기거나 무시하면 결국에는 기업가치에 악영향을 주는 의미 있는 기업외부환경이라고 할 수 있습니다.

462 Time Horizon 투자기간

시간지평으로 직역되어 주로 천체물리학이나 생명공학에서 사용되는 용어입니다. 하지만 투자에서는 특정 Investment Vehicle주식, 채권, 파생상품 등 개별 투자수단을 매입하기 전 염두에 두고 있는 투자기간을 의미합니다. 그래서 투자상담을 할 때 자주 듣는 질문 중 하나가 "What's your time horizon for this investment?이 투자에 대한 당신의 투자기간은 어떻게 되는가?"입니다.

463 Defined Benefit Plan 확정 급여형 은퇴연금

미국의 Retirement Plan은퇴연금제도이 Stock Picking투자종목 고르기과 관련이 있어서 소개합니다. 1890~1980년대와 2000년대 초반까지도 대다수의 기업은 Tenure of Service근속연수와 급여수준을 참고하여 직원의 퇴직금을 Defined Amount확정금액로 보장했습니다. 그런데 저금리가 대세로 굳어지며, 이렇게 예전에 약속한 내용이 기업들의 발목을 잡고 있습니다. 1980~90년대 후반 이후에 설립된 기업은 직원 퇴직금을 확정지어 약속하지 않아서 부담이 없지만 Ford, GM, US Steel, Delta Air Lines 등 업력이 긴 늙은(?) 기업들은 저금리 상황에서 예전에 약속한 직원연금을 매달 지불하느라 지금 등골이 휘고 있습니다. 더구나 챙겨 줘야 할 퇴직직원의 수도 수만 명이 넘습니다. 미국의 전통기업에 관심이 있다면 이런 사실을 참고하기 바랍니다.

464 Defined Contribution Plan 확정 적립금형 은퇴연금

Contribution을 갹출금, 기부금, 기여금 등 여러 가지로 번역하는데, 매월 월급에서 일정 비율을 떼어내어 적립하는 금액이므로 적립금이라는 번역이 적절합니다. 직원이 매년 연봉의 3~6%(기업마다 비율은 다름)를 12개월로 나눠 연금계좌에 적립하면 기업도 같은 금액을 계좌에 무상으로 입금합니다. 이 계좌의 돈은 직원이 선택한 금융상품(주로 뮤추얼 펀드)에 투자되며 59.5세부터 Lump Sum일시불 또는 연금 형식으로 되돌려받을 수 있습니다. 기업은 매달 기업 몫의 적립금만 직원의 통장에 넣어주면 끝이므로, Defined Benefit처럼 확정된 금액으로 퇴직금을 약속하지 않아도 됩니다.

465 401K 월불입형 직장인 은퇴연금

미국의 Defined Contribution Plan확정 적립금형 연금제도 중 가장 대표적인 월적립식 Retirement Pension Plan은퇴연금제도입니다. 가령 본인이 연간 13,000 달러를 적립하면 회사도 동일한 금액을 지원해 줍니다(회사에 따라 지원비율은 다름). 이것을 Matching이라고 하죠. Matching이 없는 IRAIndividual Retirement Account, 개인퇴직계좌라는 연금방식도 있습니다.

전 세계의 미국 주식 투자자들에게 401K가 중요한 것은 401K와 IRA 계좌의 매월 적립금액 대부분이 Mutual Fund로 들어가 운용된다는 사실입니다. NYSE와 NASDAQ의 시총합계가 56조 달러 이상인데, 이 중에서 Mutual Fund가 운용금액 22조 달러 이상으로 부동의 1위를 유지하고 있습니다. 주가의 꾸준한 상승에는 수급도 중요한 변수인데, 401K와 IRA가 매달 주식을 매수함으로써 자금수혈 역할을 제대로 하고 있다는 점을 반드시 알아야 합니다. 미국 증시가 웬만한 충격에도 빨리 회복되는 것은 장세 여부에 상관없이 매달 증시로 샘물처럼 들어오는 401K와 IRA 자금 덕분입니다.

466 Vesting Period 100% 권리행사까지 소요되는 기간

동사 Vest의 사전적인 뜻은 '온전한(100%) 권리를 부여하다'입니다. 그래서 우리사주나 스톡옵션의 권리행사에 사용되는 용어인 Vesting은 이러한 권리를 행사하기 위한 '조건의 충족'을 의미합니다(예 성과달성, 최소 근속연수). 예를 들어 Stock Option을 받았는데 향후 최소 5년간 퇴사하지 않아야 한다는 조건이 붙었다면 Vesting Period는 5년이고, Stock Option의 행사가 가능한 5년 후 첫날이 Vesting Day 100% 권리행사 개시일입니다.

467 Pent-Up Effect 펜트업 효과

Pen 울타리 안에 가두다의 수동형인 Pent를 이용한 Pent-Up Demand 억압된 수요는 다양한 이유와 원인으로 소비활동을 못하고 억눌려 있는 수요입니다. 수요를 억누르던 요인이 사라져서 이 수요가 단기간에 폭발적인 소비지출로 분출되는 것을 Pent-Up Effect 라고 합니다. 코로나19의 완전 종식 이후 어느 업종에서 강한 소비가 일어난다면 그것도 Pent-Up Effect로 해석할 수 있습니다.

468 Beat and Raise 발표한 실적과 예상실적 둘 다 좋음

시장의 예상을 뛰어넘는 깜짝 놀랄 만한 실적 발표를 Earnings Surprise라고 하죠. 이보다 한 등급 높은 실적 호조가 Earnings Beat입니다. 경영진은 다음 분기나 다음 해의 실적에 대한 자신감이 넘치면 Guidance 실적 전망치 내용에 '내년 실적은 이보다 더 좋을 것'이라는 내용의 Raised Outlook 상향된 전망을 제시하기도 합니다. 그래서 Beat and Raise는 너무나도 좋았던 지난 분기(또는 지난해) 실적과 더 좋을 다음 분기 Guidance를 합친 표현으로, 투자자에게는 더 이상 좋을 수 없는 호재입니다.

469 Rule of 40 유망 SaaS 기업 선정기준

아직은 소수의 투자자들이 지지하는 기준이지만 투자시각을 넓히는 차원에서 소개합니다. SaaS 기업을 평가하기 위해서는 전통적인 방식보다 '40의 법칙'이 유용하다는 주장입니다. 매출액 증가율과 영업이익률의 합이 40%를 넘는 SaaS Software as a Service, 사스 기업이어야 투자가치가 있다는 내용인데, 가령 매출액 증가율이 60%이고 이익률이 −20%인 경우와 매출액 증가율이 20%이고 이익률이 20%인 경우 등이 모두 해당합니다. SaaS 기업의 특성상 회원사를 가능한 한 많이 확보하는 것이 중요하니, 눈앞의 이익보다는 매출을 더 중시하자는 시각이죠. 이렇게 완벽하게 검증받진 않았지만 나름 근거 있는 투박한 법칙(또는 경험칙)을 Rule of Thumb 경험 법칙이라고 합니다.

470 Backtesting 사후적 수익률 모의실험

Backtesting 전용 소프트웨어에 이미 발생한 역사적 데이터를 입력하여 자신이 추구하려는 투자 기법의 위험수준과 수익성을 확인하고, 향후 투자에 참고하는 Ex-Post Simulation 사후적 시뮬레이션입니다. Quantitative Analysis 정량적/계량적 분석의 일부이기도 합니다.

471 Tunneling 터널링

지배주주 겸 CEO가 기업의 '지하에 터널을 뚫어'(비유적 표현) 회사의 가치를 몰래 빼돌리는 비윤리적 또는 불법적 행위를 Tunneling이라고 합니다. 경영진에 대한 과도한 보상, 알짜 사업부를 소위 '회장님' 지분이 높은 회사로 헐값에 이전하기 등 불법과 합법이 교차하는 회색지대에서 이루어지는 이러한 은밀한 행태는 종류도 가지가지입니다. 미국에도 가끔 있는 사례이지만, 주로 Emerging Market에서 많이 발생하며 한국도 예외는 아닙니다. 애써서 가치주를 발견하여 매입했는데 Tunneling으로 기업가치의 핵심이 사라지는 경우가 적지 않죠. 그래서 가치주 투자는 미국에서만 가능하다는 주장이 갈수록 힘을 얻고 있습니다. 이런 도둑질을 고대 그리스어 어원의 품위 있는 단어 Klepto도둑를 이용하여 Corporate *Kleptocracy라고 부릅니다. '도둑 경영'으로 번역할 수 있겠네요.

*kleptocracy: 도둑 정치

472 Love Money 가족의 스타트업 투자금

창업 초창기에 가족, 친인척, 가까운 지인으로부터 들어오는 투자금을 지칭하는 비공식적 표현입니다. 이들은 전문적인 투자자가 아니기 때문에 Angel Investor엔젤투자자로 분류되지 않습니다. 모든 것이 불확실하여 긴축해야 하는 시기이므로 이 단계를 Bootstrapping직역: 신발끈 조여 매기 단계라고 부르기도 합니다.

473 Accelerator 창업 액셀러레이터

액셀러레이터는 Start-Up이 성장할 수 있도록 도움을 주는 기업입니다. 단순히 돈만 투자하는 것이 아니라 교육과 멘토링을 제공하고, Start-Up이 필요로 하는 사람이나 조직을 연결해주는 네트워킹 서비스까지 지원하여 말 그대로 창업 초기의 성장속도를 가속화합니다. Seed(=Startup) Accelerator라고 부르기도 합니다. Y Combinator, Techstars, 500 Startups 등의 기업이 대표적이고, 이들은 제공하는 각종 서비스의 대가로 Start-Up 지분을 일정 비율 받습니다.

474 Angel Investor 엔젤투자자

Start-Up의 초창기에 투자하는 고액자산가이자 전문투자자입니다. Private Investor, Seed Investor, Angel Funder로 불리기도 합니다. 금융계에서는 100만 달러 이상의 금융자산을 보유한 개인을 High-Net-Worth Individual고액자산가(줄여서 HNWI)로 부르는 관행이 있는데, Start-Up에 투자하며 그 대가로 지분을 보장받는다면 이들 역시 Angel Investor라고 부릅니다.

475 Micro Venture Firm 마이크로 벤처사

Angel Investor엔젤투자자와 경험 많은 Venture Capitalist벤처투자가의 중간 정도 자금을 투자하는 소규모 Venture Capitalist를 부르는 말입니다. 다음에 이어질 용어 설명의 Seed Funding과 Series A Funding 단계에서 적은 금액으로 활동합니다.

476 Funding Rounds 스타트업의 IPO 전 투자유치

IPO기업공개 이전까지 Start-Up의 성장과정을 4단계로 나누고 각 단계를 Seed Funding, Series A Funding, Series B Funding, Series C Funding으로 이름 붙인 것이 Funding Rounds입니다.

Seed Funding 단계에서는 주로 Love Money가족의 스타트업 투자금, Angel Investor엔젤투자자, Micro Venture Capitalist마이크로 벤처사의 자금이 들어옵니다. 성공 여부가 불확실한 시기여서 보통 건당 10만 달러 이하의 자금이 투자됩니다. 이후 의미 있는 영업이 조금씩 시작되는 시점에서 이루어지는 외부투자가 Series A Funding입니다. 확장기에 접어든 이후의 투자는 Series B Funding, IPO 1~2년 전의 투자는 Series C Funding입니다. 하지만 A, B, C의 구분이 명확한 것은 아닙니다. A, B, C라는 차이를 통해 각각 IPO에 얼마나 가까운지만 판단하면 됩니다. 드물게 Series D라는 표현을 쓰기도 하지만 큰 의미는 없습니다.

23장 투자에 재미와 실력을 더해주는 Fun & Cool Words

주식투자와 관련된 다양한 영어 표현을 접하다 보면 대부분이 경영학, 경제학, 회계학에서 쓰이는 딱딱하고 무미건조한 전문 용어라 재미가 반감될 수 있습니다. 하지만 이렇게 지루한 전문용어의 틈바구니 속에서도 의인화, 은유, 비유 등을 통해 나름대로 투자의 핵심을 찌르는 재미있는 표현을 가끔 만나볼 수 있어서 참 다행입니다. 앞선 챕터까지 힘들게 학습했으니 이 챕터에서는 쉬어 가는 느낌으로 재미있는 투자 용어들을 모아봤습니다.

키가 작아서 기껏해야 성인의 발목 정도만 물 정도로 작은 강아지는 **Ankle Biter**입니다. 주식 시장에서는 거대 기업에 도전하는 **Small Cap**스몰캡(시가총액 20억 달러 미만)이나 **Start-Up**을 가리킵니다. **Amazon**도 **E-Commerce**전자상거래 초창기에는 **Walmart**에 도전하는 **Ankle Biter**로 헤드라인에 자주 등장했습니다.

Microsoft와 **Apple** 때문에 유명해진 표현으로 **Dogfooding**이 있습니다. 원래 "**Eat Your Own Dog Food.**자신이 만든 개사료를 먹어라."라는 개사료 업계에서만 쓰이던 표현을 줄인 것으로, 자사의 개사료 품질이 직원이 먹어도 될 만큼 맛있고 신선하다는 자신감을 표현한 것입니다. 1980년대 초반에 **Microsoft**와 **Apple**의 당시 개발 책임자들이 소프트웨어 버전을 높이는데, 타사의 개발 툴을 더 많이 사용하게 되자 화가 나서 "지금부터 우리 회사 소프트웨어 이외에는 사용금지!"라고 선언했습니다. 이후로 노련한 **Start-Up** 투자자들은 투자 기업의 **Dogfooding** 수준도 참고한다는 설이 있습니다. 이 설의 진위 여부가 중요한 것이 아니라 실제로 **Dogfooding**이 이뤄지는 기업의 제품이라면 품질을 신뢰할 수 있겠죠.

Warren Buffett이 청년기 주식 초보 시절에 즐겨 사고팔던 **Cigar Butt Stocks**담배꽁초 주식, **Vanilla Strategy**바닐라 투자전략, **Small Dogs Of The Dow**Dow의 작은 개들, **Cockroach Theory**바퀴벌레 이론, **SNS**에서 비롯된 신조어 등 알게 모르게 새로운 투자 아이디어의 실마리나 촉매 역할을 할 수도 있습니다. 그러니 처음 들어봤다면 이번 기회에 익숙해지는 것도 투자에 임하는 '열린 마음'일 수 있겠죠? 용어 설명을 읽으며 유래를 살펴보면 굳이 외우지 않아도 자연스럽게 용어에 익숙해질 것입니다. 투자와 연관 지어 의미를 부여하기 싫다면 그냥 재미로 보는 '쉼표'처럼 즐겨 보세요.

477 Turnaround Tuesday 상승세로 전환하는 화요일

휴장인 토요일과 일요일에 발생하는 증시 관련 악재와 호재는 월요일 증시에 거의 대부분 반영됩니다. 따라서 특히 악재의 경우 월요일 주가하락에 충분히 반영되므로, 화요일의 주가흐름은 오히려 상승세를 보이는 경우가 많다는 Rule of Thumb 경험 규칙이 반영된 표현이 Turnaround Tuesday입니다. Turnaround는 보통 적자에서 흑자로의 전환 등 기업실적의 개선이란 뜻으로 쓰이지만 여기서는 월요일의 주가하락이 화요일에 상승세로 전환됨을 의미합니다.

478 Sucker Rally 하락장의 일시적 상승

남의 말을 검증 없이 너무 쉽게 믿어서 바가지 쓰거나 피해를 보는 소위 '봉'을 Sucker 직역: 빨판, 흡입자라고 하죠. 대세 하락 추세가 이어지는 Bear Market 약세장의 단순한 기술적인 반등을 Trend Reversal 추세전환로 착각하는 팔랑귀 투자자들이 만드는 일시적인 상승장을 Sucker Rally라고 합니다. 죽은 고양이도 바닥에 떨어지면 살짝 튀어오른다는 Dead Cat Bounce의 또 다른 표현이기도 합니다.

479 January Effect 1월 효과

1940년대부터 지금까지 주가흐름을 관찰해 보면, 미국 주식 시장의 1월 주가 상승률이 나머지 11개월보다 높았던 연도가 월등히 많다고 합니다. 그렇다고 해서 무조건 전달인 12월에 주식을 사놓고 1월에 팔면 흡족한 이익을 얻을 수 있다는 이야기는 아닙니다. 어

쨌든 1월에 Seasonal Anomaly 계절적 특이현상가 있는 것은 분명합니다.

일부 주식 '호사가'들이 추정하는 원인이 몇 가지 있기는 합니다. 첫째, 11월 말 Thanksgiving Day와 12월 말 Christmas 전후의 들뜬 분위기에 편승한 기업의 매출 증가와 두둑한 연말 보너스의 일부가 주식 시장으로 유입되는 현상 때문입니다. 둘째, 미국은 실현이익이 아니라 일정 금액 이상 평가이익이 있어도 연말 기준으로 Capital Gains Tax 자본소득세를 내야 합니다. 개인투자자들의 보유비중이 높은 Small Cap 스몰 캡(시가총액 20억 달러 미만)에서 1월 효과가 특히 강한데, 그 이유는 연말에 개인들이 Small Cap의 일부를 Sell-Off 싸게 파는 것하여 세금 낼 돈을 미리 마련해 두고 1월에 새로이 주식을 매입하기 때문입니다. 셋째, 미국 중간선거와 대통령 선거가 2년마다 반복되므로 1월 증시에 정책변화의 기대감이 선반영되기 때문입니다.

---

480 'Selling in May and Go Away' Tactic
5월 초에 팔고 가을에 돌아오기 전술

미국 주식 시장의 월별 투자수익률을 100년 넘게 분석해 보면, 11월부터 다음 해 4월까지 수익률이 5월부터 10월까지 수익률보다 더 높다고 합니다. 누구나 짐작할 수 있는 이유가 있기는 합니다. 첫 번째 이유는 January Effect 때문이고, 두 번째 이유는 일반 투자자뿐 아니라 대부분의 펀드 매니저들이 여름휴가를 한 달씩 길게 가는 서구의 휴가 관습으로 인해 여름에 자주 나타나는 Sideways Drift 주가의 횡보 경향 때문입니다. 당연히 예외는 있습니다.

---

481 Under-Promising and Over-Delivery
기업 Guidance의 보수적 발표

Guidance는 경영진이 공시나 보도자료를 통해서 제시하는 다음 분기나 다음 연도의 매출, 순이익, 자본지출(시설과 장비에 대한 투자비용)에 대한 예상치입니다. 애널리스트와 투자자의 판단에 영향을 줄 만큼 민감해서 다소 보수적으로 발표하는 경향이 있습니다. 이런 보수적인 발표와 향후의 Earning Surprise를 염두에 둔 쇼맨십을 'Under-

Promising and Over-Delivery'라고 합니다. 약속은 적게 하고 실적배달(Delivery)은 크게 한다는 뜻이겠죠.

482 Cigar Butt Stocks 담배꽁초 주식

거리에 버려진 담배꽁초 중에서도 잘만 고르면 몇 모금 피울 수 있는 것이 있기 마련입니다. Warren Buffett 워런 버핏이 20대였던 1950년대에 그저 그런 중·소형주 주식이 헐값일 때 매입하여 적당히 오르면 팔아서 이익을 실현한 적이 있는데, 이런 주식을 Cigar Butt Stock, 이런 투자 방식을 Cigar Butt Investing 담배꽁초 투자 방식이라고 합니다. Buffett은 '꽁초' 주식 수십 개를 매입하여 적지 않은 돈을 벌었지만, 시간이 지날수록 이 방식의 투자효율도 예전 같지 않았습니다. 장기 보유하며 여유 있게 여러 모금을 피울 수 있는 장초는 아니었던 겁니다. 그는 동료인 Charlie Munger 찰리 멍거의 조언으로 담배꽁초 투자 방식에서 벗어났다고 전해집니다.

483 Meme Stocks 밈주식

Meme Stocks는 going viral 온라인상의 입소문로 개인투자자들의 관심을 끄는 주식을 뜻합니다. 원래 meme 밈은 영국의 생물학자 Richard Dawkins 리처드 도킨스가 1976년에 《이기적 유전자》란 책을 출간하며 만들어낸 개념입니다. 문화의 전달에도 유전자 같은 중간 매개물이 필요한데 이 역할을 하는 정보의 형식이 meme입니다. 오늘날에는 인터넷을 통한 온라인 소통이 meme인 거죠. 모방을 뜻하는 고대 그리스어 mīmēma를 참고해서 만들었다고 합니다. 2021년 1월 일부 Hedge Fund의 GameStop 주식 공매도에 대항하여 개인투자자들이 이 종목을 집단으로 매집함으로써 Hedge Fund의 공매도 작전을 실패로 이끈 사건이 있었습니다. GameStop *Frenzy라고 불리고 있죠. 이때 Reddit 레딧이라는 온라인 커뮤니티가 개인들의 정보공유에서 중요한 역할을 했습니다. 극장업체인 AMC도 비슷한 과정으로 시장에서 이슈가 된 적이 있습니다. GameStop과 AMC 같은 주식이 Meme Stock입니다.

*frenzy: 광란

484 Reddit Effect 레딧 효과

Reddit레딧은 다양한 주제에 대한 글, 이미지, 링크를 공유하며 소통하는 토론용 플랫폼입니다. 60만 개 이상의 주제별 토론방인 Subreddit서브레딧이 운영되는데, 예를 들어 Islam에 관한 대표적인 토론방은 R/Islam입니다. 개미투자자들에게 가장 유명한 Subreddit은 R/Wallstreetbets인데, GameStop Frenzy게임스톱 주식의 공매도 소동에서 중요한 역할을 했습니다. 이 사건을 계기로 기관이 아닌 Retail Investor개인투자자들의 강한 결집력이 주가를 움직이는 현상을 Reddit Effect라고 부릅니다.

485 Reddit Stocks 레딧 주식

Meme Stock밈주식 중에서도 특히 Reddit의 R/Wallstreetbets라는 Subreddit(Reddit 내 대화방)에서 화제가 되는 주식을 Reddit Stock이라고 합니다. GameStop과 AMC뿐만 아니라 Tanger Factory Outlet(부동산 투자신탁), Rocket Companies(부동산 담보대출, 금융서비스), Bed Bath & Beyond(가정잡화 소매업), Palantir(빅데이터 분석 후 B2B 판매), Gogo(비행기용 와이파이 서비스) 등이 Redditor들의 관심주입니다.

486 One-Decision Stock 장기 보유 우량주

One-Decision이란 오직 Buy라는 결정 하나만 있고 Sell이라는 결정은 없다는 의미입니다. 10~20년 이상 장기보유를 염두에 두고 매입하는 Blue Chip Stock을 의미하는데, 이 정도가 되려면 펀더멘털, 성장성, 배당수익률이 모두 좋은 만능형 우량주여야 합니다. 그러나 보유종목의 Valuation가치평가이 낮아졌거나, 보유종목이 속한 업종이 사양기에 접어들어도 이를 고집스럽게 부인하는 태도에 대한 비판적인 어감도 묻어 있는 표현입니다.

487 Bellwether Stocks 선도주식

업종이나 시장 전체의 방향에 대한 Leading Indicator 선행지표 역할을 하는 대장 주식을 가리킵니다. 거세한 숫양인 Wether가 목에 방울을 달면 그 양이 Bellwether입니다. 목동은 Bellwether의 방울소리만 들어도 양떼가 어디 있는지 쉽게 파악할 수 있죠. '내가 가면 길이 된다'는 Trailblazer Spirit 개척자 정신을 장착한 혁신기업의 주식이 Bellwether Stock입니다.

488 Small Dogs of the Dow 다우의 작은 개

DJIA 다우존스산업평균지수는 주식투자 안 하는 한국인이 이름만 들어도 알 만한 유명 기업들만 모아 놓은 지수입니다. 구성종목은 30개입니다. 이 중에 전년도 Dividend Yield 배당수익률(주가 대비 배당금 비율) Top 10을 '다우의 개'라고 합니다. 우량 주식인데 주가 상승속도가 느려서 속된 표현으로 '개 같은' 푸대접을 받고 있는 주식이라는 비아냥 내지는 안타까움을 담은 표현이죠. 그런데 이 '개' 주식들의 30년 단위의 성과를 알아보니 DJIA보다 수익률이 6% 포인트 높았다고 해서, 이 주식들에 장기로 투자하는 방식을 Dogs of the Dow Strategy 다우의 개 전략라고 합니다. 더구나 이들 10개 주 중 주가가 낮은 다섯 종목의 경우 DJIA보다 수익률이 10% 더 높다고 해서 이들을 Small Dogs of the Dow라고 합니다.

489 Nifty Fifty 1960~70년대의 블루칩 주식

직역이 '멋진(훌륭한) 50개 종목'인 Nifty Fifty는 만족스러운 실적과 주가의 상승을 보였던 우량 Large Cap 라지캡(시가총액 100억 달러 이상)을 가리키는 50~60년 전 용어입니다. 게다가 미국 투자자들이 중시하는 배당에도 인색하지 않아서 한번 마음먹고 매입하면 팔 생각을 안 한다고 해서 One Decision Stocks로 불리기도 했습니다. 유명기업인 Coca-Cola, PepsiCo, Walmart, Phizer, P&G, Walt Disney는 그 당시에도 Nifty Fifty에 속하는 우등생이었습니다. 물론 Polaroid, Xerox, Eastman Kodak처럼 시대 변화에 적응하지 못하고 지금은 사라진 기업의 상당수도 당시에는 'nifty 훌륭한'했습니다. 매우 '올드한' 용어이지만 지금도 가끔 우량주라는 의미로 사용되기도 합니다.

490 Cockroach Theory 바퀴벌레 이론

무리 지어 서식하는 바퀴벌레의 특성상 한 마리가 보인다면 숨어 있는 바퀴벌레는 훨씬 더 많습니다. 이것에 비유하여 특정 기업에 대한 악재가 있을 경우, 그 이면에는 얽히고 설킨 다수의 악재가 추가로 똬리를 틀고 있을 가능성이 높으므로 경계태세를 유지하며 상황별 대처방법을 미리 준비해야 한다는 위험관리 기법이 바퀴벌레 이론입니다. 특히 특정 기업의 스캔들이 규제카드를 이전부터 만지작거리던 Regulator 규제당국에게 트리거로 작동하여 해당 업종 전체에 대한 Regulatory Risk가 높아지는 경우도 가끔 있기 때문에, 스캔들이 있는 기업 주식의 보유비중이 높다면 규제당국의 행보를 예의 주시해야 합니다.

491 Don't Fight the Tape 시장의 흐름에 역행하지 마라
Don't Fight the FED FED에 맞서지 마라

Don't Fight the Tape는 시장의 큰 흐름에 혼자만 역행하지 말라는 뜻이며, Don't Fight the FED는 FED에 맞서는 투자결정을 하지 말라는 의미입니다. 둘 다 시장의 거대한 물결과 쓰나미 앞에서 그와 반대되는 개인의 확신과 생각은 아무 의미가 없음을 간결하게 웅변하고 있습니다. Tape는 Ticker Tape 시세 안내용 종이 테이프를 줄인 표현인데, 전광판 기술이 없던 1970년대 초반까지 증시시세를 실시간으로 알려주던 롤 화장지 형태의 종이 테이프(폭 약 2cm)입니다. 시대와 기술이 바뀌어 전광판과 스마트폰의 앱이 Ticker Tape를 대신하고 있지만 Ticker Tape는 주식시세라는 뜻으로 아직도 사용되고 있습니다.

492 Capitulation Bottom 항복바닥

주가의 급락이나 중장기적 하락 장세에서는 어디가 진짜 바닥인지 아는 것이 사실상 불가능합니다. 나중에 차트를 보면 바닥이 보이긴 하죠. 그러나 투자에는 전혀 도움이 안되는 *Hindsight Bottom일 뿐입니다. 투자자들이 하나둘 떠나고 어느 모임에서도 주식이 화젯거리가 아닌 시점이 옵니다. 이 시점이 Capitulation Bottom입니다. 모두들 포기하고 마음이 떠났다는 의미에서 항복이라고 하며, Market Capitulation시장항복도 같은 의미입니다.

*hindsight: 사후에 알게 되는

493 Whisper Number 비공식적 기업실적

특정기업의 매출이나 순이익에 대해 Wall Street의 Consensus가 아닌 비공식적인 추정치를 가리키는 표현입니다. 주로 단골에게만 알려주는 정보이며 정확도도 Consensus보다 높다고 합니다. Staying with the Pack무리 속에 머무는 것이 *Straying from the Pack무리에서 벗어남보다 얻는 것이 훨씬 더 많기 때문에 이런 비공식적 정보를 주고받는 애널리스트들은 Whisper Number의 보안에 각별히 신경 씁니다.

*stray: 이탈하다

494 Vanilla Strategy 바닐라 투자전략

vanilla는 아이스크림의 가장 기본적인 flavor입니다. 그래서 plain평범한, basic기본적인, orthodox정통의, conventional관습적인을 대신하는 수식어로 자주 사용됩니다. 그러므로 주식투자에서 Vanilla Strategy는 "펀더멘털이 좋은 종목을 사라.", "등락 없이 안정적으로 배당하는 기업에 주목해라.", "분산투자해라." 등 귀가 따갑게 들어온 뻔하지만 반드시 지켜야 하는 투자 원칙입니다. 이 간단한 전략의 원금보존 효과는 의외로(?) 탁월합니다.

495 Undercapitalization Myth 투자원금 규모에 대한 잘못된 속설

10만 달러의 투자금이 있으면, 속된 표현으로 '실탄만 빵빵하면' 다양한 투자 기법을 화려하게 구사하며 남부럽지 않은 수익을 얻을 텐데, 현재 가진 돈이 겨우 1,000달러여서 제대로 된 투자를 못 한다는 비겁하고 위험한 착각이 Undercapitalization Myth입니다. 투자에 재능이 있다면 1,000달러가 아니라 500달러만 있어도 5만 달러로 변신시킬 수 있고, 역으로 재능이 없다면 10만 달러도 순식간에 100달러가 되는 것이 주식투자입니다. 또 하나의 Myth는 Brain Myth입니다. 똑똑하거나 고학력일수록 돈을 더 많이 벌 것이라는 착각이죠.

다른 챕터에서도 언급했지만 대중심리에 정통하고 책이 아니라 다양한 실전경험을 가진 streetsmarts책이나 학교가 아닌 거리(실전)에서 처세술을 터득한 전사들에게 더 호의적인 곳이 주식 시장입니다. 집에서 책만 읽고 세상 경험이 없어서 얼굴이 하얀 사람을 백면서생(白面書生)이라고 하는데, 이런 사람들을 영어로는 booksmarts라고 부릅니다. streetsmarts는 booksmarts와 정반대인 사람들입니다.

496 Doctor Copper 구리의 별명

금을 포함해 다양한 금속이 산업에 쓰이지만, 구리만큼 광범위하게 그리고 많이 사용되는 금속은 없습니다. 구리가 경제활력 측정의 제1지표이고 '박사급' 금속이라는 극찬에서 나온 표현이 Dr. Copper입니다. 비슷한 표현으로 Commodity with Ph.D박사학위 있는 상품가 있고, 'Copper is the New Oil'이라는 표현도 각종 산업에서 구리의 중요성을 대변해 줍니다.

497 Zombie Company 좀비기업

영업이익은 나지만, 그 돈으로 이자 갚기에 급급한 Living Dead죽은 것도 산 것도 아닌 상태의 성장성 제로 기업을 의미합니다. 손익계산서에서 영업이익과 이자비용을 비교한 Interest Coverage Ratio이자보상비율(영업이익 ÷ 이자비용)를 보면 Zombie 여부를 쉽게 파악할 수 있습니다. 미국의 유명한 Zombie 드라마 이름을 빌려 Walking Dead Company라고 부르기도 합니다.

498 Haircut 헤어컷

시세가 100인 집에 대한 최대 대출금액이 70이면 LTV Loan to Value Ratio, 담보인정비율가 70%라고 합니다. 이때 삭감된 30을 Haircut이라고 '부를 수' 있습니다. 정확히 말하면 Haircut은 부동산보다는 주식이나 채권 등 각종 금융상품의 담보대출에 쓰이는 비공식 용어입니다. 특정 국가가 국가채무에 대하여 Default 채무불이행를 선언하려 할 때 부채 탕감을 목적으로 협상하는 경우가 있는데, 이때 탕감액도 Haircut입니다. 공식적인 표현은 Debt Write-Down 부채탕감이나 Troubled Debt Restructuring 부실채무조정입니다. 다.

499 'Nike Swoosh' Recovery 나이키 로고형 경기회복

스포츠용품 전문업체인 Nike Logo를 Nike *Swoosh라고 부르기도 합니다. 이 Logo를 자세히 들여다보면, 왼쪽에서 내려갈 때는 수직에 가깝게 급격히 떨어지지만 올라갈 때는 완만한 곡선을 그리며 길게 올라갑니다. 예상치 못한 급격한 경기침체와 그 뒤에 장기간 완만하게 이어지는 경기회복 모습이 Nike Logo를 닮았다고 해서 이런 스타일의 회복을 'Nike Swoosh' Recovery라고 합니다.

*swoosh: '쉭, 쌩' 하는 소리를 내며 빠르게 지나감

500 K-shaped Recovery K자형 경기회복

K자형 경기회복은 코로나19 사태 이후 더욱 심해진 미국 경제의 양극화 현상을 상징적으로 보여주는 용어입니다. 미국 경제는 코로나19 위기 이후 이른바 V자형의 빠른 회복세를 보일 것으로 예상됐으나, 실제로는 일부 업종은 활황을 보였지만 다른 업종은 자

유낙하하는 모습을 보였습니다. 알파벳 K자의 위로 올라가는 직선과 아래로 미끄러지는 직선처럼 업종별로 다르게 진행되는 경기흐름을 의미합니다.

24장 투자 격언에서 얻는 인사이트!

Warren Buffett워런 버핏의 투자 동반자인 Charlie Munger찰리 멍거의 어록 중에는 "To hell with them!그놈들, 지옥에나 가라(헛소리하지 마라)!"라는 화끈한 표현이 있습니다. 그는 새로운 투자 원칙을 세웠는데 주변에서 핀잔을 줄 때 이 말로 받아치라고 했죠.

Soros Fund의 운영자인 George Soros조지 소로스는 주식 시장의 버블에도 나름 그럴싸한(그러나 오해의 소지가 있는) 근거가 있다면서 "Stock market bubbles don't grow out of thin air.주식 시장의 버블은 난데없이 무(無)에서 생기는 것이 아니다."라고 말했습니다. 버블 논란이 있을 때는 그 가격을 뒷받침하는 논리의 합리성과 오류 가능성을 철저히 따져보라는 의미입니다. 이렇듯 투자 격언을 번역이 아닌 원문으로 읽으면, 놓쳤던 투자 조언도 얻고 덤으로 영어 표현도 익힐 수 있습니다.

저명한 투자자들의 어록과 투자 격언에서 나의 투자 원칙과 일치하는 메시지를 접하면 한 번 더 자신감을 얻게 됩니다. 반면에 관점이 다른 격언을 만나게 된다면 어떨까요? 내 원칙과의 괴리를 헤아려가며 지금의 증시 상황에는 어느 것이 더 적합할지 되돌아보는 시간을 가질 수 있습니다.

다음에 소개하는 여러 인용문에는 **Warren Buffett** 워런 버핏, **Charlie Munger** 찰리 멍거, **Peter Lynch** 피터 린치 등 **Stock Guru** 주식 대가들이 전하는 메시지도 있지만, 소스가 분명치 않은 '무명씨'들의 전언도 포함되어 있습니다. **Guru**들의 격언은 워낙 많이 접해서 오히려 무명씨들의 글에서 더 강한 임팩트를 느끼는 독자도 있을 것입니다. 투자 인사이트가 있느냐 또는 실용적인 영어 표현이 포함되어 있느냐를 기준으로 선정했습니다.

지금까지 23개 챕터에 걸쳐 주식 관련 용어를 총망라했습니다. 만만치 않은 학습량이었을 것입니다. 마지막으로 투자 격언을 가볍게 읽으며, 지금까지 배운 용어들과 그 과정에서 얻은 투자 인사이트를 정리해 보길 바랍니다.

투자 격언

It never was my thinking that made the big money for me.
It was always my sitting. - Jesse Livermore
내게 큰돈을 벌어다준 것은 내 생각이 아니라 내 엉덩이, 즉 장기보유였다.

미국의 대공황기에 왕성하게 활동했던 Jesse Livermore제시 리버모어라는 투자자의 조
언입니다. sitting은 해석하기 나름이겠지만, 그가 "Buy right, sit tight. 제때 잘 사서 가만
히 앉아 있어라."라고 말한 것으로 봐서 잡다한 정보에 휘둘리지 않고 장기 보유하는 것을
의미한다고 이해하면 됩니다. Trend Following추세매매의 대가로 알려져 있습니다. 그
는 Individual Fluctuation개별종목의 등락보다는 *Sizing Up the Entire Market and
It's Trend전체 시장을 다각도로 분석하고 동향을 살펴보는 것가 투자성공의 핵심이라고 설명했
습니다. 다양한 투자 격언을 읽다 보면 빈번하게 매매하지 말라는 조언이 많이 나오는
데 "Sit on your hands.수수방관하라, 직역: 네 양손 위에 앉아라."라는 표현도 그런 뜻입니다
(=do nothing). 양손 위에 앉으면 손이 묶여 아무것도 하지 못하겠죠?

*size up: 다각도로 상황이나 대상을 분석하다

Markets can remain irrational longer than you can remain
solvent. - John Maynard Keynes
시장은 당신의 지불능력보다 더 오래 비이성적일 수 있다.

영국의 경제학자인 John Maynard Keynes존 메이너드 케인스가 한 말입니다. solvent
가 '부채를 갚을 능력이 있는'이므로, 시장이 장기 침체되어 보유주식의 평가손이 길어
질 때 버틸 수 있는 능력이 없으면 투자에 실패한다는 의미입니다. 투자로 인한 손해 발
생 시 손절매하지 않고 버틸 수 있는 재정적 맷집인 Risk Capacity위험 감수능력를 강조
한 것이죠. 이와 비슷하지만 약간 결이 다른 것이 Vanguard Group의 창립자인 John

Bogle존 보글이 말한 "If you have trouble imagining a 20% loss in the stock market, you shouldn't be in stocks. 20% 손실조차 상상하기 힘들고 괴로우면 주식투자 하지 마라."입니다. 주가가 빠질 때 투자자가 큰 동요 없이 용인할(tolerate) 수 있는 손실률의 한계치와 투자자의 느긋한 마음그릇의 크기를 뜻하는 Risk Tolerance위험 수용도를 강조한 경우죠. 두 Guru주식 대가의 말을 합쳐보면 투자성공에는 Risk Capacity와 Risk Tolerance 둘 다 필요하네요.

Invest your linear income so you can earn exponential income. – unknown
뻔하고 예측가능한 월급과 연봉을 투자해야 기하급수적으로 수입이 늘어난다.

line의 형용사인 linear선의, 가늘고 간는 여기서 노동량에 비례하여 버는 근로소득을 의미합니다. 반면에 exponential은 '기하급수적인'(예 2, 4, 8, 16, 32…로 증가하는)이라는 뜻입니다. 그래서 수학에서 지수곡선이 영어로 exponential curve입니다. 재산증식의 진검승부는 "Money *begets money. 돈이 돈을 번다."와 Compound Interest복리이자의 의미를 이해하고 실천하느냐 못 하느냐에 따라 갈린다는 취지의 투자 격언입니다.

*beget: 아기를 낳다

Wall Street makes its money on activity... You make your money on inactivity. – Warren Buffett
월스트리트는 고객의 잦은 매매를 유도하여 돈을 벌고… 일반 투자자는 최소한의 매매로 돈을 번다.

Warren Buffett워런 버핏이 Friction Cost마찰비용를 언급하며 빈번한 매매는 성공투자의 걸림돌이라면서 덧붙인 조언입니다. Friction Cost는 매매가 많아지며 발생하는 거래비용인데, 이 비용은 결국 원금에 마찰을 줘서, 즉 원금손실을 가져오므로 가급적 거래빈도를 줄이라고 그는 강조했습니다. 그의 어록에는 비슷한 취지의 다음과 같은 언급도 있습니다. "The big money is not in the buyng and the selling... but in the waiting. 큰돈은 잦은 매매가 아니라 꾹 참고 기다리는 것에 있다." George Soros 조지 소로스도 투자가 재미있다면 돈을 벌고 있는 게 아니라며 "Good investing is boring. 좋은 투자는 지루하다."이라고 말했습니다.

What's the sense in getting rich if you just stare at the ticker tape all day? - Warren Buffett
하루 종일 주식시세만 바라본다면 부자가 된들 무슨 의미가 있겠나?

소위 '단타'의 덧없음에 대한 Warren Buffett 워런 버핏의 비난입니다. Ticker Tape 시세 안내용 종이 테이프는 1970년대까지 쓰였던 시세정보 안내용 롤테이프입니다. 과거의 언어습관이 지금까지 남아서, 휴대폰으로 시세확인을 하는 요즘 세상에도 Ticker Tape를 본다고 말하기도 합니다. 사실 이런 식의 표현은 한두 가지가 아닙니다. 예를 들어 옛날식 자동차에는 창문을 열고 닫을 때 손으로 잡고 돌리는 레버가 있었는데, 지금은 버튼 한 번 눌러서 창문 개폐가 가능한데도 여전히 "Roll down(up) the window. 창문을 열다(닫다)."라는 표현을 씁니다.

Revenue is vanity. Profit is sanity. But cash is king. - unknown
매출은 의미 없고 이익이 제대로 된 판단기준이다. 하지만 현금이 왕이다.

서로 반대 의미인 vanity 무가치, 덧없음와 sanity 건전한 판단력를 이용하여 매출보다는 이익이 중요함을 강조하는 말입니다. 또한, 장부상의 이익보다는 보유한 현금이 더 의미 있다는 말도 잊지 않네요.

방금 전에는 현금이 왕이었는데, 여기서는 왕자 대접을 받습니다. Cash 현금와 Cash Flow 현금흐름의 차이는 뭘까요? Cash는 말 그대로 보유한 현금이고 Cash Flow는 돈으로 돈을 버는 지속가능한 수익구조를 의미합니다. 꾸준한 현금 창출원을 상징하는 Cash Cow와 비슷한 개념이죠. 번 돈을 쓰는 방식이 다른 A와 B 두 기업을 비교해 볼까요? A의 경영진은 번 돈으로 뭘 해야 할지 모르고 자신이 없어서 배당을 늘리거나 자사주를 매입하는 등 주주관리에만 신경 씁니다. 반면에 B의 경영진 눈에는 미래의 유망 산업과 '미래 먹거리'가 너무나도 선명하게 보입니다. 그러다 보니 지금 당장 주주들의 입에 배당이라는 사탕을 주느라 놓칠 사업 기회가 너무나도 아깝습니다. A처럼 Cash만 빼먹다가 통장이 점점 비어가는 상황을 Negative Cash Flow 부정적인 현금흐름라고 합니다. Cash Flow가 왕이라는 것은 Positive Cash Flow 긍정적인 현금흐름와 이것을 만들기 위한 신사업 모델을 뜻합니다. B가 여기에 해당하죠.

1970년대 후반부터 1980년대까지 Wall Street 월스트리트에서 가장 뛰어난 성과를 올린 펀드 매니저였던 Peter Lynch 피터 린치의 어록 중 하나입니다. 시장이 불안할 때는 보유종목의 펀더멘털에 변화가 없다면 그냥 보유하라는 조언입니다. 투자에 gut 용기, 담력은 필요하지만 gut feeling 육감은 배제하라는 팁으로 이해하면 됩니다.

Know all the big ideas. - Charlie Munger
빅 아이디어를 모두 파악해라.

Berkshire Hathaway의 부회장이자 Warren Buffett 워런 버핏의 투자 동반자인 Charlie Munger찰리 멍거가 한 말입니다. 여기서 Big Idea는 사회와 기업이 피할 수 없는 큰 물결이자 흐름인 *Secular Trend를 가리킵니다. 쉬운 예로 Net Zero Emission 온실가스 배출과 흡수의 균형, ESG 경영, 전기차, 자율주행차량, 인공지능 등이 Secular Trend입니다. 산업과 기업은 이런 Big Idea의 흐름을 탈 수밖에 없고 증시는 이런 요소를 선반영하게 되어 있습니다.

*secular: 장기적인, 다년에 걸친

It's more important to do big things well than to do the small things perfectly. - Ray Dalio
작은 것에 완벽하기보다 큰 것을 잘하는 것이 더 중요하다.

자산운용사 Bridgewater Associates의 창업자인 Ray Dalio레이 달리오가 투자에서 디테일에 강한 것도 의미 있지만, 큰 파도와 큰 물살을 파악하는 것이 우선이라는 의미로 한 말입니다. perfectly가 100점이라면 well은 80~90점 정도로 볼 수 있습니다. 그는 비슷한 맥락으로 다음과 같은 조언도 했습니다. "Because our educational system is hung up on precision, the art of being good at approximations is insufficiently valued. This impedes conceptual thinking. 교육제도가 정확성에만 매달리다 보니 근사치를 추정하는 기법이 높이 평가받지 못한다. 이 때문에 개념적 사고가 방해받고 있다." 이 말 역시 한 달 후의 주가지수를 정확히 맞히는 것보다 특정 산업이나 거시경제가 어느 방향으로 흘러가는지 '대략적으로'라도 추정하는 능력이 더 중요하다는 점을 강조하고 있습니다.

If you want great things to happen in your career, think big... Focus on the future. Double-down on innovation.
                                                              - Catherine Wood
커리어에서 성공하고 싶다면 크게 생각해라… 미래에 집중하고 혁신에 두 배 더 베팅해라.

ARK Investment라는 Active ETF 기초 지수 대비 초과 수익을 목표로 하는 ETF 전문 자산운용사의 창립자인 Catherine Wood 캐서린 우드의 어록 중 하나입니다. 투자 대상 기업의 재무제표보다는 혁신성과 Narrative 미래에 펼쳐질 기업의 멋진 스토리에 더 중점을 두는 투자 방식을 추구하는 그의 특징을 잘 요약한 문장이죠.

Big companies have small moves, small companies have big moves. - Peter Lynch
큰 기업의 주가는 느리게 움직이고, 적은 기업의 주가는 한 번 뜨면 질주한다.

펀드 매니저의 황제로 불린 Peter Lynch 피터 린치가 높은 수익률을 기록하는 데 일조한 1등 공신은 성장성 높은 중소기업이었습니다. 그에게 1,000% 이상 수익을 가져다준 종목인 Tenbagger 10루타 주식(수익률이 10배인 주식) 대부분은 복잡한 분석이 아닌 단순한 PER Price-Earnings Ratio, 주가수익률을 기준으로 고른 중 · 소형주였습니다.

The most important quality for an investor is temperament, not intellect. - Warren Buffett
투자자에게 가장 중요한 소양은 기질이지 지능이 아니다.

Warren Buffett 워런 버핏이 한 말인데, 결국 훌륭한 투자자가 되기 위한 바람직한 기질은 원칙을 정하고, 그것을 지키는 자기규율과 참을성이라는 의미로 해석할 수 있습니다. 그의 투자 동반자인 Chalie Munger 찰리 멍거도 "A lot of people with high IQs are terrible investors because they've got terrible temperaments. IQ가 높아도 기질적인 이유로 형편없는 투자자가 되는 경우가 많다."라고 거의 비슷한 말을 남겼습니다.

Never act upon wishful thinking. Act after checking facts.
- Jim Rogers
희망적 사고에 기반하여 행동하지 말고 사실을 확인한 후 움직여라.

사실이나 객관적 확률을 무시하며 자신이 원하는 것은 무조건 이루어질 것이라는 극단적인 낙관주의가 Wishful Thinking입니다. 헤지펀드인 Quantum Fund와 Soros Fund Management의 공동 창업자인 Jim Rogers 짐 로저스의 어록 중 하나입니다.

My wealth has come from a combination of living in America, some lucky genes, and compound interest.
- Warren Buffett
나의 부는 다음 3가지의 조합에서 왔다. 미국에서 산 것, 약간의 운 그리고 복리이자.

Warren Buffett 워런 버핏이 복리이자의 강력한 Snowball Effect 눈덩이 효과를 강조하며 한 말입니다. 그는 잦은 매매로 복리효과를 떨어뜨리지 말라고 조언했습니다. 투자전문가는 아니지만 Albert Einstein 알베르트 아인슈타인도 복리에 관해 다음과 같은 비슷한 말을 남겼습니다. "Compound interest is the eighth wonder of the world. He who understands it earns it and he who doesn't pays it. 복리이자는 세계 8대 불가사의 중 하나이다. 복리를 이해하면 복리로 벌고, 이해 못 하면 복리로 비용을 지출한다." 참고로 compound는 interest on interest 이자에 붙는 이자로 쉽게 표현하기도 하며, '복리로 증가하다'라는 동사로도 사용합니다.

> **If you can't take a small loss, sooner or later you will take the mother of all losses.** – Ed Seykota
>
> **적은 손실을 받아들이지 못한다면 조만간 지상 최대의 손실을 입게 될 것이다.**

Commodities원유, 구리, 원목, 농산물 등 상품 전문 트레이더인 Ed Seykota에드 세이코타가 시의적절한 Stop Loss손절매의 중요성을 강조하기 위해서 한 말입니다. 주식보다 변동성이 더 크고 중장기 투자라는 개념이 약한 시장이 상품 시장이다 보니, Day Trader당일에 사고파는 단타 매매자나 Swing Trader최장 2~3일 보유하는 단기 투자자에게 적합한 조언입니다. Mother of All Losses어마어마한 손실, 직역:모든 손실의 어머니는 미군이 개발한 초강력 재래식 폭탄인 GBU-43의 별명입니다. 이 폭탄의 별명에서 유래한 'Mother of All ~'이라는 기본 표현은 부정적이지만 강력한 무언가를 강조하고 싶을 때 자주 사용됩니다.

> **It's a racket. Those stock market guys are crooked.**
> – Al Capone
>
> **이건 갈취다. 주식쟁이들은 정직하지 않다.**

1930년대에 시카고를 주무대로 활동했던 폭력조직의 두목 Al Capone알 카포네가 한 말입니다. 당시는 금주법이 있던 시대였는데 그가 속한 조직의 주수입원은 밀주였지만, 중소 상인을 대상으로 한 protection racket보호명목의 갈취행위도 수입원 중 하나였습니다. 그런 그가 주식 중개인들을 겨냥하여 racket갈취과 crooked부정직한라는 표현을 쓰며 비난한 것이 우스꽝스럽기도 하고, 한편으론 의미심장하기도 합니다. 아마도 밀주로 번 돈으로 주식 중개인이 추천한 주식을 샀다가 크게 당한 뒤 이 같은 말을 한 건 아닐까 추측해 봅니다. 독자의 다양한 어휘 공부를 위해서 소개해 봤습니다.

인덱스

B

D

E

F

G

H

J

K

L

M

T

어려운 숫자 NO!
세상에서 가장 쉬운 미국 주식 입문서

소수몽키 | 428면 | 20,000원

**유튜브 구독자 36만 명! 누적 조회수 2,700만 회!
미국 주식의 대표 소수몽키가 왔다!**

▶ 나에게 딱 맞는 투자 종목 고르는 3가지 전략

▶ 언제 사서 언제 팔까요? 매수매도 타이밍 잡아 수익 내는 법

▶ 귀여운 일러스트와 쉬운 설명으로 소수몽키 투자전략 완벽 습득